說破

全媒體時代危機管理

周廷勇 著

崧燁文化

序言

說破

「說破興亡多少事，高山流水有知音。」
——《宣和遺事》前集

在《北京遇上西雅圖》這部電影的開頭，湯唯扮演的北京女孩文佳佳剛到美國西雅圖不久，遇到美國警方突襲「月子中心」而不得不在深更半夜去另尋他處時，巧借郝志的駕照拍照，說：「我把你的駕照資料都發我微博上了。我有好幾萬聽眾呢，你要是什麼吸血僵屍或者變態殺人狂之類的，我要有什麼意外，警察肯定找得到你。」

此時，微博成了孕婦防身的利器。

而在電影結尾，文佳佳與郝志因微博「互粉」而在帝國大廈重逢。微博又成為一段跨越時空的好姻緣、成人之美的好媒人。

既可作為防身利器，又可成人之美的微博，是「基於用戶關係的信息分享與獲取平臺」。

在網民大眾化、網路移動化、手機智能化、軟體眾包化、情緒非理性化與新聞迭代化的移動互聯網時代，多屏融合、人機合一、全息集成，人人傳播、多向傳播、海量傳播，訊息傳播的速度、深度、廣度與烈度

不斷攀升。第一媒體報紙、第二媒體廣播、第三媒體電視、第四媒體網站、第五媒體手機，伴網而興，因網而榮，形成了以全民化、全屏化、全天候、全息化、全球化為支撐的全媒體輿論生態。

互聯網讓「無論何時、無論何地，心中一樣親」的信息平權成為現實，但隨之而來的卻是在互聯網這個「無風三尺浪，有風浪滔天」的開放平臺上，無論何人、無論何事的不當處置，均可加劇輿論危機的速度、烈度與加速度。稍有不當，輕則英雄氣短，飲恨南山；重則身敗名裂，萬劫不復。因此，才有某地宣傳部長的感慨：「沒有網路的時候多好，想讓你們報什麼就報什麼。」

一張災難事故現場官員的微笑圖片截圖、網友「扒糞」的11張名錶圖片、眾多媒體與網民的跟進與圍觀，就讓一位官至正廳級的官員獲刑14年。「表哥」不再只是親戚的代名詞，也成為貪腐官員的別名。

2012年8月30日，陝西省紀委稱，在「8/26」特大交通事故發生後，楊達才在事故現場的「微笑」照片和個人佩戴名錶的照片在網上引起熱議，陝西省紀委在此事件發生後已安排人員進行調查。而就在陝西省紀委宣布對其調查的前一天，楊達才還在新浪微博實名認證，進行了在線一小時的微博訪談，正面回應「微笑門」與「名錶門」。

一年後的8月30日，楊達才站在了法律的審判臺前，接受法律與歷史的審判。「微笑帝」雖仍保持天生的微笑，但在其內心深處，或許早就微笑不出來了，剩下的只有悔恨的「鐵窗淚」。

網友「吐槽」：「回頭看表哥的微訪談，那就是個笑話。」

但笑話有時也並不那麼幽默。媒體報導，「表哥門」後瑞士錶對華銷量大跌，2013年前7個月，其銷量下降了17.5%。

楊達才，官至正廳級，從某種程度上講，一個「微笑」引發了牢獄之災。

序言

這只是「微博反腐」大潮中的一朵浪花。因為在其之前，作為不雅視頻主人公的雷政富等人就被微博熱議；在其之後，劉鐵男等更高級別的官員因記者實名舉報而下馬。「微笑帝」既不空前，更不絕後。

亨廷頓在《變革社會中的政治秩序》中提出：現代化孕育著穩定，而現代化過程卻滋生著動亂。

天有不測風雲，人有旦夕禍福。在這個風險社會與活躍輿論疊加的時代，傳統的輿論風險仍在，而新興的輿論危機更一浪高過一浪，滾滾而來，真讓人應接不暇。

微博、微信、微短片、客戶端讓輿論生態更加混沌。納特·西爾弗在其作品《信號與噪聲》中強調：混沌理論最基本的信條是，初始條件的一丁點兒變化，比如巴西的蝴蝶扇動翅膀就會產生巨大的、無法預料的各種結果，會引發德克薩斯州的龍捲風。

每一次變化，無論多麼微小，都一定會使事物有所改變，並且降低了事物與其形式的近似性，因此事物愈發不完美。

而「黑林錯覺」又告訴我們，當我們目光聚焦於某一危機事件時，直的也會變成彎的，白的也會變成黑的，真的也會變成假的。

如何應對全媒體時代的輿論危機，提高「網商」，防「網傷」和「網殤」？如何在長江後浪推前浪的輿論藍海中，「與網共舞」，避免「前浪死在沙灘上」的落寞，奏響「前浪不斷換花樣」的跫音？

直面全媒體，你也許沒有文佳佳的「幸運」，也許沒有楊達才的「霉運」。或許你只是以旁觀者的身分冷眼旁觀網海起伏，熱點翻飛；或許你正成為輿論風潮中的焦點，直面輿論圍剿，焦頭爛額。

你不是正在危機之中，就是走在危機的路上，你如何才能統馭全場，轉危為機？

正如《我是一隻小小鳥》的歌詞中所唱的：「有時候我覺得自己像一

隻小小鳥，想要飛卻怎麼樣也飛不高，也許有一天我棲上了枝頭，卻成為獵人的目標。」危機引控，就是在「棲上了枝頭，卻成為獵人目標」的超常情況下有正常的發揮，最好是在超常情況下有超常的發揮，實現從優秀到卓越的華麗轉身！你不能當輿論危機下的「熱鍋上的螞蟻」，而要爭當危機引控的強者。

　　電影《白銀帝國》中有段臺詞：危局引人注目，若能漂亮化解就必然斬獲平時所不能斬獲的聲譽。

　　危機管理是居廟堂之高者和處江湖之遠者均需學好的必修課。危機管理有如開車，開車又如馭虎，你駕馭不住它，它就會吃掉你！

　　2012年5月，我終於有了從繁忙的事務中解脫出來的喘息機會。自己擠出空閒時間，參加駕校培訓。從理論考試開始，我都是一次過。在路考之前的上午，駕校的林教練讓我們一行4人到渣滓洞、白公館後面的百步梯去拉練，這是重慶主城範圍內坡度最陡、彎度最大、最考水平的地段。林教練當時講：「技術差的開下坡，技術好的開上坡。」當天我們4人考試，我成為唯一的過關者。我在開上坡時，請教了林教練一個問題：有人講「方法對了頭，上坡都省油」，這個方法是什麼呢？

　　林教練的答案是：「把油門當煞車用，但要記住油門下面有雞蛋。」

　　當我請教林教練高速公路上出現前輪爆胎時如何處置時，林教練的答案是：「首先要把穩方向盤，其次才是點煞制動、機械排檔與手煞控制，最後擇機停靠應急道。切不可亂了方寸，丟了性命。」

　　全媒體時代的危機管理，正如開車，不能只有油門，沒有煞車；也不能只用煞車，而不加油。因為操控不當，油門就會成牢門。只有引而有力、控而有序，方能收放自如、張弛有度。

　　「把油門當煞車用」告訴我們，危機管理中，出門打傘──未雨綢繆，進攻才是最好的防守。「油門下面有雞蛋」告訴我們，危機管理中，

須戒急用忍，把握好分寸才是硬道理。「爆胎時的第一要務是把穩方向」則告訴我們，在重大危機管理中，方向有時比方法更加重要。因為跛足而不迷路的人快過健步如飛但誤入歧途的人。

習近平總書記在全國宣傳思想工作會議上強調：「做好輿論引導工作，一定要把握好時、度、效。」

方向不對，努力白費；方法一對，事半功倍。當方向不明時，不論東南西北風，都會成逆風。

在把穩方向的前提下，該加油時加油，該煞車時煞車，該換擋時換擋，該踩離合時踩離合，該變道時變道。這就是全媒體時代輿論危機的管理要義。把穩方向、調節離合、變換擋位、適時變道，既要牽引，也要控制，在時、度、效的多維變量中尋找到最佳平衡點，拿結果說話，用實效證明。

有道是：「殺豬殺屁股，各有各的殺法。」運用之妙，存乎一心。效果如何，考量掌控者的技術熟練度、經驗累積度與臨機處置度。

先哲有言：政治家應該成為一名醫生——是一位醫治者，一位救世主。輿論危機管理者必須隨時在黑暗中摸索，在壓力中前行，過程至上，方法為用，效果為王。

這就有了一位十多年網路輿論一線從業者的自白——《說破——全媒體時代危機管理》。

危機管理理念：密爾頓的《失樂園》有言：「意識本身可以把地獄造就成天堂，也可以把天堂折騰成地獄。」那麼，危機管理要具有什麼樣的意識與理念呢？三大理念，即同情力、抗壓力、願景力。

危機管理原則：橫向攔平、縱向撿順、動向調適。橫向攔平，即正確處理人與人的關係，包括小我與大我的關係，你、我、他之間的關係；人與事的關係，包括局部與整體的關係，中國與世界的關係；人與自然

的關係，要考慮環境的可承載能力，著力生態文明與美麗中國建設；人與自我的關係，包括個人的榮辱得失、升轉進退。通過處理好這四大關係，來真正解決實際問題。危機管理不能「一刀切」，但要「切一刀」，「切一刀」時要拿捏好分寸，把握好時機，經受得住群眾的檢驗，突出一個「度」字。正如重慶東盛古鎮的仁義茶館對聯所言：「崇義崇仁眾弟兄扎起，講禮講法一碗水端平。」縱向掄順，即正確處理昨天、今天與明天的關係，不要按下葫蘆起來瓢，讓「歷史遺留問題」成為「遺留歷史問題」。既要有時代眼光、時期重點，還要精準把握時刻節點，有序應對輿情波動，經得起歷史檢驗，突出一個「時」字。動向調適，即做到說得脫、走得脫。因為危機管理沒有「如果」，只有「結果」與「後果」，要經得起實踐檢驗，突出一個「效」字。「度」講分寸、底線；「時」講時機、時節；「效」講結果、實效。

危機管理階段：發現危機、孤立危機、處置危機與規避危機。不同的危機管理階段要做到「到哪座山頭唱哪支歌」。「王曰：夫風，安生始哉？宋玉對曰：夫風生於地，起於青蘋之末。」（宋玉《風賦》）風起於青蘋之末大約從此便喻指大影響、大思潮、大危機從微細不易察覺之處源發。危機如火災，先有火星，而後有火苗，然後是火堆，最後是火災。火藉風勢，風助火威。危機管理如救火，必須第一時間發現、第一時間報告、第一時間處置、第一時間預防。發現危機，就是要善於通過體制內和體制外的自查與巡查等手段，對危機來臨之前的風險做到先人一步發現，善於打提前仗，及時發現火星，因為早縫一針要比晚縫九針好。孤立危機，就是要善於「打早」「打小」「打了」，在「山雨欲來風滿樓」和「黑雲壓城城欲摧」的危機面前，臨陣不慌，處變不驚，有理有節地應對變故，出招快、準、狠，在「火星」成為「火堆」之前的最佳救援期，抓住重點人頭、重點媒體、重點平臺、重點環節、重點領域，將危

機消滅於萌芽狀態，避免更大災害的發生，體現出危機管理的大家風範。正如林語堂先生所言：有智慧的人絕不忙碌，沒有智慧的人不懂得悠閒。處置危機，就是當危機不期而至、防而無果的情況下，堅持依法處置、輿論引導與社會面防控三位一體，做到網上互動、網下行動，實現「線下安，線上穩」的總體目標。規避危機，就是要忙人之所閒，閒人之所忙，要平時當戰時，戰時作平時，危機來臨時才能泰山崩於前而色不變，麋鹿興於左而目不瞬，做到忙而不亂、引而有序、控而有力。同時，在危機結束後，要進行評估總結、演練提升與預案的再完善，有效地預防危機。

危機管理關係：以事件現場與所在單位為中心，形成上中下、左中右、前中後、老中新、內中外、大中小相結合的六維超弦理論。從哲學層面上看：一要分清危機中的現象與本質，把握事物的本質；二要分清危機中的形式與內容，把握事物的內容；三要分清危機中的局部與全局，把握事物的全局；四要分清危機中的支流與主流，把握事物的主流；五要分清危機中的偶然與必然，把握事物的必然；六要分清危機中的可能與現實，把握事物的趨勢。

訊息隨手可得，真相依然稀缺。網路時代訊息紛雜，有圖並非有真相。也許正如卡爾‧波普爾在《開放社會及其敵人》一書中感嘆的那樣，一切流變物，一切生成物註定要退化。如果萬物是在不停地流變中，那麼關於這些事物，就不可能做出確定的表達，我們對它們就不能有任何的真知識，而充其量只有含糊和虛妄的意見。

全媒體時代的危機管理，絕不能含糊，更不能虛妄，需要的是「說破」：要身處破境時，善於把隱密的事情或意思用話語揭示出來，並且能達到說而不破的理想效果。這需要的是人見其近、吾見其遠的高明和人見其粗、吾見其細的精明所形成的前瞻力，需要具體問題具體分析的洞

穿力，關鍵還需要抓鐵有印、踏石有痕的執行力以及用結果說話、效果為王的實效力。

因為在危機來臨的時候，一堆宣言勝不過一個行動，一堆行動勝不過一個結果。

在《百年孤寂》中，加布列・賈西亞・馬奎斯：「如果上帝賞我一段生命，我會簡單裝束，伏在陽光下，袒露的不僅是身體，還有靈魂！」

在陽光下，有我良好的祝願：說破危機管理，做到方向正確、方法得當！

周廷勇

目錄

第一章 「神馬都是浮雲」——「微時代」之混沌 …………… (1)

 一、「三微一端」之源 ……………………………………… (6)

 二、「三微一端」之流 ……………………………………… (14)

 三、「三微一端」之律 ……………………………………… (20)

 四、「三微一端」之變 ……………………………………… (25)

第二章 「浮雲都是神馬」——當前輿論生態掃描 …………… (31)

 一、輿論表象：眾神狂歡 ………………………………… (36)

 二、輿論分野：眾聲喧嘩 ………………………………… (41)

 三、輿論局勢：眾星捧月 ………………………………… (45)

第三章 「羨慕嫉妒恨」——當前輿論危機管窺 ……………… (53)

 一、危機新生態——一道躲不開、繞不過的坎 ………… (61)

 二、迭代式新聞——沒有最誇張，只有更誇張 ………… (66)

 三、更正消息——只是一個傳說 ………………………… (72)

第四章 「空虛寂寞冷」——當前企業危機透視 ……………… (75)

 一、企業危機之概——向終結而存在 …………………… (80)

 二、企業危機之源——令知玄妙之途徑 ………………… (83)

 三、企業危機之流——發展境遇存在 …………………… (90)

四、企業危機之害——要錢、要命、要帽子 …………（100）

第五章　我為自己代言——媒介關係管理 …………（103）

　　一、微博賣麵有玄機——自媒體讓品牌行銷的力量更具攻勢
　　　　………………………………………………………（115）

　　二、高層官員一怒為三陪——當前媒介關係透視 …………（122）

　　三、海底撈「勾兌門」如何「配方」
　　　　——五條微博化解危機 ………………………………（129）

第六章　講故事的人——巧傳播提振正能量 ……………（143）

　　一、離譜廣告牌如何靠譜？——巧傳播概說 ………………（149）

　　二、城管救人為何未被污名化？——巧傳播之路徑探微 …（154）

　　三、對牛彈琴究竟是誰之錯？——巧傳播之離合 …………（160）

第七章　不改初衷真英雄——危機管理之方向 …………（167）

　　一、三大態度——同情、抗壓、願景 ………………………（172）

　　二、三大原則——擱平，撿順，說得脫、走得脫 …………（183）

　　三、六大關係——六維全景 ……………………………………（198）

　　四、重建信任——核心要義 ……………………………………（204）

第八章　不擇手段非豪傑——危機管理之方法 …………（213）

　　一、發現危機——路見不平一聲吼 …………………………（218）

　　二、孤立危機——該出手時就出手 …………………………（238）

　　三、處置危機——風風火火闖九州 …………………………（254）

　　四、規避危機——天上星星朝北門 …………………………（275）

後記 …………………………………………………………（286）

第一章 「神馬都是浮雲」

——「微時代」之混沌

　　我們今天的大部分工作量，不管是按重要程度計，按時間計，按精力計，除了最核心的決策之外，其他幾乎都是在和媒體打交道。

英國前首相東尼・布萊爾

【「萌詞」釋義】

「神馬都是浮雲」源於紅遍網路的「小月月」事件。「神馬」並非一匹神奇的馬，而是它的諧音「什麼」的意思。「浮雲」的意思即虛無縹緲，轉瞬即逝。「什麼都是浮雲」意指什麼都不值得一提，什麼東西都很正常，都無所謂了，有抱怨、感嘆之意。

【切入故事】

「微笑帝」還能笑出來？

2012年8月26日，陝西延安發生特大交通事故，確認共有36人遇難，僅3人幸存。在新華社拍下的現場圖片中，竟然有一當地官員在事故現場「傻笑」，網友「@JadeCong」發出相關截圖微博（如圖1-1所示）。

圖1-1 「微笑帝」在事故現場「微笑」

36人死亡與官員的微笑之間形成鮮明對比。網友迅速展開「人肉搜索」，確定此人為陝西省安監局局長楊達才。同時，楊達才在多個場合佩戴不同疑似世界品牌手錶的圖片也被晒到了網上。

　　「微笑官員」「手錶秀」把楊達才推上了輿論的風口浪尖。3天後的29日21:00，楊達才做客新浪網陝西微訪談，回應此事。其微博開場白是：「我確實想在今天和網友進行一個溝通，表達我的歉意。但因為一直忙於處理事故，現在才坐到這裡，接受這個訪談。來晚了，很抱歉。」其最後一條微博是：「非常感謝網友的關注和批評，下面我還要安排準備明天的工作，就不能和大家繼續交流了，我也注意到網友們還有很多的問題，今後我也將爭取有更多的機會和大家交流。謝謝大家，再見。」其對「微笑門」與「名錶門」的回應分別如圖1-2、圖1-3所示。

圖1-2　楊達才微博回應「微笑門」

圖1-3　楊達才微博回應「名錶門」

雖然其微訪談比新浪微博預告的時間晚了一個小時，但楊達才在線訪談的姿態，受到了諸多好評。《環球時報》胡錫進評價：「第一，他是第一位與質疑者做正面微訪談溝通的官員，值得肯定和鼓勵。第二，訪談效果有限，對他5隻手錶從哪來的質疑並未消除。第三，網上對他的質疑不僅僅是針對他個人的，有官方公信力脆弱的大背景。第四，了結此事需紀檢部門調查他5隻錶的來歷，給出權威結論。祝他好運。」

但也有不少網友「砲轟」：「微訪談也只不過黔驢技窮，最後一搏罷了。」

2012年8月30日，陝西省紀委宣布對楊達才進行調查。

2012年9月21日，陝西省紀委調查表明，楊達才存在嚴重違紀問題，依據有關紀律規定，經省紀委常委會研究並報經省委研究決定：撤銷楊達才陝西省第十二屆紀委委員、省安監局黨組書記、局長職務。

很快，楊達才在新浪認證的實名微博也人去樓空，成為微博長河中的一朵浪花。

2013年8月30日，陝西省西安市中級人民法院公開開庭審理楊達才受賄、巨額財產來源不明一案。儘管該案沒有通過西安市中級人民法院進行微博直播，眾多網友仍通過微博關注並熱議該案庭審最新動態。

楊達才當日上午在法庭上回答提問時，偶爾還露出了微笑，照片傳出後再次在網路上引起了熱議。而下午庭審時，楊達才臉色一直鐵青，嚴肅了不少。

2013年9月5日，楊達才一審被判刑14年。

人民網評論：「表哥」楊達才被判刑14年，真是一個微笑惹的禍？

表面上看，楊達才是因為在包茂高速公路安塞段特大交通事故現場的一個微笑受到網友的質疑和抨擊，讓網友刨根挖底，「局長」變成「表哥」，再變成大貪官，最終導致落馬的下場。

事實上，楊達才落馬的真正原因，還是在於他平時放鬆了黨性原則，在擔任多年的領導職位上的貪污腐敗。報導中，檢方以楊達才受賄罪、巨額財產來源不明罪提起公訴，法院一審判其14年。這樣一個面部肌肉放鬆、嘴角向上的微笑曲線，變成一根要命的「導火線」，引爆了楊達才

擔任領導幹部多年來貪污腐敗的這顆「炸彈」。自作孽，不可活，這便是偶然中的必然。

很多網友對「微博反腐」的成效表示了肯定。「法龍居」「美麗浙江」等多名網友表示，楊達才這只「大蒼蠅」被「揪」出來，「算是微博的功勞吧」。網友「老馬時評」評論稱：「如沒有網民的曝光，楊達才可能還在步步高陞；可想而知，離開人民的監督，反腐只是口號。」

有網友評論：「楊達才天生『彌勒佛』，這不是錯，錯在出事後開微博積極回應，反而挑起更多人的圍觀興趣，致使事態擴大而不可收拾。這是教訓啊！官員危機事件處理，基本原則是打發好上面，對公眾能不搭理就不搭理，能少搭理就少搭理。有能力就刪帖，不願意刪就讓他們說去。熱點會止於下一個熱點。」

【故事啟示】

「微笑帝」之所以能在事故現場微笑，或許是一種個人特性使然與志得意滿、生活舒適感的「霸氣外露」，也或許是長期微笑仍然官運亨通的自信。但當「微笑帝」遇到微博，這老兄就「攤上大事了」！不該笑的時候笑了，不該換錶的時候換了，不該被微博曝光的曝光了，不該上網的戴錶照片上網了，諸如此類的「不該」可以一直推演下去。

在微博、微信、微短片與客戶端興起的「微時代」，人人都是記者，人人都是編輯，人人都有攝影機，每個人均有一個「未經批准的新華社」，以前的「舉頭三尺有神靈」變成現在的「舉頭三尺有網民」。不同的網民從不同的角度出發，會形成輿論的無影燈效應！

楊達才被微博拉下馬，表面看是有了微博，而最本質的原因，則是千不該，萬不該，楊達才不該去貪、去佔、去曬。

人生最重要的是方向。

無論有沒有「三微一端」，官員都應時刻牢記「人民最大」的天條，銘記「歷史是最高明的老師」的教訓，低調為人，高調做事。牢記低調才是最高明的炫耀。網友評論：如果官員都是焦裕祿，官員還有網路恐懼症嗎？

一、「三微一端」之源

哲學是一種使人聰明的學問，是愛和智慧的凝結。但要證明誰是哲學家，好像又非常麻煩，大學者？大教授？

倒是前不久微博上有一個段子讓人豁然開朗：大家都說社區的保安是哲學家，因為他們每天都在思考人生的三個問題，即「你是誰」「從哪兒來」「要到哪兒去」。

廣場式的微博、圈群化的微信、場景化的微短片與報欄式的客戶端，簡稱「三微一端」，其出現標誌著媒體的發展進入一個從專業化生產到職業化生產，再到全民化生產的蛻變！其出現標誌著一個真正基於社交關係的內容分享的社會化媒體時代的來臨！

「三微一端」乃何方神聖？從哪兒來，又要到哪兒去呢？

（一）微博——開放廣場

微博的前身是境外的 Twitter（推特，下同）——部落格與簡訊基因載體。

百度百科這樣介紹 Twitter：國外的一個社交網路及部落格服務的網站。它利用無線網路、有線網路、通信技術，進行即時通信，是部落格的典型應用。它允許用戶將自己的最新動態和想法以簡訊形式發送給手機和個性化網站群，而不僅僅是發送給個人。

2006 年 3 月 21 日，博客技術先驅「blogger.com」創始人伊凡·威廉斯（Evan Williams）和比茲·史東（Biz Stone）離開 Google（谷歌公司）後，和傑克·多西（Jack Dorsey）等人創立了 Twitter 公司。這些共同創

始人來自部落格和簡訊的兩個領域，Twitter 結合了群組簡訊和部落格特點，由發送者（寫手）向公眾（公開）或他的好友（不公開）發表類似簡訊的消息。在最初階段，這項服務只是用於向好友的手機互發文本訊息進行交流溝通。2006 年 7 月 15 日，Twitter 向公眾開放。Twitter 的英文原意為小鳥的嘰嘰喳喳之聲，用戶可以用發手機簡訊等數百種工具更新信息。顯然 Twitter 一開始就繼承了簡訊和部落格的兩種基因。這就是最早的 Twitter。

Twitter 的出現把世人的眼光引入了一個叫微博的小小世界裡。Twitter 是一個社交網路及部落格服務的網站。用戶可以經由 SMS（群組發系統）、即時通訊、電子郵件、Twitter 網站或 Twitter 客戶端軟體來發送 Twitter 消息。因為當時手機簡訊每條是有字數限制的，Twitter 的消息被設置為 140 個字符。因為美國缺少類似 QQ 的產品，Twitter 普及得非常快。

Twitter 在 2007 年大放異彩，自此之後用戶開始迅猛增長。2007 年每季度總計的推特消息發送數量（簡稱發推數）為 40 萬條。到了 2010 年 2 月，Twitter 上每天發推數已達到 5,000 萬條。

2009 年 2 月，Twitter 的用戶數以 1,382% 的速度遞增。2009 年 4 月 17 日，「脫口秀女王」歐普拉·溫芙蕾（Oprah Winfrey）註冊了 Twitter 帳號。2009 年 5 月，Twitter 的流量上漲了 43%。各路名人開始紛紛註冊自己的 Twitter 帳號，Twitter 也針對此設計了認證用戶的產品。

2009 年 6 月的伊朗大選，伊朗政府大規模封殺 Twitter 的微博服務，這讓全世界開始關注這樣一個小公司及其技術產品。Twitter 在這一期間獲得了第二次免費廣告，提高了其在全世界的話語權。

2009 年，Twitter 輸入框邊的提示「What are you doing」（「你在幹什麼」）變為了「What's happening」（「正在發生什麼」），表明 Twitter 從記錄生活向記錄新聞事件的轉型。Twitter 已不再僅僅關注「你在幹什麼」，而是定位於「探索這個世界正在發生的事」，關鍵點是「正在發生」。正如其口號：「Share and discover what's happening right now, anywhere in the world!」(「從世界各地，分享並發現新鮮事物!」)

2012年2月，Twitter稱有能力針對不同國家和地區實施網路內容過濾，引發關注；同年10月，Twitter收購美國移動應用開發工具廠商卡巴納（Cabana）。

2013年8月，Twitter宣布向平臺加入「相關新聞」模組，以直觀顯示當前話題所指的新聞事件。此功能有助於用戶快速地弄清當前話題所討論的新聞內容，並對媒體網站的訪問量增長起到促進作用。

中國的微博走出了「一直在模仿，從未被超越」的怪現象，在「拿來」的同時發揚光大。微博繼承了Twitter的基因，更有了Facebook（「臉書」，下同）的靈魂，還有了即時通信之皮。集成創新、綜合運用的微博，承載了太多功能。

2007年，中國第一家帶有微博色彩的飯否網開張。2009年，微博這個全新的名詞以摧枯拉朽的姿態橫掃網路，成為全世界最流行的詞語之一。

從2009年7月中旬開始，國內一大批老牌微博產品（「飯否」「騰訊滔滔」等）停止營運，一些新產品開始進入人們的視野，包括「嘰歪」「Follow5」「9911」以及2009年8月開放的新浪微博。其中「Follow5」在2009年7月19日孫楠大連演唱會上的亮相，是國內第一次將微博引入大型演藝活動，與Twitter當年的發展頗為相似。

2009年8月，新浪微博上線，並迅速成為中國最具影響力的微博之一。在新浪微博名人戰略帶動下，各綜合門戶網站微博、垂直門戶網站微博、新聞網站微博、電子商務微博、SNS（社交網路服務）微博、獨立部落格網站紛紛成立，甚至電視臺、電信營運商也開始涉足微博業務。中國真正進入「微博時代」。

2010年，國內微博像雨後春筍般崛起。騰訊、網易、搜狐等門戶網站均開設微博。網易微博對字數也突破了140個字的限制，達到了163個字。

2011年，國內微博在重大突發事件中異軍突起。「7/23」甬溫線特別

重大鐵路交通事故後微博作用突顯，標誌著微博在重大突發事件的輿情演變中成為當之無愧的第一落點、第一平臺。

2011 年，中國微博進入了「政務微博元年」。公安、法院、外宣等熱點部門或機構紛紛開通微博，正面回應輿論關注，在引導輿論中不斷地走向成熟。

2013 年，中國微博進入整治規範之年，堅守「七條底線」，懲治非法網路公關，打擊網路謠言力度加大。

2014 年年初，「網路紅人」的活躍度明顯下降，新浪微博更名為微博，搜狐微博、網易微博停止營運，騰訊微博雖然還在使用，但基本處於停運狀態，新浪微博一枝獨秀。

中國互聯網路信息中心（CNNIC）第 38 次報告顯示：截至 2016 年 6 月，中國網民規模達 7.10 億人，手機網民規模達 6.56 億人，人均每週上網時長為 26.5 小時，網路直播用戶規模達 3.25 億人，占網民總數的 45.8%。微博用戶數達 2.42 億人，逐漸回升，使用率為 34%，與 2015 年年底相比略有上漲。

中國微博活躍用戶數經歷了 2010—2011 年爆發式增長後，從 2012 年開始進入了一個相對平穩的增長期，2014 年後進入下降平穩期。

至此，微博江湖已形成新浪微博獨步天下的格局。騰訊微博作為新浪微博的阻擊型產品，在防守與退出的同時，加大微信推廣的力度，依託 7 億多 QQ 用戶資源，完成了華麗的轉身。

2015 年，微博作為具有公共媒體屬性的社交網路平臺，活力十足。其以媒體人、律師、「網路紅人」、學者為代表，在敏感熱點事件中最具影響力的社交媒體的地位仍在，只不過已有被微信替代的趨勢！

微博具有門戶網站的功能，匯聚各類訊息、進行滾動式發布，因而成為用戶獲取信息的主要管道之一。微博具備部落客的功能，用戶可以進行意見、情感、見聞等內容的表達，雖然受字數限制，但可以通過添加超連結或長微博圖的方式表達更多內容，因而成為用戶主要的分享平臺。微博具備網路論壇的功能，用戶通過集中關注某一熱點話題或者搜

索內容，形成公共的「意見市場」，成為社會成員的主要發聲地，可以快速生成輿論，並帶有社會動員功能。微博具備即時通信功能，可以通過私信或「@功能」，進行點對點或點對多的信息傳達與溝通。

特別是在民意通達語境不暢達的情況下，網友在微博這個戰壕裡越挫越勇，越戰越神，並成為名人「晒萌」的舞臺、民眾訴求的平臺、網友反腐的前臺、輿論交鋒的銅雀臺。新浪微博更名為微博，「我的首頁」主題詞是「有什麼新鮮事告訴大家」。前不久，其主題詞又變為「有什麼新鮮事想告訴大家」。一個「想」字，更表達了網民願說、想說、能說、會說的可能性以及微博作為言說平臺的基本屬性。

有數據顯示，新浪微博用戶比 Twitter 用戶更活躍、更快樂。一是 80% 的 Twitter 用戶位於美國，而 95% 的新浪微博用戶位於中國。二是 79% 的新浪微博消息表達的是積極向上的心態，而 Twitter 的這一比例僅為 71%。三是新浪微博用戶在週末期間每天發布的消息量比平時高出 19%。相比之下，Twitter 的這一比例要低 11%。

但仍有網友戲稱新浪微博是「披著 Twitter 的皮，揣著 Facebook 的心，做著騰訊 QQ 的夢」。新浪微博的媒體屬性更多些，社交的屬性相對少一些，大約比例是 7：3；而微信的媒體屬性少一些，社交的屬性相對多一些，大約比例是 3：7。

有道是：「世界上最遠的距離不是天涯海角，而是你在微博，而我在微信……」

（二）微信——圈群傳播

微信是騰訊公司於 2011 年 1 月推出的一個為智能終端提供即時通信服務的免費應用程序。功能上，微信逐漸取代了手機簡訊而成為用戶的主要即時交流工具，兼具 QQ 聊天和 QQ 空間的功能。微信支持跨通信營運商、跨操作系統平臺，通過網路快速發送免費（需消耗少量網路流量）語音簡訊、影片、圖片和文字，提供公眾平臺、朋友圈、消息推送等功

能，用戶可以通過「搖一搖」「搜索號碼」「附近的人」「掃二維碼」等方式添加好友和關注公眾平臺，同時微信將內容分享給好友以及將用戶看到的精彩內容分享到微信朋友圈。

除信息傳遞功能外，微信的錢包功能包括了刷卡、轉帳、加值、理財通、叫車、繳費、電影票等電子支付與商務功能，信息的傳播與信用的消費，使微信如虎添翼。其已覆蓋90%以上的智慧手機，並成為人們生活中不可或缺的日常使用工具，成為當前人們的一個生活方式，某種程度上是現代人生活的標準配備。截至2015年第一季末，微信每月活躍用戶已達到5.49億人，用戶覆蓋200多個國家和地區、超過20種語言。此外，各品牌的微信公眾帳號總數已經超過800萬個，移動應用對接數量超過8.5萬個，微信支付用戶則達到了4億人左右。

微信用戶可以在朋友圈內發布個人信息，並與有好友關係的用戶互動，同時可把在訂閱號上接收的內容轉發至朋友圈，形成了以私人關係建立起的朋友圈與以陌生人關係建立起的訂閱號的分離與聚合。這一方面有助於群體內傳播的活躍度和信任度，便於對公眾信息進行過濾和篩選；另一方面朋友圈內的碎片化信息獲取以及內容精度較高的公眾信息精準投遞得以同時實現。此外，用戶可以自由選擇瀏覽訂閱信息的時間，自主性更強。這種兼具私密性和開放性的特徵，使有效的個體間以及個體和群體的互動平臺得以形成，總體而言更容易形成強關係，微信因而成為圈內信息的交流場。

眾所周知，雖然微信與微博僅一字之差，但其特性卻有著很大的差別。微博是一種大圈子、弱關係的社會化媒體，更偏重於廣場式的媒體屬性；而微信則是一種小圈子、強關係的圈群化媒體，更偏重於社交屬性。有人點評：「微博玩的是信息，微信玩的是關係。」

新浪首席執行官曹國偉談到到微博、微信時說：「很多人，包括我在內，都是同時使用兩款產品，微博比微信早幾年。微博是公開的網路，基礎是媒體結構，以獲取信息、興趣形成；微信是一個非常好的私密空間，和朋友溝通，微信效率更高。」

微博和微信作為目前國內最熱門的兩大移動互聯網平臺，在傳播特點、產品屬性等方面都呈現出巨大的差異性。

一是微博的公開性與微信的私密性。微博就像是在廣場上的演講，可以迅速廣而告之。而微信就像朋友圈子在會館舉行的沙龍聚會，這是一個封閉的社交圈，不是任何人想來就來。物以類聚，人以群分，基於強關係的社交圈層的微信交往會出現趨同化的傾向。二是信息一對多、多對多的流動與點對點的流動。微博重在訊息發散狀流動，微信重在信息點對點流動。正如杜子建在《微力無邊》裡提到的「傳播，就是人的接力」。微信更具有朋友圈子的特性，是個深度社交的平臺，用戶發布的內容雖然沒有限制，但是影響到的只是自己的朋友圈，即自己的熟人圈子，不能形成某條信息的信息洪流。三是產品的設計與限制大相徑庭。微博由於媒體性的特性，在產品設計上是極力鼓勵用戶去轉發和傳播信息的，用戶既是圍觀者也是參與者，形成病毒式的鏈式傳播。微信由於其社交屬性，產品設計實現了信息傳播與微信支付的一體化融合。2014年春節的微信紅包，更是加速了微信的在線支付，將衣、食、住、行、遊、樂、購等電子支付過程簡化到了極致。四是特性差異大。微博是廣傳播、淺社交、鬆關係，微信是窄傳播、深社交、緊關係。一言以蔽之，微博是廣場，微信是私家花園。

當前，微信公眾平臺大行其道。通過這一平臺，個人、企業和某些職業化的機構都可以打造一個微信公眾號，實現和特定群體的文字、圖片、語音的全方位溝通與互動。堅持在知識中尋找見識，「有種、有趣、有料」，做大家「身邊的讀書人」的公眾號「邏輯思維」，成為微信公眾號的代表之一。

(三) 微短片——視像場景

微短片是指短則 30 秒，長則不超過 20 分鐘的影像短片。微短片的「微」主要在於短和精。微短片的出現及其大眾化，意味著我們真正進入

了「超視像」的媒體時代。

微短片的內容涉及面廣泛，影像形態多樣，通常涵蓋微電影、紀錄短片、DV 短片、影像剪輯短片、廣告片段等。微短片可通過電腦、手機、攝像機、數字相機、MP4 等多種影像終端攝錄或播放。短、快、精以及大眾參與性、隨意性（隨時、隨地）是微短片的最大特點。

目前，微短片領域呈現三分天下的格局。微視依託財大氣粗的騰訊平臺，成為影像版的朋友圈。秒拍依託著新浪的平臺，已經和新浪微博處在打通的狀態。美拍依託的平臺是美圖秀秀。在社交圈中，美拍明顯輸給微視和秒拍。截至 2014 年 5 月底，微視下載量達 2,432.9 萬次，遠遠高於秒拍的 286 萬次。現在，美拍安卓公測版也上線了，短影片領域，誰與爭鋒，大有可觀。能否繼續建立三足鼎立的局面，我們拭目以待。

2015 年 9 月 3 日，天安門廣場上的大閱兵成為全球焦點。在社交媒體上廣泛傳播的大量網友的現場影片成了此次媒體傳播的重要亮點。這標誌著從「無圖無真相」到「無影片無真相」的跨越。伴隨著智慧型手機的普及和 5G（第五代移動通信技術）時代的到來，移動影像所具有的巨大的信息承載量和多元的表現形式等優勢便脫穎而出。秒拍的短影像產品時間簡短、消耗流量少、信息密度高，同時擁有了媒體和社交兩大屬性，內容的傳播和受眾的反饋幾乎同步進行。

觀察新浪微博的熱搜榜可以發現，近年來，影像內容的比例明顯上升，有時 24 小時熱門內容排行榜前 10 名中，有一多半都有影像內容，而其中的絕大部分，都帶著秒拍的標誌。

不只是閱兵，從 2014 年以來眾多的新聞熱點事件中，秒拍平臺上都在第一時間出現了當事人一手拍攝的影像。天津特大化學品爆炸事故、泰國炸彈爆炸現場、成都女司機被打事件、南京寶馬車撞人案件等，讓人觸目驚心的鏡頭都來自於新聞當事人的手機拍攝，幾十秒的影像既快又準地傳遞了豐富的現場信息。

這些基於平民視角的第一手、第一現場的用戶原創內容，從不同的角度還原了事實真相，促成了整體輿論傳播生態從文字、圖片到音頻和

影像的轉型。再現場景成為一種革命性的趨勢。

(四) 客戶端——移動報欄

客戶端是建立在用戶個人移動終端上的特定信息發布平臺，可以看成門戶網站和媒體網站的延伸。目前，客戶端主要有三類：一是傳統門戶網站所建立的客戶端，如搜狐新聞、騰訊新聞、網易新聞等。二是傳統媒體推出了各具特色的新聞客戶端，如人民日報推出了人民日報客戶端，新華社推出了新華社發布，上海報業集團推出了澎湃新聞客戶端。三是以百度新聞、今日頭條為代表的聚合類新聞客戶端。聚合類新聞客戶端並不生產新聞內容，主要通過抓緊各種新聞媒體的內容，整合於自身平臺。

客戶端大多帶有媒體特色和理念，如澎湃新聞客戶端的口號是「專注時政與思想的互聯網平臺」等。其既具備傳統媒體一對多傳播方式的信息投放功能，同時用戶也可以打造一個專屬於個人的媒體空間。

二、「三微一端」之流

從媒體出現到普及再到擁有 3,000 萬用戶的速度來看，報紙用了 100 年，廣播用了 50 年，電視用了 30 年，網路用了 3 年，微博 3 個月就達到 6,000 萬用戶，而微信在 15 天內收穫 100 萬用戶，短短 2 年收穫 3 億用戶，構建了全民使用的全新移動溝通方式、全面打通的產業連結。

微博是基於用戶關係的訊息獲取、傳播和分享的平臺。用戶關係是「魂」，獲取、傳播與分享是「體」，開放平臺是「用」。微信是為智能終端提供即時通訊服務的免費應用程序，是「消息系統」與「I/O 平臺」

的融合。微信公眾號的運用真正讓「人人都可以辦媒體」成為現實。微短片是基於4G時代的最新智能運用，實現了從「有圖有真相」到「有影像有真相」的跨越。以今日頭條為代表的客戶端的運用，充分發揮了新聞聚合與及時推送的特點。綜觀「三微一端」，其具有共性的一方面。

（一）屬性：四大屬性與三大圖譜的疊套

一是具有社交屬性。微博、微信、微短片與客戶端是建立在基於個體需求的關注與被關注基礎上的社交化運用，粉絲文化、聽眾需求、互動交流、場景再現成為其獨特景觀。調查發現，微博、微信、微短片與客戶端的粉絲大致可以分為三種人群：第一類為自己的同學同事、親朋好友，可稱為「同仁」。第二類為行業中人，或者相識，或者曾有耳聞，甚至不相識但內容和工作或有相關的人，可稱為「同行」。第三類為興趣相同的人，可稱為「同好」。在這些關係中，有強有弱，雙方可以針對同一話題或事件進行有效的溝通互動，甚至可以由線上的交流和互動變為線下的交流和行動。微博的私信功能，更是強化了其社交溝通的現實需求。而微信的附近查找功能與搖一搖功能，更是強化了基於地理位置的陌生人交友功能。

二是具有媒體屬性。微博、微信讓新聞不再定時、定向，而成為全天候、實時化、隨時化、全息化、全球化的訊息洪流。我們可從親朋好友與關注對象處獲取相關信息，瞭解好友動態，記錄自己的生活。其點對點的專發與私聊，給特定對象「罰點球」；一對多的普發，一人發布，多人收聽；多對多的評論，多人評論與轉發以及升級版微吧，讓信息流動暢通無阻。

三是具有管道屬性。「三微一端」基於地緣、業緣、趣緣、血緣等可以組建自己的圈子，圍繞同一話題進行討論。企業和個人可發布產品訊息，搜集網路輿情，進行客戶關係管理與危機公關。

四是具有平臺屬性。「三微一端」成為朋友信息分享和獲取信息的平

臺、名人明星的「大喇叭」、企業的廣告平臺、慈善救濟的發動平臺、社會事務的公告平臺。微博、微信、微短片與客戶端不斷增強的即時通信、相冊、遊戲、微音樂、電子商務以及多元在線支付等新應用，更強化了其平臺屬性，優化了用戶體驗。

微博、微信、微短片與客戶端在速度上呈現出即時性和移動性，在文本上呈現出碎片性和現場性，在管道上呈現出多樣性和互動性，在效果上呈現出沉浸性和爆炸性。微博、微信、微短片與客戶端，實現了社交圖譜、興趣圖譜和經歷圖譜三大圖譜的完美融合。

（二）特點：「矮窮矬」與「高富帥」的穿越

據說某網站的心理調查題是：「如果一個窮小子冒充有錢人和你戀愛，然後被你發現。你會如何反應？」90%的人選「堅決斷絕關係，誠實是最重要的品質之一」。過了一個月，這個網站又出了一道題：「如果一個有錢人冒充窮人和你戀愛，然後被你發現。你會如何反應？」90%的人選「繼續交往，我愛的是他的人，又不是他的錢」。

「高富帥」冒充「矮窮矬」和「矮窮矬」冒充「高富帥」，其結果天上地下，在現實生活中是難以對應起來的。

而微博、微信、微短片與客戶端，卻能奇跡般地將「高富帥」與「矮窮矬」完美地結合為一體。

「矮」——平民視域。微博、微信、微短片與客戶端是天然的平民化工具，特別是在智慧終端越來越便宜、性價比越來越高，網路資費越來越低廉，網路速度越來越快捷，微博、微信、微短片與客戶端的軟體升級與三方開發功能不斷強大的今天，「三微一端」的平民化運用、平民化表達、平民化話題更顯普遍。關於微博的內容分布，據《法制晚報》定向統計：娛樂八卦占50%，生活休閒占20%，遊戲科技占3%，名人動態占4%，新聞占17%，心情狀態占6%。微博24小時呈現不同話題：7點到9點主要是心靈雞湯、勵志名言；10點到12點是突發事件與內外糾葛

訊息；13點到17點是各種娛樂段子和明星緋聞；18點到22點是各路「吐槽大仙」「江湖英雄」出沒的時間；23點到2點，各種不眠不休，自娛自樂；3點到6點，短暫的平靜，等待又一次的輪迴。接地氣的微博，雖然是「矮子放屁——低聲下氣」，但卻避免了「矮子坐高凳——上下夠不著」和「矮子短梯上高房——搭不上言（檐）」的尷尬。

「窮」——邊緣敘事。微博、微信、微短片與客戶端用戶的普及化與平民化，一方面成為明星與「網路紅人」、中高收入群體自拍、晒富的樂園，另一方面也必然帶來低收入群體對自我境遇的無折痕呈現、對自我訴求的同聲呼求、對不公待遇的抱團展示。城市低收入群體、改革利益受損群體等對涉及自身切身利益的具體問題通過網路發聲。而「蟻族」「北漂」「農民工二代」等帶有身分標籤與身分認同的網路代名詞也成社交高頻率用語。微博、微信、微短片上關於強拆、上訪、貧富差距等事關群眾切身利益的關鍵詞，也成為網民最愛檢索的網路熱詞。弱勢群體的邊緣敘事，使「三微一端」上彌漫著的一種負面情緒，並且經過不斷的熱點事件刺激而放大，形成一種集體無意識，進而成為社會情緒暴戾化的意見土壤。

「烆」——極端暴戾。2013年6月7日，廈門市一輛快速公共公車突發起火，共造成47人死亡、34人因傷住院。經公安機關偵查，這是一起嚴重的刑事案件。縱火的犯罪嫌疑人陳水總被當場燒死。警方從其家中發現其遺書以及微博留言，陳水總因自感生活不如意，悲觀厭世，而洩憤縱火。事後也有網友對陳水總及其所發微博質疑：「陳水總只有初小文化，他怎麼會發微博的？一貧如洗的家庭竟然有電腦、手機發微博？騰訊帳號和微博也是剛註冊不久。」2013年7月20日，首都機場三號航站樓，冀中星引爆自製爆炸裝置，造成其本人重傷、一名民警輕微傷，所幸無其他人傷亡。作案者微博帳號顯示，7月5日其連發9條微博發出「最後呼喊」。

「高」——影響高端。微博、微信、微短片與客戶端傳播的原創節點到橋梁中間節點再到長尾節點，使得以人際關係為核心傳播的微博、微

信成為世界上傳播最快的互動新媒介。一條微博4分鐘可轉發上億次。假設每個微博用戶有100個粉絲，轉發1條微博最多用時1分鐘，如果首發用戶發出1條微博，那麼第1分鐘微博轉發量100條，第2分鐘微博轉發量1萬條，第3分鐘微博轉發量100萬條，第4分鐘微博轉發量1億條。可見微博在最短的時間內使足夠多的用戶瞭解到相關信息。微信也可以在最短的時間內讓圈子內的朋友第一時間獲得相關信息。以日本地震中的微博表現為例，微博成為事發現場專題信息匯總、輿論熱議話題、網友微博尋人、微博闢謠、衍生話題討論、明星公益、核物理專家微博訪談、企業植入事件行銷等平臺，成為實時信息通達、親人聚散、官民互動、虛實相生的集成平臺，成為高層決策的重要參考。

「富」——秒殺無辜。微博、微信、微短片與客戶端時代，消息發布零成本與信息甄別的高成本倒掛，過多的不良信息，成為淹沒真相的苦海。一方面，三人成虎，眾口鑠金，老百姓有寧可信其有不可信其無的從眾心理；另一方面，眾多網民存在始則輕信，漸至相信，終至迷信的心態。加之一些非法網路公關公司與網路「網路紅人」，包括一些媒體跟風炒作，跟風般地迷信，都給有意操控者提供了極佳的舞臺。正如非法網路推手「立二拆四」和「秦火火」所言，他們的「道法」是網路炒作必須要「忽悠」網民，使網民覺得自己是「社會不公」的審判者，只有反社會、反體制，才能宣洩對現實不滿情緒。必須要煽動網民情緒與情感，才能把那些人一輩子贏得的榮譽、一輩子累積的財富在一夜之間摧毀。他們的信條是：「謠言並非止於智者，而是止於下一個謠言。」

「帥」——「網路紅人」爭寵。「三微一端」用戶大致可分為三個層次。大眾層：看得多說得少，人數最多。憤青層：見誰罵誰，人數不少。精英層：發言較多，人數很少。微博明星和名人、意見領袖要獲得名氣，要麼是敵意或酷意，要麼是寫意或惡意，往往少了點善意與樂意。一方面，微博、微信、微短片與客戶端讓社會輿情的主導權從過去由傳統媒體或門戶網站控製，轉變為千萬個公民意見的聚合；另一方面，微博、微信、微短片與客戶端的輿論主導權已經轉變成為意見「網路紅人」與

公眾帳號又一身分證明。一般來講，粉絲數大於 10 萬人的稱為「網路紅人」。新浪微博、騰訊微博中，有 10 萬以上粉絲的用戶超過 1.9 萬個，有 100 萬以上粉絲的用戶超過 3,300 個，有 1,000 萬以上粉絲的用戶超過 200 個。一段時間，意見「網路紅人」微博約架、約辯甚囂塵上，成為各種利益方角逐的前沿陣地。

(三) 擾政——「阿基里斯的腳踝」

馬克思認為：火藥、指南針、印刷術——這是預告資產階級社會到來的三大發明。火藥把騎士階層炸得粉碎，指南針打開了世界市場並建立了殖民地，而印刷術則變成新教的工具，總的來說變成科學復興的手段，變成對精神發展創造必要前提的最強大的槓桿。

單刃為刀，雙鋒為劍。技術的發明，既可成為社會治理的正能量，也可能成為擾亂社會秩序的導火線。

參與了特洛伊戰爭，被稱為「希臘第一勇士」的阿基里斯，其忘我的戰鬥精神、溫厚善良的情感和捍衛個人尊嚴的敏感意識構成了阿基里斯的性格三角形。

黑格爾曾熱情洋溢地寫道：「這是一個人！高貴的人格的多方面性在這個人身上顯出了它的全部豐富性。」而阿基里斯並非刀槍不入，出生時，他的母親忒提斯倒提他的一隻腳把他浸入冥河，使他身刀槍不入，唯有被手提著的腳後跟沒有浸到河水，成為他唯一致命之處。這也就是「阿基里斯的腳踝」的來歷，指某人或某事物的最大的或唯一的弱點，即罩門之所在。

2011 年以來的「阿拉伯之春」「倫敦之夏」「華爾街之秋」「俄羅斯之冬」的街頭革命，雖原因各異，但動員路徑卻有其相同之處，那就是推特、臉書等全球社交網路均充當最重要的動員媒介與組織平臺。華爾街示威抗議活動從 2011 年 6 月就開始籌劃，人們建立了一個專門用來發起運動的網站「占領華爾街」，號召在紐約證券交易所前舉行非暴力示

威。而遊行是由反主流文化雜誌《廣告克星》組織發起的。推特（Twitter）、臉書（Facebook）等社交網站成為召集示威、發布組織信息的工具。《紐約時報》分析稱，《廣告克星》雜誌的創辦者卡勒‧拉森是受到北非、中東等地示威遊行活動的影響，注重網路的作用。

　　社交媒體技術既是用於廣泛傳播各種理念的工具，也是令行動可以席捲社會的一種力量。

　　微博、微信、微短片與客戶端等社交網路，讓敏感訊息不再出口轉內銷，讓分散的人群不再孤單，讓普通的人不普通，讓不普通的人普通。沒有老虎帶隊的胡蜂，一樣能打敗老虎帶領的團隊。因為胡蜂的成群性與一窩蜂地無序集聚，會出現無組織的組織化，初始條件下微小的變化能帶動整個系統的長期的、巨大的連鎖反應。這正是政黨政治管理者不得不考慮的罩門之所在──「阿基里斯的腳踝」。

三、「三微一端」之律

　　微博、微信、微短片與客戶端為什麼這麼火？因為微博、微信、微短片與客戶端，既是集中此前諸多媒體的集大成者，更改寫了此前輿論傳播的既有定律。正如醒客在《重新理解媒介──揭開傳播、社會網路與群體秩序之謎》一書中所說：「互聯網提供了全民發表意見的技術基礎，改變了受眾與媒體的關係，這是媒體變革的最重要的力量，大眾不再只是媒體信息的接受者，而成為媒體生態的建設者。」媒介即行動，「媒介不僅改善了人與人的交流，還改變了人的行為方式，並最終改變社會關係」。

（一）兩分鐘法則

兩分鐘法則是指人們對微博、微信、微短片與客戶端的收聽和閱讀信息時間不超過兩分鐘。如今，微博、微信、微短片與客戶端的技術開發不斷提升，功能不斷擴大。突出表現是長微博、多圖上傳、影片插入、影片現錄現傳、超連結與微吧、附近查找、掃一掃、搖一搖等新應用層出不窮。打開微博主頁，可看到其功能有表情、話題、原創、圖片、影像、音樂、長微博、投票、心情、微公益等。而每一條微博後面，均有轉發、收藏、評論與閱讀點擊量等功能。但微博主頁的兩分鐘效應仍然存在。打開微信主頁，可以看到其功能有聊天、發現、通信錄等，在聊天中有訂閱號與普通朋友兩大功能；而發現板塊中有朋友圈、掃一掃、搖一搖、附近的人、漂流瓶、購物、遊戲七大功能；通信錄中有新的朋友、群聊、標籤、公眾號、標籤朋友與普通朋友功能；而相冊、錢包、收藏與設置等功能，均增強了其瞬時傳達、多方聚合、多元應用的能力。

（二）人多力量大法則

微博、微信、微短片與客戶端，通過一定的程序，任何人都可成為註冊用戶。中國微博目前註冊人數多達 2 億人之多、微信用戶約為 8 億人，龐大的用戶群為其發展奠定了前提。「三微一端」融合了有價值的人群與內容，用戶可以對包含了國內和國外的不同的事件加以討論，讓這些事件呈現多層次、多範圍、多領域的嵌套。

（三）壞事瘋傳法則

微博、微信、微短片與客戶端上面的正面消息發布後，在相同的時間內，平均會告訴 6 個人，而壞消息則會傳播給 23 個人，因此壞消息要比好消息傳播得更快，點擊的人更廣泛，評論與轉發的人更多，破壞力

也更大。如「不雅視頻」中，雷政富等官員的黨性與人性、臺前與幕後、被敲詐與被查處、漏網之魚與法外之恩、趙紅霞等女性真面貌、色誘過程、家庭背景、罪與非罪、罰與非罰、真假趙紅霞，肖燁等敲詐團體的發家、發跡、發難，法院審判的程序正義與實體正義、定罪量刑的輕與重，都會成為網友「圍觀砲轟」「吐槽灌水」，媒體圍追堵截、起底貫串的重磅話題。

（四）碎片沉浸法則

微博、微信、微短片與客戶端信息以終端多樣化、信息移動化、圖像現場化、獲取便捷化、評論隨意化、意見碎片化呈現，大多數網友運用移動智慧型手機與其他智慧型終端，長時期沉浸其中，樂此不疲地從中獲取、轉發、分享與評論相關信息或進行私信交流。微博、微信成為網友上網的第一入口，構建和塑造了沉浸式體驗文化。如果你從擁有美好的一天開始，並且沉浸在那種快樂的感覺中，只要不讓某些事情轉變你的心情，依據吸引力法則，你就會吸引更多類似的人和情境，來延續那種幸福快樂的感覺。

（五）真相挖掘法則

中國人民大學的喻國明教授將微博等帶來的事件還原效應稱為「無影燈效應」。他認為，每一個人的觀點都有不全面之處，就好比每一盞燈都有「燈下黑」的問題。比如有人在微博上發布了不實信息，但在一個公共平臺上，當所有知情人的信息匯集在一起，就會形成一種互相補充、糾錯的關係，真相很容易就能夠得到再現。多方求證、多人拼圖、多維還原，可以實現信息由不對等到對稱性的全息再現。全息既是指一種影像，如手術室裡的無影燈，也是指所有按照不對等的對稱性原理尋找真相的極為科學的方式。

（六）（去）中心化法則

互聯網本身的開放互動和平民表達，帶來了傳統媒體的式微。門戶網站革了傳統媒體的命，微博、微信、微短片與客戶端革了門戶網站的命。在人人都有麥克風的時代，網友一方面讓傳統媒體原有的信息中心與議程主導力削弱，另一方面又在自主地尋找新的信息關鍵節點。而網上的活躍群體、公眾帳號與意見領袖，就成為新的節點的代言人。網友讓傳統媒體出局，但又被意見領袖所牽引。同樣一個話題，如果被新浪「頭條新聞」等法人微博或媒體微博轉發，如果有意見領袖參與評論，會迅速地形成網路熱點，甚至成為熱搜詞。傳統媒體原有的議程設置功能削弱，被極少數意見領袖分權，甚至形成意見領袖點燃輿論、牽引傳統媒體、倒逼官方媒體態勢。

（七）蠶繭法則

微博的粉絲定制機制、微信的圈層關注與轉發評論機制、微短片的場景再現、客戶端的直接通達，讓人們只關注自己感興趣的人和事，只關注和自己氣味相投的人。這與傳統媒體時代訂製各具特色的報刊、收聽電臺、觀看電視臺有異曲同工之妙。信息的圈層化傳播、興趣化分享、探討式互動，讓相關信息不斷被加工、改寫。若干個信息繭房，相互交織，你中有我，我中有你，共同構築起了六維全息化信息傳播體系。

（八）虹吸法則

虹吸理論構思源自虹吸現象，即物理課上介紹過的連通器原理，是利用液態分子間引力與位差能量實現的物理現象。微博、微信、微短片與客戶端實現了其他眾多媒體形態功能全球輿論主體意見角逐、多元輿

論走向的全集成。很多熱點話題始發於微博、微信，膨脹於微博、微信，消弭於微博、微信。

(九)「蝴蝶效應」

1963年，美國氣象學家愛德華‧羅倫茲提出了「蝴蝶效應」，最初用於氣象研究，被表述為一隻蝴蝶在巴西輕拍翅膀，可以導致一個月後德克薩斯州的一場龍捲風。「蝴蝶效應」是指在長時間和大範圍內，微小的空氣系統變化可能導致連鎖反應，並最終導致其他系統的極大變化。微博、微信、微短片與客戶端作為近年最為強勢的新媒介，在一些議題上往往能引起「蝴蝶效應」，使一些議題成為影響社會輿論走向的焦點話題。

(十) 信息懸浮與動員法則

敏感信息的第一落點在微博、微信、微短片與客戶端上瘋傳，傳統媒體由於自身採編規律的限制或其他原因，這些信息雖然不在傳統媒體出現，卻客觀地懸浮在以「三微一端」為代表的互聯網媒介上，為大多數人所知。獲得信息的網民或可實現從虛擬的線上聚合到線下的實體行動。近年來，由於環保生態問題等「鄰避效應」所引發的抗議活動，無一例外皆是當地傳統媒體並沒有在事先或事中報導，而是網友通過手機簡訊、QQ群、微博、微信等社交工具，實現無組織的組織化動員。

(十一) 消費者增權法則

微博、微信、微短片與客戶端帶來的是一場新的生態和傳播邏輯與路徑的改變。讓一切發生變化，消費者之間可以依靠地理位置建立關係，

還可以依靠興趣愛好建立關係，品牌與消費者的溝通方式也自然發生變化，移動終端可以與企業的終端位置建立關聯，品牌可以通過移動互聯網與消費者進行實時互動。

（十二）隔海共振法則

一方面，互聯網把每個地區的災難帶到了全球每個居室面前；另一方面，敏感信息不再出口轉內銷。境外媒體通過監測微博平臺、微短片或關注相關微信用戶，就可以把現場網友的圖文影片進行編輯加工，實現對某地突發事件的現場、實時、多維、境內外的互動共振式報導。以往的派駐站記者到場現場採訪、自我管道加工發布的新聞生產傳播方式被全面改寫。

四、「三微一端」之變

2010年，曾有分析稱，微博的影響力是博客的200倍。因為從生產成本的降低來看，寫並有意願寫有價值微博的人群是博客的相應人群的4倍。這群人的人均微博產量是相應人群的人均博客產量的5倍。從消費成本的降低來看，有時間並且願意讀微博的人群是博客的相應人群的2倍；適合閱讀微博的場所和碎片時間加總是博客的5倍。因此，$4 \times 5 \times 2 \times 5 = 200$倍。

當時預測，微博將會成為我們日常吸收信息的強勢管道。微博會逐漸把我們之前閱讀門戶網站新聞或者看RSS（簡易信息聚合內容）、收聽廣播、在馬桶上讀雜誌、在地鐵裡打遊戲等的時間和精力都吸收一部分

過去，然後逐步成為影響我們生活、體現媒體傳播管道和影響力的強勢載體。

幾年過去了，微博自身的技術演進、用戶數量、行為習慣、實際影響均發生了巨大的變化。而後起之秀的微信、微短片與客戶端，更是實現了超常規的開疆拓土，跑馬占地，老少通吃。

（一）聚變與裂變——改變了信息的傳播方式

聚變是指四個氫原子在高溫高壓下隔合成一個氦原子，同時釋放大量能量；裂變是一個重原子（鈈、鈾）在中子衝擊下分裂，同時釋放大量能量。微博、微信、微短片與客戶端的傳播，讓傳統媒體或門戶網站的垂直化、滯後化、單向度的線性傳播影響式微。而微博、微信、微短片、客戶端等社會化媒體的現場化、實時化、隨地化、互動化，縱橫結合的非線性傳播方式卻大行其道。微博45度仰角理論（見圖1-4），實現了信息向下流動、篩選與放大，實現了底層社會全方位參與的高攀的社會行為。微博的全天候、全民性、全球化傳播，讓消息的流動由以前的鏈式傳播轉變為點式、線式與面式甚至立體化、全球化的無縫傳播。線性的信息變為多向度的流線型信息：一方面，微博依靠龐大的用戶群和獨特的用戶關係，可通過轉發、評論、關注等諸多功能，實現信息的快速傳播，實現若干社會熱點的耦合；另一方面，微博又可實現一個大的熱點在若干個環節被擴散為若干焦點的裂變傳播。在輿論發展的生長期，微博加速其擴散，推動輿論高潮；在輿論發酵的成熟期，微博意見領袖推波助瀾，影響輿論走勢，也引領著轉型期中國社會的輿論關注點。而基於熟人關係建立起來的微信，更是零度融合，實現了熟人傳播與網路傳播的疊加，更讓信息在價值認同的前提下實現無障礙傳播。

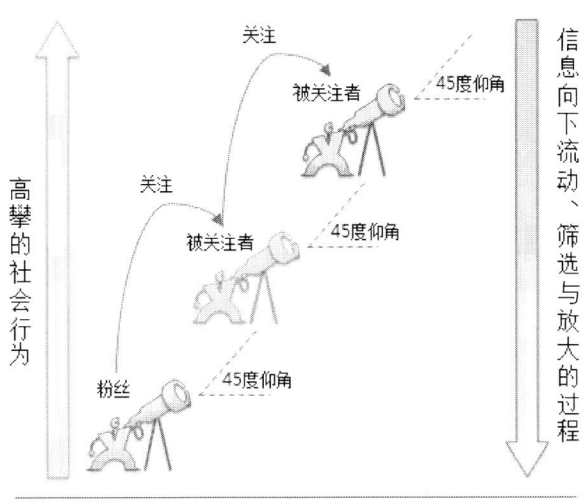

圖 1-4　微博 45 度仰角理論

(二) 見物與見人——改變了受眾的關注重心

在微博、微信、微短片與客戶端之前的信息傳播，公眾通過訂閱報紙、收聽廣播、收看電視以及瀏覽網站、手機報等形式，獲取自己關注的信息。受眾關注最多的是對某組織化、壟斷化單位的新聞產品的關注，更多關注的是物化的新聞產品。新聞產品明顯地打上了組織化的烙印與媒體自身的特色。關注某個媒體就關注了某些類型的新聞。微博、微信、微短片與客戶端是基於關注與被關注、粉絲與聽眾的關係嵌套式的消息分享。你關注誰，誰關注你，就意味著你獲取了什麼樣的消息。在關注與被關注之間，形成了一種似明似暗的信息繭房。消息的獲取與分享變成一種帶有溫度與人情的信息合流。信息的流動因轉發與評論、圍觀與質疑、在線微訪談與網上爭鳴而帶上了人性的溫度、交流的銳度與質疑的向度。信息因分享而增值，思想因交流而繁華。受眾關注重心從以前的只「見物」，到現在的「既見物更見人」的華麗轉身，重心的轉變背後是人性光芒的聚合與放大。微博、微信、微短片與客戶端等所載網路新

聞作為網友的基礎應用,已成為網友獲取新聞的標準配備與主要管道。

(三) 異體與一體——改變了普通人的社會影響力

「見物不見人」的消息傳播方式是消息發布者與消息受眾的單純二分法。因為有了微博、微信、微短片與客戶端,每位網友既可以是消息的發布者,也可以是消息的接收者,還可以是消息的轉發與評論者,傳受一體的異質同構,改變了單純的被動接收消息的模式,「受眾」到「傳眾」的升級,讓網友的主觀能動性發揮得淋漓盡致。普通網友可以自我爆料,搶占第一落點;「@」意見「網路紅人」與私信媒體法人微博,引發他們的轉發,引發輿論炒作預期。網站與傳統媒體跟進,形成了環環相扣、不斷升級的輿論報導圖景。普通網民均可利用微博、微信、微短片與客戶端,掀起網上一浪高過一浪的輿論壓力,從而倒逼相官方,達到解決自身訴求的目的。而網友的「上訪不如上街、上街不如上報、上報不如上網,小事鬧大、大事鬧炸」的路徑選擇,成為一些網友的「法則」。

(四) 彌散與統合——輿論生態的變遷

微博、微信、微短片與客戶端改變了原有的輿論圖景,出現了新的變化。

人人都有麥克風,公民記者嶄露頭角。重慶最牛釘子戶,造就了國內最早的一位公民記者。而雷政富12秒「不雅視頻」的始作俑者朱瑞峰和飛赴重慶進行微博直播造勢的深度調查記者紀許光,均成為推動「不雅視頻」輿論升級的重要元素。

輿論聚光燈強熾,網路暴力不斷升級。一旦被網民盯上,特別是被意見「網路紅人」們盯上,加上網民層出不窮的人肉搜索,會將涉事者挖個底朝天,個人的隱私被曝光,正常的生活被打亂,甚至被綁架在輿

論的十字架上。

　　微博、微信讓「辮子新聞」成為主流。專業媒體生產的新聞、公民記者的新聞和網友自發的新聞，三分天下，各有倚重，重新構建了當前的輿論生態。

（五）控製與引導——難管與改變中的管理

　　麥克魯漢曾講到：媒介是人的器官的延伸，媒介即按摩，任何媒介不外乎是人的感覺和感官的拓展和延伸。例如，廣播是人的聽覺的延伸，報紙是人的視覺的延伸，電視是人的視覺和聽覺的延伸，微博、微信等是人的中樞神經系統的延伸。人類就是通過不斷地創造新技術、新應用，來不斷解放與拓展自身能力的。而人類自身的每一次延伸必將在人類的事務管理中引入一種新的尺度。微博、微信、微短片與客戶端的到來，改寫了輿論生態，媒介不僅成為環境，更成為行動，成為心性的延伸。傳統媒體時代的危機管理手段面臨失效，給個人、企業、單位與社會管理部門提出了嚴峻的挑戰。特別是給個人名譽維護、企業聲譽管理、單位危機公關、政黨輿論引導等帶來了嚴峻的挑戰。個人、企業、部門與執政黨，必須「與網俱進」，緊跟時代發展步伐，把準網友心聲，契合輿論需求，尊重傳播規律，實現從管控到引導的轉變，讓網路為我所用，成為治國理政、危機公關的重要資源。

【本章小結】

　　微博、微信、微短片與客戶端，適用混沌理論系統，因其具備了麻省理工學院愛德華・羅倫茲教授所說的兩個條件：一是該系統是動態的，這就意味著當前某一個時間點發生的動作會影響未來的動作；二是該系統是非線性的，這就意味著其會呈指數型增長而非加法累積。

第二章 「浮雲都是神馬」

——當前輿論生態掃描

所謂「網路時代」,並不僅僅是一場技術革命,而是以技術革命為基礎深刻地變革了人自身的存在方式,對人的認知活動和實踐活動提出了新的價值規範。

孫正聿《人生哲學讀本》

【「萌詞」釋義】

「浮雲都是神馬」是「神馬都是浮雲」的置換。正如「故事」與「事故」,「人情」與「情人」,「得了」與「了得」,「鄉下」與「下鄉」,「上網」與「網上」。詞語的置換,帶來的不僅是一種語序的變化,更多的是一種內容的變化。「神馬都是浮雲」,描述的是一種表象,「誰能看清世界左右的人,誰才能左右世界」。而「浮雲都是神馬」,側重的是一種追根溯源、直達幕後的通透力。因為成功往往來自背後的力量。

【切入故事】

「記者」「孕婦」與「警察」

2013年5月26日,一位網友在新浪微博用一段文字、6張圖片講述了這樣一個故事:我是懷孕38週的孕婦,25日晚11點,開車到重慶南坪輔仁路買水果,出來時發現擋住了旁邊的車,我喊丈夫趕緊開走,連忙道歉並告訴對方我是孕婦,行動慢耽誤了些時間。對方車主一陣酒味,不由分說對我的肚子、頭部一陣亂打,使我幾乎昏厥。我不需要資金援助,希望社會對我們孕婦多點關愛和輿論幫助!

孕婦、受傷、治療與富豪汽車等6張附有現場衝擊力的圖片點燃了輿論,網民的立場先於真相、無厘頭圍觀、不斷人肉搜索升級等爆料性消息,形成了一浪高過一浪的輿論聲浪。

誰打?為何打?如何打孕婦?打人者的身分成為一個不斷言說的存在。網友通過所謂見證者親歷、打人者前同事還有網路關鍵詞搜索等手段,讓打人者的身分浮出水面。先有網友說此人是某某法制報的記者,後來某某法制報官方微博闢謠,說本報沒有此人。然後網友經過搜索,發現一張此人有某某網標誌的圖片,於是說此人為某某網的記者。稍後,網友搜索出了此人赴蘆山地震災區報導的新聞稿件與圖片。網友聚集於

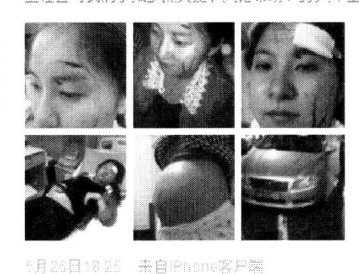

圖2-1　網友微博截圖

此人的特殊身分，不達目的誓不罷休。同時，網上很快出現富豪汽車與此人酒後駕車的傳言，不同帳號對事發現場進行多視角的「還原」。一位十足的酒後駕駛豪車且身分特殊的記者毆打孕婦的形象躍然網上。網上除了不斷的人肉搜索、持續的爆料，就是對此人的謾罵與輿論圍攻。

警方不當回應，受到質疑。從5月25日晚事發，到5月26日下午新浪微博輿情發酵，再到此後24小時左右輿情達到峰值，涉事轄區警方在網上未發出任何聲音。一直到5月27日晚8時許，「平安某某」才在天涯論壇重慶版發出「關於網傳5月25日晚某某福利社一孕婦被打的核實情況通報」，表達了四層意思：一是警方接警後，轄區交巡警、派出所民警迅速趕到現場，控制雙方當事人，維持現場秩序，並撥打120，安排將傷者送往醫院。二是孕婦非直接受傷，而是間接被車門刮傷。三是交巡警當場對涉事者高某進行呼氣式酒精測試，檢測結果為零，排除其飲酒駕駛的嫌疑。四是5月26日下午，經雙方協商，自願達成和解，高某向張某及其妻子孫某賠禮道歉，並作出相應經濟賠償，張某及其妻子孫某對此表示諒解。

網友對警方不及時發聲持質疑態度，猜測其中所謂的大事化小、內

部勾搭内幕。網民的批評矛頭由涉事司機轉移到了警方的不當回應上。網友回應稱：從事發到 27 日，警方未在天涯社區及新浪微博公布最新情況，從而導致網路輿情愈演愈烈。更戲劇的事情出現在警方認證帳號對天涯網友發布帖子《平安某某：說說某某法制報某某毒打孕婦的事吧（有圖）》的回應。其中，面對某網友的質疑，警方認證帳號在 27 日 17:36 回覆：「不是什麼事情都要拿到網上來說，以證明我視力良好，聲帶正常。」「視力良好，聲帶正常」這 8 個帶有挑釁的字眼，引來了網友的再次圍觀。

警方連續兩次網路致歉。面對網友「你是在威脅誰?」「你們任網路輿情這樣，還好意思說?」的指責，面對「有點毛躁了……警方兄弟低估了網民的智商」的聲討，警方認證帳號在 5 月 27 日 18:52 首次道歉，稱：「由於我的語焉不詳和言辭不當，真誠地向所有關注此事的網友致歉。整理此事來龍去脈，盡快給大家一個真相。」20:07，該帳號再次發表：「就工作上的欠缺和滯後以及在之前回覆中的語焉不詳和言辭不當，向所有關注此事的網友致歉。你們的關注和監督永遠是警方工作的動力。一定深刻反省在此事上的工作失誤，希望能得到大家的諒解。再次致歉。」「語焉不詳」和「言辭不當」或成警方應對「照鏡子、出出汗」的最佳寫照。

孕婦天價索賠刪微博被圍攻。該孕婦刪除自己此前發的微博，並發新的微博稱：我與寶寶平安，感謝大家的大力支持。而網上關於孕婦賠償金額也出現了 7 萬元、12 萬元與 40 萬元 3 個不同的版本。警方的通報排除了涉事司機直接施暴、酒後駕車等因素，而該孕婦刪除微博以及明顯的「做作痕跡」，成為網友指責的對象。網友回應稱：各位曉得不，孕婦的朋友把這個事情推到新浪微博的熱門欄目裡去，一口咬定就是被「富豪男」當街暴打，引來無數網友罵聲一片，而且把我們重慶人也一起罵了個遍。當警方一公布案情，一度上了新浪微博前五名的帖子就消失了，讓人不得不懷疑孕婦方是故意製造輿論。關於記者打孕婦事件，稍微有點常識的人就可看出孕婦的傷口是由東西劃傷的，根本不是博主所

說的毆打致傷。再者，孕婦的老公在身邊，沒道理孕婦被毆打，老公在睡覺嗎？謠言止於智者，然而不明真相的人太多，真相也可能被謠言埋沒。可能有爭執但不存在毆打，孕婦頭部傷是車門所致，孕婦卻利用輿論索賠40萬元。而後來一位前期轉發微博的網友也在自己的微博上大呼上當，說再也不轉發相關評論，更讓網友將矛頭對準了該孕婦。

【故事啟示】

　　網友稱，這是一起最新的小市民運用網路成事的經典案例，小市民車主帶著懷孕8個月的妻子，狡黠地利用網路，成事手段之嫻熟，令多少網路高手都嘆為觀止！而司機付出的7萬元或是40萬元，就當是把車送人了，又付了個人的廣告宣傳費。警方通過這事，也真正地成熟起來了：終究出場、做些補救、致歉、保證，如此手筆可喜。網友們個個都精，都是半信半疑的熱心腸，同情助力弱勢一方的初衷始終不改，打抱不平又長了見識，在網路知名案例中參與一把、吼一聲，參與了「政治」，也是一種「幸福」。真相的全部乃至細節，並不是都搞懂了，但已不重要了，也沒人去挖掘了，無話可說了。

　　網友稱，在警方調查情況未清楚前，可發布「我們正在調查，請大家理性對待」，這樣正面回答是不是要好很多呢？而不是等到網路輿情愈演愈烈，脫離了事實，才來「補牢」，已經晚了。任何一個事件沒有得到正面的指引，而選擇性失明和逃避，會讓更多人誤解、曲解。令人欣慰的是，警方主動致歉並在天涯重慶以及相關政務微博中通報。

一、輿論表象：眾神狂歡

　　全媒體的核心概念是全民化、數字化、互動化媒體。全民化體現了其主體特點，即低門檻進入，讓任何人均有可能獨立發聲。數字化體現了其技術特點，即所有的媒體形態都會進行數字化的自我迭代，均在網路這個平臺上集成傳播。互動化體現了其傳播特點，即大家在參與、轉評中實現信息的再次加工與深度傳播。全媒體的特點為動靜結合、深淺互補、全時在線、即時傳輸、內外一體、交互聯動。

　　全媒體是一個變化中的概念。從平臺上看，它包括傳統媒體、新興媒體、網路媒體、手機媒體、自媒體、部落格、播客空間、微博客、微信、微短片、網路論壇、QQ群與客戶端等。從載體形態上看，它包括報紙、雜誌、廣播、電視、音像、電影、出版、網路、電信、衛星通信、智慧型手機等。從傳播內容形式上看，它包括了視、聽、觸等人們接受信息的全部感官。從信息傳播管道上看，它包括了傳統的紙質、頻率、有線電視、數字電視、地鐵電視、國際互聯網、移動互聯網等。

　　浙江大學數字未來與媒介社會研究院院長吳飛在《數字未來與媒介社會》總序中講：新技術以最大延展性和縱深度延伸著人類的器官，它影響了人類事務的尺度、進度和標準，強有力地改變著人類感覺的比例和感知的圖式，對人類政治和社會生活亦產生了巨大的影響。

（一）主體轉化——從一元到多元

　　新聞傳播的主體從有限機構到海量個體。不單是新聞機構、政府部門或社會組織的事，而是越來越多的個人參與到新聞信息的生產、發布

和傳播中來。專業人生產、職業化生產、個人化生產、全民化生產，這些新的變化使得新聞參與主體更多、傳播的過程更加複雜，效果也更難預測。

新浪微博「聯合國」法人微博於 2014 年 5 月 13 日發布了關於「記者」定義的微博，指出記者觀察和描繪事件，收集和分析各種事件、言論、政策以及會對社會造成影響的建議，其目的是整理以上這些消息，集合各種事件和分析，從而為某個社會行業或整個社會提供信息。記者包括所有媒體工作者和後勤人員以及隨時扮演記者角色的「公民記者」。該微博配發了如圖 2-2 所示的圖片作為說明。

圖 2-2 「聯合國」微博配圖

網民回應稱，「每個微博網民都是記者」「我們都是記者」。互聯網把每個人都變成了一個媒體中心。這種模式改變了以往的單向對用戶輸出消息模式，鼓勵用戶參與其中，自主生產內容，實現用戶行為的個性化、自主化與互動化。網路讓草根增權，包括群體意識發展、網路發言自責減少、個人對通過發言改變現狀負有責任的假設、使用網路的自我效能提升等過程，每位網友都可通過網路平臺向世界吶喊，從而不斷增加個人、人際權力，並在網路舉報、網路上訪、網路行動等實踐中，獲得了使個人、家庭或社區可以採取行動改善其處境的成功案例。

網民從「烏合之眾」到「智慧暴民」。在傳統媒體、門戶網站時代，普通的網友猶如沙漠中的一粒沙子，可以被風吹到任何地方。而隨著時

代的推移,「烏合之眾」的網友已經轉變成「智慧暴民」。看不見的技術才是最好的技術,科技是用來省事的,科技使大眾的行動力更強、更便利了;「快閃族」「抱抱團」增多,虛擬網路進入現實世界,虛擬關係進行實體動員;傳統博客讓人更像圖書管理員,而微博、微信、微短片則讓人人都是「狗仔」;權力結構改變了,沒有先兆,沒有暴力,沒有旁觀者,只有樂趣和隨性。許多網友在參與網路熱點事件時,把自己當成法官,把別人當成被告,把記者當成犯人,在評論任何事情時,往往都以聖人的標準要求當事人。

意見領袖成《西遊降魔篇》中的「空虛公子」。「空虛公子」面色蒼白,手捧「空虛」木盒,身體看似虛弱,但一出生便可斬妖除魔,經常需要婢女抬轎。新浪微博曾大力實施名人帶動戰略,累積了大量影視明星和企業界名人。

這些意見領袖具有較強的經濟資本、社會資本和文化資本,平均年齡為 47.5 歲,日均發微博 5.8 條,平均轉發數為 478.8 次,平均評論數為 273.1 條,平均粉絲數近 98 萬人。過去日本在中國進行國家形象宣傳,以中央主流媒體為主。而日本核事故後,日本對華公關不僅邀請中央媒體,而且還首次邀請了網上意見領袖的參與。

(二) 媒體轉型——從湊合到融合

為應對互聯網和新媒體對新聞環境的衝擊,克服傳統媒體本身的小、散、弱、晚等缺點以及新聞同質化、快餐化現象,提升「技術基因」的技術思維與「商業基因」的用戶思維,傳統媒體在加強內容建設的同時,吹響了媒體融合的集結號。媒體融合注重了平臺技術與用戶的打通,形成了以數字化平臺為支撐、用戶至上的戰略轉型,實現了從平面到平臺、從客戶到用戶、從雲端到終端的融合。傳統媒體主要採取了以下舉措:一是傳統媒體通過各種高科技設備實現多媒體傳播,包括開發新聞應用軟體、移動客戶端、微信公眾號等。二是傳統媒體為適應互聯網和新媒

體技術，改革內容採編與發布流程。通過建立一體化、多平臺、全天候的新聞編輯發布平臺，打造最快捷、最豐富的新聞資訊，實現數字化轉型。三是傳統媒體依賴各種互聯網新興技術轉型，包括操作應用軟體、第三方新聞應用。四是傳統媒體走免費化、社區化、脫紙化與數字化路線。傳統媒體精耕細作，大力發展免費的地鐵報與社區報，同時將傳統媒體打造或轉型為互聯網企業。五是傳統媒體盈利模式以付費牆、增加數字發行和售賣數據庫為主，實現廣告的精準投放。六是傳統媒體收購新媒體公司，借殼轉型。七是傳統媒體盈利較低的業務被剝奪甚至出售。八是傳統媒體通過跨界和多元化戰略，借力擴大自身的媒體功能，提升企業影響力。

除傳統媒體轉型外，門戶網站也在移動化的浪潮中，紛紛搶灘移動互聯網。門戶網站從內容管理（提供消息為主）轉變為產品營運（提供服務為主），從內容管理系統轉變為用戶管理系統，從內容分析轉變為用戶分析，從網站內容管理轉變為產品內容管理，從以內容平臺為核心轉變為以數據平臺為核心。

理念有高低，轉型有先後。部分弱勢媒體苟延殘喘，直至邊緣化，毫無價值，其唯一能持有的，就是壟斷性的刊號資源。南方報業集團等強勢媒體全面進軍全媒體，跨區域收編弱勢媒體，形成區域性覆蓋壟斷，化解競爭於無形。浙江報業集團、上海報業集團等有實力、有能力的強勢媒體，同時收編弱勢媒體和進軍全媒體，進行產業多元化佈局，實現資本的多元化、經營的立體化、產業的綜合化轉型。究其實質，它們都朝媒體數字化、平臺開放化、用戶主體化、產業多元化這種形神兼備的方向發展。但傳統媒體的互聯網轉型並非一帆風順的，而是正陷入想要進入互聯網，卻找不到方向；感覺危險步步緊逼，卻看不清方向的「互聯網焦慮症」。

（三）生態轉換——從統合到彌散

傳統媒體時代的議程設置主要為設立媒體或記者准入條件、有限機

構生產、控製新聞報導的流向和流量。這是一種統合式的傳播。而在全媒體時代，輿論的消息來源、消息管道、消息受眾和信任度都發生著根本性的變化，呈現出去中心化的彌散式傳播特點。信息來源呈現在場性、多媒體還原性和多觸點疊加性。消息管道呈現移動性、貼身性和全球性特徵。信息受眾呈現傳受一體、賦權參與和「智慧暴民」的特點。信任度則成為一種稀缺資源與寶貴財富，體現出質疑性、非理性和對抗性特徵。從新浪、網易、騰訊的門戶網站時代到谷歌和百度的搜索引擎時代，再到微博、微信、微短片的社會化媒體時代，媒體內容從門戶網站時代的內容聚合到搜索引擎時代的內容查尋，再到社會化媒體時代人機合一、人與內容合一、人與人合一，人生產內容，內容刺激人的消費。實時在線、隨時分享，重構了輿論生產流程。微博作為網友上網的第一入口與發布消息的第一平臺，微博式的秒新聞豐富了傳統新聞採訪手段與消息獲取管道，讓傳統媒體從報導臺前到報導幕後。現在的媒體機構和工作者從微博、微信獲取新聞線索，拓寬用戶；反過來，又憑藉自身的專業性、對行業獨到的見解和深入報導指導著微博、微信用戶的輿論方向。「神馬都是浮雲」到「浮雲都是些神馬」的轉變，改變了整個新聞產業鏈。

　　互聯網成為社會輿論的集散地、信息傳播的重要管道和民眾表達訴求的重要平臺。移動智慧型終端與無處不在的網路讓手機成為人類的「新器官」。有道是：「媒介是人體的延伸，而手機則成為人性的延伸。」手機媒體成為隨時隨地帶著體溫的媒體，內化為使用者自身的一部分的內嵌式媒體。手機媒體開放與高度整合的傳播，使用戶具有高度互動性與參與性，從一點出發，以關鍵詞為節點，從中不斷製造輿論熱點，並隨時轉移到另外的焦點。微博、微信成為公民參政議政的重要工具。即時性瞬時傳播提高了傳播時效，交互性提高了傳播地位，給我們更多的資訊內容與資訊獲取權利。曾經的統合呈現出彌散之勢，從以前的主導受眾變成現在的受眾主導，促使我們隨著社會的進步而進步。

二、輿論分野：眾聲喧嘩

計算機革命技術不只是一場技術或金融的革命，從根本上說，它是一場社會和道德的革命。進入全媒體時代，新聞「隨手拍」、評論隨機化、表達整合化、平臺聚眾化、呈現影像化、新聞迭代化顛覆了原有的生態圖景。

10年前，人們用鍵盤連動電腦；5年前，人們用手指觸摸手機螢幕，便可暢遊互聯網。現在，人們可以在電腦與手機之間隨時互聯互通。

從敲打、觸控到互通，現代信息傳播技術迅猛變革，新興媒體快速發展，解放了人們的話語，迎來了「眾神狂歡」的時代。中心與邊緣、精英與草根、一地與全球的界限被打破，一種多元、開放、互動、分享的表達模式正在生成和展開。廣大受眾特別是年輕網友群體大多以網路為主管道獲取信息，社會輿論的形成和傳播管道更加複雜多元，媒體格局和輿論生態正在重塑中調整。與此同時，所謂的官方輿論場、民間輿論場和國際輿論場三足鼎立，在複雜的博弈中糾纏不休。「看十分鐘的微博，要看一個星期的《新聞聯播》才能緩過勁兒來。」網友的戲謔調侃生動地道出兩個輿論場間的巨大「溫差」。

（一）官方輿論場——表達與引導

以黨報和黨刊、國家電視臺和通訊社、重點新聞網站等為主體的官方輿論場，承載著傳達政黨聲音、傳播信息動態、通達民聲訴求、進行輿論監督等功能。在沒有網路之前，官方通過行業准入、直接投資、人事管理等手段，以時段、版面、頻次與社論等方法進行議程設置，表達

強於引導，直接掌控輿論是其基本特點。而在微博、微信、微短片與客戶端等衝擊下，官方輿論場既可借助新媒體平臺，彌合文化差異，消除時空障礙，形成新的輿論共識之利，但又在動盪和無序的輿論格局中受到巨大衝擊。

話語體系錯位，官方媒體公信力流失。官方輿論通過控制信息的數量、流向、時間、版面等方式，形成輿論的正面強勢，但長此以往，也極易陷入一種自說自唱式的精英話語體系，造成一種輿論自我期許的假象。在社會化媒體時代，極少部分官方媒體假、大、空、高的話語方式極易引起人們的普遍不滿。加之其在一些正面報導中講故事的能力欠缺，或正面報導出現負面效應，在一些重大突發事件中的失語，造成群眾對主流輿論場的疏離感，致使主流媒體公信力流失，主流輿論引導未能達到主導效果。

主流輿論「背書」式自我矮化，致使受眾流失。官方輿論以往對社會熱點問題天然「防火」、自動「殺毒」與「消聲」的報導慣例，增加了民眾對主流輿論場的圍觀與疏離心態，被動承擔起「背書」責任。正如芝加哥大學趙鼎新教授談國內公共事件與公眾參與時所言：「一旦發生了突發性事件，如果媒體不報導，人們就聽取網路上的傳言；如果媒體報導與網路上的傳言有偏差，人們相信的是網路上的傳言；如果媒體報導與網路傳言形成了一致，那麼人們就會認為媒體只不過在大眾的壓力下才不得不報導了事件真相的滄海一粟。」

從門戶鼎立、論壇爭雄到社交爭寵，一次又一次「庶民的勝利」中，強化了網民「圍觀改變輿論，轉發引爆熱點」等集體無意識。而以表達為主的官方輿論場不得不「與網俱進」，開通法人微博，對熱點敏感問題及時發聲，主動評論，引導輿論。2013年7月22日，《人民日報》開通法人微博一年。當天，《人民日報》發微博：「一週歲啦！在這裡，對你說聲『謝謝』。一年來，是你的鼓勵和鞭策，讓我們不敢懈怠。也對自己說聲『加油』：努力做誠實的微博、負責的微博。期待你更多的支持和幫助、更多的批評和指正！」微博則讓《人民日報》在短短一年裡擁有

了近千萬的粉絲受眾。2013年北京師範大學新聞傳播專業的一道考題就是如何看待《人民日報》開微博？

(二) 民間輿論場——信號與噪聲

　　市場化的都市媒體、商業網站媒體以及微博、微信、QQ群等社會化媒體，共同構建起了龐雜的民間輿論場。「微時代」下的民意聚集迅捷，信息傳播呈病毒式擴散，微博等社會化媒體實現了縱向信息積澱與傳遞、橫向信息滲透與傳播的縱橫結合的多維度、非線性的傳播鏈條，不可避免地、突然地對社會或個人造成影響甚至災難。以2011年網路事件為例，「局長開房門」「郭美美炫富事件」「藥家鑫案」「『7/23』動車事故」「大連PX事件」等，信息來源的第一落點與信息受眾的做大成勢總是基於微博。

　　在每秒上千萬的微博消息流動中，既有網友智慧與有用的信號，也有嘈雜的噪音污染。隨著民間輿論場的崛起，網友在輿論熱點事件的傳播和處置中的作用升級，凸顯了民間輿論場強大的民意聚合力。「藥家鑫案」一審宣判之後，上海一位學者在微博上稱：「凡轉發一次我的微博，我將為被藥家鑫殺死的女人的孩子捐款一元人民幣。」7天多時間裡，該微博被轉發37萬次。「7/23」動車事故發生後，「為小女孩伊伊捐款一元」的微博，24小時內被轉發90萬次。這些事件足以體現民間輿論場的超強威力。

　　網友利用網路製造話題、傳播信息，履行媒體社會職責，凸顯民間輿論場的強大生命力。「隨手拍」解救乞討兒童事件無疑展現了微博等社會化媒體超強的議程設置與社會組織能力。隨著民眾參與網路問政意識的加強，社會監督機制得到進一步完善，凸顯了民間輿論場的政治影響力。調查顯示，87.9%的網民非常關注網路監督，當遇到社會不良現象時，99.3%的網民會選擇網路曝光。

　　民間輿論場的崛起利弊相生。一方面，它讓老百姓的疑慮和不滿得

到釋放和宣洩，起到「社會減壓閥」的作用。各種利益群體通過微博平臺展開利益博弈與磋商，有助於建立「輿論圓桌」，促進社會和諧。另一方面，網民面對諸多複雜的社會熱點問題，經常在微博上「未瞄準就開槍」、「開槍走火」且「越戰越勇」，對維護社會正常秩序帶來挑戰。

（三）國際輿論場——倒逼與牽制

互聯網天然的跨界與融合傳播趨勢，使得新聞傳播從原來單一的大眾傳播模式逐漸轉化為融大眾傳播、組織傳播、群體傳播和人際傳播於一體的多模態、全民化、全介質、全球化傳播模式。

國際媒體加快進行數字化轉型。2012 年，「美國之音」停止其普通話和廣東話廣播以及電視節目播放，僅保留其中文網站，將把漢語內容的放送轉到網路和新媒體，努力推動「美國之音」成為一個數字廣播平臺。在此之前，英國廣播公司（BBC，下同）在 2012 年 1 月份宣布停播其全球廣播服務的中文節目，同樣也為節約成本。其為何如此呢？

因為隨著互聯網日益普及，人們很容易通過網路、電視等媒體瀏覽信息。現在在俄羅斯，幾乎無人再認真收聽「美國之音」的廣播了。美國在冷戰期間建立起來的強大宣傳機器現在已經有點過時了。

境外主流媒體、駐華機構搶灘中國市場。在國際輿論場的較量中，既有一個世界、多種語言的競爭，也有一種語言、多個世界的角逐。「美國之音」、英國廣播公司、路透社中文網、《金融時報》、《華爾街日報》等有影響力的主流媒體，均開通了中文網頁。聯合國、澳大利亞、英國、美國、德國等國駐華使館紛紛開通法人微博，利用網路拉近與普通民眾之間的距離。

中外國際輿論剪刀差「逆差」。在全民化、全球化與社交化媒體時代，西方國家在原有輿論強勢基礎上，又借助其掌控的互聯網核心技術優勢，形成了壓倒性的輿論優勢。國際輿論場中的較量呈現出一步落後、步步落後，強者更強、弱者更弱的馬太效應，一時難以改變。國內媒體

在國際新聞報導的原創率、首發率、落地率、轉載率與影響率還有待增強。各類媒體配合程度較低，內外宣傳契合度不夠，國際議程設置與主導能力較弱，缺少國際話語權。網路時代的輿論戰未有窮期，如何講好中國故事，傳播好中國聲音，引導人們更加全面客觀地認識當代中國、看待外部世界；如何在「走出去」的同時，提升境外主流媒體對華報導的客觀性與公正性；如何防止有害消息倒灌誤民，都是不得不深入思考並且起而行之的重要問題。

三、輿論局勢：眾星捧月

　　一個原始部落或封閉社會的神祕態度的特徵之一是其存在於一種擁有恆久不變的禁忌，擁有被當作如日東升或季節循環，或類似於自然界的明顯規律一樣不可避免的律法和習俗的巫術圈子之中。而只有在這種神祕的封閉社會已確實瓦解之後，才能發展起來一種關於自然與社會兩者之間差異的理論性認識，才能從歷時性上拉近我們與歷史的距離，從共時性上拓展我們與地理的半徑，讓世界變成地球村。

　　正如湯馬斯.佛里曼在《世界是平的》一書中將全球化和信息化比喻為「鏟平世界的兩大推土機」，並斷言世界已被「鏟平」，我們已進入「全球化3.0時代」。地球變小了，世界變平了，以互聯網為平臺的信息傳播方式根本改變了。

　　互聯網對我們到底意味著什麼？起初，互聯網只是一小撮前瞻性的數字英雄的生意。接著，互聯網變成了工具，從娛樂、通信、遊戲到電子商務。最後，互聯網成為我們生活的一部分，甚至還是最重要的一部分，特別是在智能終端和我們形影不離的移動互聯網時代。

　　信息技術革命帶來的不僅是信息生成方式、信息傳播方式、信息獲

取方式、社會交往方式上的變革，它已經直接滲透到公眾的社會生活與思維方式中，潛移默化間對整個社會機能進行重構。

未知遠遠大於已知的互聯網發展，對於時代的消解與重構，意義深遠。

（一）雲計算——簡化你的生活

《紐約日報》租用亞馬遜公司的雲端計算服務，使用基於雲計算的開源性軟體「Hadoop」，將其自1851年以來的1,100萬份報導轉變成可搜索的數字化文檔，耗時僅1天。如果用傳統的方法，這項工作可能要數月才能完成。日益興起的雲計算甚至可以讓人體驗每秒鐘10萬億次的運算能力，其強大的計算能力可以模擬核爆炸、預測氣候變化和市場發展趨勢。

什麼是雲計算？簡言之，就是一種基於互聯網的超級計算模式，是繼網格計算、公用計算、軟體服務之後的新發展。在高處的雲端與在低處的雲終端，將服務資源地與連接使用者打通的共有四個層級。第一層為基礎設施層，通過虛擬化的技術，提供池化的資源以適應動態的工作負荷需要，並滿足分布式環境要求。第二層為雲平臺服務層，通過配置相應的工具、程序庫和中間件，提供雲服務的開發、測試和運行平臺。第三層為應用服務層，支持大量用戶群體租用在雲平臺上運行的軟體，通過用戶接口請求需要的應用服務功能或者完成規定的業務流程。第四層為管理功能層，高效管理和按工作負荷調度資源，對服務進行收費等。存儲、雲軟體、雲平臺、雲設備是雲計算的結構模式。

目前，電腦依然是我們日常工作生活中的核心工具——我們用電腦處理文檔、存儲資料，通過電子郵件或USB與他人分享信息。如果電腦硬碟壞了，我們會因為資料丟失而束手無策。而在雲計算時代，「雲」會替我們做存儲和計算的工作。「雲」具有超大規模，即服務器群；虛擬化，即可以看成一片用於計算的「雲」；高可靠性，即冗餘副本、負載均衡；通用性，即支持千變萬化的實際應用；高可擴展性，即靈活、動態

伸縮；按需服務，即按需購買；極其廉價，即不需要一次性購買超級電腦；安全，即擺脫數據丟失、病毒入侵的問題；方便，即支持多終端、數據共享；「長生不老」，即可隨時更新。我們只需要一臺能上網的電腦或終端，不需要關心存儲或計算發生在哪朵「雲」上，一旦有需要，我們可以在任何地點用任何設備，如電腦、手機等，快速地計算和找到這些資料。

（二）移動互聯──指尖上的世界

手機從昔日「高富帥」的身分象徵，到現在大家都在使用上網的日常工具，成為現代人出門必備的「身手鑰錢」（身分證、手機、鑰匙、錢包）四要件之一。

越來越便宜的移動智能終端，越來越多的第三方開源性軟體，越來越暢達的移動互聯網，讓指尖上的世界如此豐富多彩。

移動互聯網終端──手機與其他智能工具。1973 年，世界上第一部手機誕生，由摩托羅拉公司的工程師發明。1983 年，手機還是「大哥大」。1992 年，簡訊功能出現。1996 年，「Palm」手機系統出現。2003 年，諾基亞 1100 型手機面世，賣出 2.5 億部，達到通信手機的巔峰。2007 年，手機屬於蘋果公司的「iPhone」。2008 年，安卓系統出現，手機越來越智能化。2013 年，智慧型手機的銷量超過功能手機。功能手機是指沒有搭載開放性操作系統，卻具有語音通信功能和多媒體應用功能的手機。功能手機的主要特點是應用都是本地應用，即不可由用戶自行安裝，簡單易用、功耗低、電池續航能力強、價格低廉。智慧型手機是指像個人電腦一樣，具有獨立的操作系統，可以由用戶自行安裝軟體、遊戲等第三方服務商提供的程序，通過此類程序不斷對手機功能實現擴充，並可以通過移動通信網路來實現無線網路接入的手機的總稱。智慧型手機可提供非常好的用戶體驗，具有開放的操作系統、功能強大、擴展性能強、個性化強等特點，但普遍功耗較大、耗電、價格偏高。目前，智

慧型手機增長趨勢明顯，用戶增長較快。類智能機又稱偽智能機與高仿智能機，其既具備普通功能機簡單、易用、省電、待機時間長的優勢，也有智能機炫麗的智能界面設計，內置了部分應用軟體和第三方應用。現在的平板電腦與其他智能上網平臺的升級換代，功能大大超越了智慧型手機。

移動通信技術演進——網路。第一代模擬語音調制技術（1G），包括模擬調制技術、小區制、硬切換、網路規劃，只能傳輸語音流量。第二代數字通信技術（2G），包括數字調制技術、數據壓縮、軟切換、差錯控製、簡訊息、高質量語音業務，增加了簡訊、數據服務、網頁瀏覽、電子郵件、移動計算、移動商務等數據業務。由於制式不同，2G手機還不能全球漫遊，但實現了移動設備發送和接收電子郵件與圖片信息等功能。第三代移動通信技術（3G），包括面向網路間互連的協議（IP）的通信方式與多媒體業務、國際移動電話系統（IMT-2000）業務、多媒體業務、大於100位元率（KBPS）、分組數據業務、動態無線資源管理，實現了移動終端與互聯網的高速互聯。第四代移動通信技術（4G），包括無處不在的業務環境、隨時隨地的無線接入、無縫業務提供、網路融合與重用、多媒體終端、大於10兆比特每秒（MBPS）數據速率、基於全IP的核心網。以前人隨網走，現在網隨人行。

移動應用——軟體。移動應用是指移動操作系統上可以執行的程序，也包括移動終端手機、平板電腦平臺和應用程序。移動應用目前表現的形態主要有兩種：一種是客戶端形式，需要在手機上安裝後才能應用；另一種是瀏覽器形式，通過手機自帶瀏覽器或者第三方瀏覽器訪問。根據內容功能分類，移動應用包括雜誌、報紙、財務、參考、導航、工具、健康、教育、旅行、美食、娛樂、商業、商品、社交、攝影、生活、體育、天氣、圖書、效率、新聞、醫療、音樂、遊戲等應用。

前瞻產業研究院《中國手機行業市場前瞻與投資預測分析報告》數據顯示，截至2013年年底，中國的手機用戶數量達到12.29億戶，其中3G手機用戶數量突破4億戶，手機普及率達到90.8部/百人。截至2014

年5月，中國手機用戶數量達到12.56億戶，其中3G手機用戶數量達到4.64億戶。2015年，智慧型手機保有量達8.8億部，到2016年年底這一數字會達9.8億部，移動網民人均持有量近2隻。

(三) 大數據——當今社會的石油

BBC前不久推出了60分鐘的紀錄片《大數據》，分別講述了大數據在犯罪偵查、醫療、金融等方面的應用。網友評論：「不懂大數據將成為新時代的文盲！」大數據將改變人類的思考方式。大數據是一種新結構主義。其在犯罪數據中發現犯罪規律，從而預防犯罪；在DNA數據庫中發現不明病症的病因；在金融數據中發現生財之道；預測顧客喜好，準確推送廣告；分析微小數據規律從而挽救生命；挖掘天文數據探究宇宙奧秘……在大數據時代，從各種各樣的海量數據中快速獲取信息成為一種必備能力。

大數據讓信息的「4V因素」出現了物理變遷。信息量（Volume）：數據體量巨大，從TB級別躍升到PB級別。信息傳播速度（Velocity）：處理速度快，成為1秒定律。價值（Value）：價值密度低。以視頻為例，連續不間斷監控過程中，可能有用的數據僅僅有一兩秒。多樣性（Variety）：數據類型繁多，出現網路日誌、影像、圖片、地理位置信息等。

數據是當今社會的石油。電通集團全球解決方案中心總經理兼高級策劃總監片山直子講到，數字化生活的迅猛發展讓社交媒體成為傳播方式的絕對主角，傳播的作用和目的已經從傳達變成了如何和消費者建立紐帶關係。可以說，數字時代讓真實存在的東西變得更加重要。消息的日益豐富讓本來很普遍、很本質的東西變得更有價值，而大數據時代則從海量的消息中挖掘出事物的本質，創造新的價值，為社會帶來了更多的新鮮血液。

隨著移動互聯網、物聯網、車聯網、雲端計算和移動智能終端以及遍布全球的各式傳感器的應用，出現數據服務、可視化和終端用戶工具、

數據分析、數據處理和管理以及數據的計算、互聯、儲存。大數據時代的發展呈現行業垂直整合、數據資產和泛互聯網化趨勢。

(四)「微時代」——虛擬世界的新寵

當運動會遇到微博，運動員才真正掌握了話語權。他們走下賽場的第一件事不是接受採訪、準備新聞發布會，而是發篇微博分享勝利的喜悅、抒發感情或者發表見解。「微時代」拉近了運動員與觀眾的距離，被貼上「刻苦訓練」標籤的運動員不再與世隔絕，而變得鮮活異常。

當世界盃遇到微博與微信，更進一步打通了電視、電腦與手機及其他智能終端的藩籬，拉近了全球球迷的心。借助互聯網平臺，球迷從以前單純的看球，到現在實時在線評球，拉近了賽場內外、運動員與觀眾的距離。

微博和微信對於年輕人來說，已逐步像手機號碼或電子郵箱地址一樣成為生活的一部分。它們既是虛擬的，也是現實的；既是虛擬世界的新寵，又對現實世界正在發生著多方面的影響。它們帶來了新的分享的可能，也帶來了具有想像力的公共空間。在以微博與微信為傳播媒介代表，以短小精煉為文化傳播特徵的「微時代」，信息的傳播平臺更多、傳播速度更快、傳播內容更具衝擊力和震撼力。

「微時代」的出現，在改變人們互動關係和社會信息的流動的同時，也深刻地改變著人們的文化和生活方式，進而改變著社會的認知與運行結構。微博、微信、微電影、微閱讀等串連起來的微矩陣，成功地實現了對時間、空間與階層的穿越：

——讓時間流動更加暢達。時間通過微化處理得到釋放，我們的生活更加瞬間化了，所有的信息洪流都被時間軸串連。

——讓空間方面更加扁平化和壓縮化。微矩陣把外在的大空間轉化為人們自我感受的小空間，更加關切個體生活的內在的感覺、情緒和心理。這裡的言說空間已少有宏大敘述，而是在微空間中自我的再發現，

表達更加碎片化、簡單化、淺表化、平面化，既決定了深刻思想和複雜問題的論述無法展開，又導致了具有煽動性的極端言論更易吸引眼球，從而使大量極端言論的產生和傳播獲得可能。

——讓階層社交的陌生化現象出現。一家咖啡館的牌子上寫道：「我們沒有WiFi，和你身邊的人說說話吧！」世界上最遙遠的距離，是我就在你身邊，你卻在玩手機……

【本章小結】

網路深刻地改變著我們的世界。電腦和手機從工具、玩具到器具；網路從有線到無線，從慢半拍到快一步，從人隨網走到網隨人走；開源性軟體不斷升級換代；「90後」群體，「00後」群體等網生代群體不斷增多，社會網路化，網路社會化已經成為現實。官方、民間與國際輿論場分化。在雲端計算、移動互聯、大數據與「微時代」，互聯網成為新物種起源，輿論生態的圖景已經完全被掀了一個底朝天。正如李鴻章當年之嘆：「此三千餘年一大變局也。」狄更斯也講：「這是一個最好的時代，這是一個最壞的時代；這是一個講信用的時代，又是一個欺騙的時代……」

保持連接，一直在線。

第三章 「羨慕嫉妒恨」

——當前輿論危機管窺

　　全球性的表達自由、與世界上任何人聯繫的能力以及在線組織和協調人數不等的群體的能力，永遠地改變了權力方程。控製權力正迅速失去大量的傳統權力。控製權力最不人道之處在於對其他人使用致命的力量。這個缺點很快就會成為其最後的痕跡。

　　戴維・霍爾《大轉折時代：生活與思維方式的大轉折》

【「萌詞」釋義】

「羨慕嫉妒恨」在網路上的運用可追溯到 CUCN201 在搞笑漫畫日和第一季第十話中，旅程的終點唐僧所說的一句：「這才是為師的完全體，羨慕嫉妒恨的話你們也去買呀。」「羨慕嫉妒恨」第一次被媒體廣泛引用是在 2009 年張藝謀導演的賀歲喜劇電影《三槍拍案驚奇》上映時。張偉平在接受新浪娛樂獨家連線時說，影視圈的很多人對他和張藝謀就是五個字：「羨慕嫉妒恨」。2010 年，郭德綱評論同行對他的非議是「羨慕嫉妒恨」。

恨源於嫉妒，嫉妒源於羨慕。由羨慕而生嫉妒，由嫉妒而生恨。在眾聲喧嘩、社會浮躁的全媒體時代下，每位網友都可以向世界吶喊，意見「網路紅人」則在各種衝動下轉發評論，網路推手興風作浪，市場化媒體捲入，網友不斷評論，主流媒體關注，境外媒體炒作。危機的輿論傳播圖景既有 L 形，高開低走；也有 N 形，偶有炒作；還有 M 形、W 形，多波段炒作。

【切入故事】

一個「網路紅人」引發的停牌

意見領袖通過微博平臺對上市公司進行輿論「執法」，這已成為上市公司需要認真研究的重要輿情管理課題。

網友的三條微博

「攀渝鈦業上市公司向長江直排污水的排水口。紅色的污水含鐵量超標近百倍。」2013 年 8 月 11 日 9:39，網友發表第一條相關圖文並茂的微博（如圖 3-1 所示）。

圖 3-1　網友的第一條微博

10:03，網友在新浪微博上發布了第二條微博，稱「剛取的排污水樣。顏色像橙汁，污染很嚴重」（如圖3-2所示）。

圖 3-2　網友的第二條微博

10:06，網友發布了第三條微博，稱「測試的結果，重金屬含量嚴重超標」（如圖3-3所示）。

圖 3-3　網友的第三條微博

　　由於環保問題日益受到社會各界關注，該擁有 1,500 萬粉絲的微博更是爆發出了驚人的能量，除了直接引起行政管理部門的關注與回覆外，還吸引了傳統媒體的介入。

NGO（非政府組織）「念水行動」，媒體與微博共振

　　「念水行動」是阿拉善 SEE 公益機構整合其水資源保護專題下的 4 個項目（三江源生態保護、水污染防治、濕地保護、荒漠化治理）對公眾進行資源保護的倡導行動，以「衛水、尋水、護水、親水」為主題，旨在喚起公眾對中國水危機的緊迫意識，帶動公眾參與水資源保護的表達和積極行動，提升民間力量參與水資源保護的力度和效果。

　　「念水行動」計劃於 2013 年 7 月 10 日至 18 日在長江源頭三江源開展「尋水」活動；8 月 10 日至 15 日赴重慶、湖南企業排污口開展「護水」活動；9 月 10 日至 15 日赴臺灣紅樹林保護區開展「親水」活動；10 月 6 日至 10 日赴內蒙古阿拉善荒漠開展「節水」探索。其合作媒體有《北京晚報》《北京青年報》《南方都市報》《文匯報》《中國經營時報》等 20 家單位。

「念水行動」共分為兩部分：一是阿拉善 SEE 公益機構會員企業家層面的行動，企業家深入「念水項目」駐點學習、傳輸水保護價值理念；二是公眾層面的行動，公眾參與尋找水源地、探訪母親河，使用「我測我水」水質檢測包和「中國環境信息互動地圖」參與水資源保護行動。

據新浪微博「@念水行動」發布消息稱，自 2010 年開始，阿拉善 SEE 公益機構一直積極致力於工業污染防治方向的環保資助工作，支持由公眾環境研究中心（IPE）等 42 家環保組織組成的「綠色選擇聯盟」凝聚在一起進行工業污染防治，長期監控全國 5 萬家重點污染企業，重點監控和推動 1 萬個重點污染源及其污染物排放，並每年推動數百家污染企業實現達標排放。

傳統媒體與新興媒體聯合出手

2013 年 8 月 12 日，《每日經濟新聞》以《曝長江水像橙汁 攀渝鈦業直排污水》為題報導：當天下午，《每日經濟新聞》記者根據攀渝鈦業官網提供的重慶工廠的聯繫方式，多次試圖與該企業取得聯繫，但是電話均無人接聽。《每日經濟新聞》記者從這些處罰決定書中看到，要求最多的字眼是「停止違法排污」「改正違法行為」，而處罰的金額相對較少。在違法成本普遍較低的情況下，如何調動企業環保積極性，值得探討和深思。

財經網以《攀鋼釩鈦遭炮轟 污染問題或引環保機構調查》為題進行報導。

21 世紀網發表題為《微博「執法」：攀鋼釩鈦非法排污近 20 年》的報導，稱一位不願具名的退休工人告訴 21 世紀網，攀渝鈦業的污染已經說了起碼 20 年了，至今沒有關停。有分析指出，此次事件或將讓鈦化工行業的污染問題再次進入公眾視野，對整個行業都會產生影響。

8 月 13 日，人民網發表了題為《微博再開炮 攀鋼釩鈦承認污染》的報導，稱「財經大佬」的微博再次成為倒逼上市公司信息披露的利器。受此影響，攀鋼釩鈦週一緊急停牌，並在盤後發布公告承認污染源系子公司重慶鈦業。《北京商報》發表了題為《攀鋼釩鈦遭舉報 承認環保問

題》的報導。

8月14日,《京華時報》發表了題為《微博上質疑攀鋼釩鈦排污 股價不跌反漲》的報導。

8月15日,《華夏日報》發表了題為《推倒攀鋼釩鈦骨牌》的報導,稱重慶鈦業存在環保問題或將讓鈦化工行業的污染問題再次進入公眾視野,對整個行業都會產生影響。《城市快報》發表了題為《微博「執法」攀鋼停牌》的報導。

8月16日,證券時報網發表了題為《一個網路紅人引發的停牌》的報導,稱攀鋼釩鈦8月12日停牌,其當晚發布公告,則致使此事被正式定性為「微博逼停」。21世紀網的文章稱這是「微博執法」,是「一個網路紅人引發的停牌」。

逼停的企業與被逼的部門

由於排污方涉及攀鋼釩鈦子公司,使得上市公司攀鋼釩鈦陷入了一場環保危機,8月12日攀鋼釩鈦宣布臨時停牌。8月12日晚,攀鋼釩鈦發布公告回應微博舉報其子公司污染一事,稱公司高度重視此事,並責成旗下子公司重慶鈦業於第一時間調查相關情況,並已對江水進行取樣,相關調查及檢驗正在進行。公告中還表示此次污染源為重慶鈦業已經封閉的老渣場,自該渣場封閉後,重慶鈦業就不再向其中排放生產廢棄物。目前,造成污染的具體原因尚在進一步調查中。

而身處輿論漩渦中心的重慶環保部門及時進行了回應。

8月11日18:04,「重慶環保」官方微博在網友所發微博後面回應:「非常感謝@念水行動對長江重慶段水質情況的關心和關注!重慶環保部門已獲悉相關情況,派執法人員去攀渝鈦業長江排污口取水採樣並開展監測分析。我們共飲一江水,我們共同保護長江!如果您發現環境污染,請及時撥打12369環保舉報熱線,或通報我們一道去現場看看。謝謝!」(如圖3-4所示)。

> 心海飞翔007_白利强 V：//@━━━━━ 刚才一记者打电话来问上市公司的排污问题。请关注马军的记录。//@SEE官方微博:关注上市公司环境表现！ @小钢蛆love @朱仝 @王雉嘉 @陈劲松 @漆洪波 @公众环境研究中心马军:这里有800家上市公司的不良环境记录 http://t.cn/zj1kgnO //@徐建军:连上市公司都在肆意排污 (8月11日 18:59)
> 回复

> 杨方义 V：回复@重庆环保:靠谱，环保部门需要对所有公民的举报都能作出回应。(8月11日 18:36)
> 查看对话 | 回复

> 重庆环保 V：非常感谢 @念水行动 ━━━━━ 对长江重庆段水质情况的关心和关注！重庆环保部门已获悉有关情况，派执法人员去攀渝钛业长江排污口取水采样并开展监测分析。我们共饮一江水，我们共同保护长江！如果您发现环境污染，请及时拨打12369环保举报热线，或通报我们一道去现场看看。谢谢！(8月11日 18:04)
> 回复

圖 3-4 「重慶環保」官方微博回應

「重慶環保」的及時回應，得到了網友的積極評價。

8月13日上午，重慶市環保局在其公眾信息網與微博上發布新聞通稿，表達了以下幾層意思：第一，感謝各類媒體監督；第二，環保局高度重視，立即派執法人員趕到現場，介紹了取樣監測情況、采取的措施以及下一步對該企業的處理思路；第三，介紹近年來企業監管情況、重金屬污染監管情況以及下一步工作思路等；第四，再次感謝監督，共同保護好長江。

8月15日，重慶市環保局在其官方網站、官方微博發布消息：攀鋼集團重慶鈦業股份有限公司在重慶市環保局的督促下已解決老渣場滲濾水直排長江問題。

8月16日，《重慶日報》以《攀渝鈦業廢水直排長江問題得到控制——市環保局已對此次污染事件立案調查》為題，對重慶查處情況進行通報，危機方才平息。

輿論危機不同擴散與應對診斷

縱觀整個事件，從微博曝光到停牌澄清，短短不過48個小時。微博，在整個事件的推進過程中起到了主導作用。其微博很快引起了如《經濟觀察報》《每日經濟新聞》等財經媒體報導與包括人民網、財經網

等網站在內的關注。而8月12日攀渝鈦業停牌信號一起，嗅覺靈敏的媒體立即蜂擁而至，後續的報導多將「微博炮轟」和「上市公司停牌」兩個焦點推上標題。

在輿情應對上，攀鋼釩鈦在第二天即宣布停牌，停牌當晚發布公告澄清子公司的相關情況並表態將「第一時間調查」。重慶市環保局在曝光微博發出8小時左右，在當天就給攀渝鈦業開出了處罰通知，「責成整改」。8月15日，重慶市環保局在官方網站與微博進行回應。8月16日，《重慶日報》等主流媒體定性。

此次事件，由公益組織及網民微博引爆，傳統媒體跟進，網站集成，微博評論發酵，由社會化媒體引發資本市場關聯反應。新媒體的興起對信息高度密集型的資本市場監管、信息披露完善、投資者關係管理等提出了嶄新的研究課題。

【故事啟示】

三條微博，媒體跟進，網站集成，環保部門回應，公司公告，股票異動。這就是微博的力量。微博已成為引起美國德克薩斯州龍捲風的那只亞馬孫河流的蝴蝶，成為引發連漪效應的那塊石頭，成為推倒多米諾骨牌的第一塊骨牌。置身全媒體時代，輿論危機成了一位不期而遇的不速之客。主體多元、載體多樣、訴求多變、影響多層。這就是一個危機新常態的時代，不管你信不信，反正我信了。

一、危機新生態
——一道躲不開、繞不過的坎

什麼是危機？

美國前國防部部長麥克納馬拉說：「今後戰略可能不復存在，取而代之的將是危機管理。」

《周易‧繫辭下》中說：「子曰：『危者，安其位者也；亡者，保其存者也；亂者，有其治者也。是故，君子安而不忘危，存而不忘亡，治而不忘亂，是以身安而國家可保也。』」

危，在高而懼也。在《說文解字》中，危是指上面是人，中間是山崖，人站在山崖上，表示很高。《現代漢語辭典》對危機的解釋是潛伏的危險和嚴重困難的關頭。危險與機遇是組織命運轉機與惡化的分水嶺。危機具有前景不確定性、後果連帶性、決策緊迫性、過程突變性、輿論風險性、威脅致命性等特點。「危」+「言」=「詭」，祖先造字將危機管理的現狀說得如此之通透：「危」指危機常態化，即事多；「言」指危機輿論化，即多事；「詭」就是不確定性，危中有機，這個機要嘛是轉機，要嘛是商機。

（一）突發事件新課題——壞消息天然就是好新聞

《中華人民共和國突發事件應對法》第三條對突發事件這樣界定：突發事件是指突然發生，造成或者可能造成嚴重社會危害，需要採取應急處置措施予以應對的自然災害、事故災難、公共衛生事件和社會安全事件。突發事件分為特別重大、重大、較大和一般四個級別。

在全媒體時代，突發事件在傳統四大類的基礎上，又出現了三類新變種。一是從生成類型看，既有實體事件類的突發事件，也有觀念交鋒類的突發事件，還有圍觀類引發的突發事件。二是從增量來看，因重大化工項目、環保項目立項或環境污染等問題而引發的鄰避運動型突發事件，成為當前網上、網下最熱的突發事件之一。而一些重大自然災害後，政府部門的不當作為引發的突發事件，也成為值得重視的問題。教育改革、醫患糾紛、徵地強拆、涉法涉訴等民生、法制類突發興情，也逐年增多。三是從生成路徑看，既有現實社會傳統突發事件生成，在虛擬社會的網路平臺上集聚放大，致使線下突發事件升級的事件，又有網上發聲，引發線下實體突發的事件。

萬變不離其宗，突發事件因其本身的突發性和緊急性、危害性和破壞性、不確定性和易變性、社會性和擴散性並存，波及的輿論危機更顯複雜多變。一是內生變量增多，比如直接利益主體、間接利益相關者、圍觀者與離場介入者，利用自媒體平臺發聲能量增加，調動媒體的能力增強，有更多機會與條件主導議程流向。二是外生變量複雜，比如現場網民、在場公眾、入場媒體、市場網站、遠場外媒等的疊加傳播。危機管理不僅是信號與噪音交織的主戰場，也是輿論引控成功與否的閱兵場。三是輿論圖景多變。網民微博爆料、多方媒體跟進、各大網站集成、境外媒體關注的迭代式、多圈層、長波段的傳播，衝破了原有的信息藩籬，即使天大的能量，也擋不住資訊的自由流動。除傳統的人與人之間的人際傳播外，全媒體時代的突發事件輿論危機傳播，既呈現出萬花筒般的絢麗，也展現出謠言滋生與真相淹沒並存的糾結。

（二）官員形象新挑戰——「老虎」「蒼蠅」和「狐狸」均關進了籠子

在社會轉型期，存在著一種「端起碗吃肉，放下筷子罵娘」的焦躁心態。此外，不少極端事件，助長了社會的暴戾之氣。

「這是一個易怒的時代，天天不是著急，就是上火。」

焦躁與暴戾，乃天生的姐妹。在社會環境、法制環境、民主環境與媒體環境等多重擠壓下，網民拿網路當戰場，用鼠標鍵盤當武器，不斷在網上掀起「好漢歌」的熱潮。他們把自己作為道義的化身，打著「替天行道」的大旗，同情弱者，盡顯「路見不平一聲吼，該出手時就出手，風風火火闖九州」的豪情，唯獨缺少「天上的星星參北斗」的理性與寬容。

中國社科院發布的《形象危機應對研究報告2013—2014》稱，官員形象危機呈「多元高發」態勢，主要集中在五大風險領域：「貪」（貪腐問題占30.7%）、「瀆」（失職瀆職問題占24.8%）、「色」（性醜聞、性犯罪問題占16.6%）、「假」（包括「火箭提拔」「被影響」「造假造謠」等問題占17.4%）、「枉」（暴力執法、遭遇暴力抗法、作風粗暴等問題占10.5%）。群眾認為2013年形象最差的官員群體依次為城管、學校領導、醫院領導、村幹部、警察、國企領導和民政幹部。

（三）國防管理新考驗——贏得制網權才能贏得新戰爭

沒有網路安全，就沒有國家安全；沒有信息化，就沒有現代化。在信息化條件下，制網權是在制海權、制空權之後，各國爭奪的又一控製權。制網權是指對互聯網的控製權，包括網路的使用權、攻防權以及控製網路輿論導向等方面的權力。在由網絡電纜、根網域名稱伺服器、數據機、交換機和處理器以及軟體病毒、黑客與邏輯炸彈、電磁脈衝發生裝置等構成的戰場中，無數的二進制代碼正在進行著滲透、阻塞和攻擊的「破網」與「護網」之戰，為的就是爭奪制網權。

當前，除國家層面的網路戰爭外，網民對軍事、部隊、軍人等話題的關注度也越來越高，涉軍輿情日益突出。2012年8月，廣州越秀區人武部政委方大國於萬米高空毆打空姐被免職一事，經微博曝光後，在軍人背景和雙方身分懸殊等輿情要素的推動下，引發公眾大規模群體圍觀。

究其原因有四：第一，毆打南航空姐的方大國身分的特殊性——他是廣州市越秀區人民武裝部政委，在當下官民關係極其敏感的環境下，他代表的是官，所以媒體給予了不一樣的「照顧」。第二，打人的地點不一般，居然是在飛機上。在當下，能選擇飛機作為交通工具的群體理應是經濟條件較好、生活水平較高的群體。可是這樣的人居然在萬米高空上打人。第三，被打的人不一般。被打的人是女人，而且是個漂亮的女人。第四，官方的回應不一般。方大國沒有動手打人的官方調查論斷，被新華社中國網事記者採訪的外國目擊證人和現場照片的證據推翻了，廣州市越秀區的官方調查成了輿情的助燃劑。

網路涉軍負面輿情是指通過互聯網傳播的一些公眾對現實生活中軍隊某些熱點、焦點問題所持的負面言論和觀點。網路涉軍負面輿情的主要特點是傳播速度快，有效控製難；誘發原因多，容易成焦點；片面性較強，真假難辨別。網路涉軍負面輿情的成因既有政治因素，又有社會問題，還有部隊自身原因，相互交織，錯綜複雜。其主要成因是敵對勢力惡意攻擊、部分社會人員心理失衡、商業利益炒作需要以及極個別青年官兵思想和行為失範。

網路涉軍負面輿情的主要類型有：一是炒作個別軍人軍容軍紀不整，軍車亂停亂行。二是基層青年官兵擅自利用智慧型手機上網或到社會網咖上網，在QQ聊天、QQ空間、個人微信與微博中，不當發布涉軍內部信息，造成信息洩露。三是炒作所謂的軍事調動、軍事演習。四是傳播一些涉軍的不實謠言與相關信息。五是就重大對外軍事政策提出意見與建議。

（四）危機傳播新規律——輿論漩渦中的暗流湧動

一棵大樹可以製造千萬根火柴，而一根火柴就可以毀壞千萬棵大樹。點燃輿論危機的火柴，不再是有身分的人的象徵，也不再需要專業化流程生產。因為人人都有能引起火災的那一根火柴。從火星到火焰，從火焰到熊熊大火，速度、廣度、烈度，無不在發生著劇烈的變化。

危機前面是事故，事故前面有徵兆，徵兆前面有隱患。輿論危機並非空穴來風，而是事出有因。這就是輿論危機的海恩法則。

　　德國飛機渦輪機的發明者帕布斯·海恩分析得出結論：每一起嚴重事故的背後，必然有29次輕微事故和300起未遂先兆以及1,000起事故隱患。當一件重大事故發生後，我們在處理事故本身的同時，還要及時對同類問題的事故徵兆和事故苗頭進行排查處理，以此防止類似問題的重複發生，及時解決再次發生重大事故的隱患，把問題解決在萌芽狀態。

　　誰是引起輿論龍捲風的那隻蝴蝶呢？這就是輿論危機的第二效應——蝴蝶效應。

　　美國麻省理工學院氣象學家羅倫茲（Lorenz）為了預報天氣，用計算機求解仿真地球大氣的13個方程式。為了更細緻地考察結果，他把一個中間解取出，提高精度再送回。而當他喝了杯咖啡以後回來再看時竟大吃一驚：本來很小的差異，結果卻偏離了十萬八千里！計算機沒有毛病，於是羅倫茲認定，他發現了新的現象——對初始值的極端不穩定性，即混沌，又稱蝴蝶效應。南美洲亞馬孫河流域的一隻蝴蝶偶爾扇動幾下翅膀，可以在兩週以後引起美國德克薩斯州的一場龍捲風。

　　誰是倒下的第一張多米諾骨牌？誰將引發系統性的連鎖反應？這就是輿論危機的第三效應——多米諾骨牌效應。

　　多米諾骨牌效應常指一系列的連鎖反應，即牽一髮而動全身。在一個相互聯繫的系統中，一個很小的初始能量就可能產生一連串的連鎖反應。第一棵樹的砍伐，最後導致了森林的消失；一日的荒廢，可能是一生荒廢的開始；第一場強權戰爭的出現，可能是使整個世界文明化為灰燼的力量。

二、迭代式新聞

——沒有最誇張，只有更誇張

「迭代」是一種不斷用變量的舊值遞推新值的過程。隨著網路媒體特別是微博、微信等社交媒體的出現，傳統媒體原有的一次成型、權威證實的新聞報導，被多次遞推、舊貌新顏的迭代式新聞取代。報導者幾乎不做任何核實，就以最短的時間、最少的核實先報導一個「似是而非的存在」，再「邊施工邊設計」完成一個「不完美的成果」。這種第一時間發布消息比發布正確的消息更重要的取向，將輿論危機的速度提檔、烈度提高、難度提升，極易將「點」上的問題炒作成「面」上的問題，甚至出現正面輿論被負面輿論綁架的「一邊倒」。「當真相還在穿鞋時，謊言已經跑到千里之外」的不對稱效應成為真實寫照。

（一）迭代式新聞主體——混亂角逐

當前，社會熱點呈現出點多、線長、面寬、立體呈現等特點。社會輿論更是趨向多元、多樣、多向、多變、難控。特別是一旦利益捆綁了輿論，網路便如打開了的「潘朵拉的盒子」，在給輿論生態帶來溫暖的同時，也帶來了不幸的災難。

一是中央與地方主流媒體輿論監督的職責需求。新華社、中央電視臺、《人民日報》、中新社、人民網、新華網及各地黨報黨刊、黨臺、黨網，特別是其法人微博、微信等，出自正常的輿論監督職責，通過對外公開報導或內參的形式報導。

二是行業報刊網站駐站媒體的生存性監督。由於非時政類媒體改革

的推進，行業報刊「斷奶」，面向市場求生，一些駐地記者站與行業報紙為了生存發展的需求，假輿論監督之名，行專版、專題與廣告之實，甚至就直接成為一些行業企業操縱的代言人。

三是市場化媒體與商業化網站的倒逼。市場化媒體與商業化網站為了經濟效益和所謂的影響力，青睞於獨家、深度與披露性報導。他們信仰點擊量與發行量。點擊量與發行量關乎其生死，因為它們能帶來廣告收入和影響力。

四是有資質的網站、地方頻道或專欄亂承包。目前，從事新聞資訊服務必須具有工信管理部門與國家互聯網信息辦的「雙准入」資質，這樣才具備從事新聞資訊服務的資質。擁有資質的網站，在人員、資金、管理與服務能力不具備的條件下，紛紛通過與地方媒體、地方非新聞單位企業甚至個人合作，通過開辦傳統媒體網站、賣頻道、賣專欄等方式，以年度為單位，進行承包式、買斷式經營。這些不具備經營能力的承包者，大多以拿錢的正面新聞報導或收錢消災的輿論監督之名，以真的新聞或假的新聞，來行新聞敲詐之實。同時，一些正規的網站，也存在以輿論監督為由，通過收錢刪帖、廣告合作等較為隱蔽的方式進行新聞敲詐。

五是非法個人網站上躥下跳。一些帶「中」字頭、「人」字頭、「外」字頭、「法」字頭的非法網站，打著一些所謂的高層協會名義，私自開設網站，私自在各省開設地方頻道，私自將這些頻道承包外賣，「人民監督網」等甚至把服務器放在了境外。而這些沒有任何新聞從業資質的人員，要不通過網上搜索舉報信息、到市民上訪處接訪、接受相關利益群體好處，要不通過所謂的正面宣傳來撈取好處，要不幫相關群體進行輿論監督，要不就某些黨政部門有瑕疵曝光之名收取好處。有的甚至直接到區縣去開設所謂的分中心，一間房子、一個牌子、兩張桌子、幾臺電腦就成為所謂的網站。

六是論壇部落格商業化生存。國內一些有影響力的知名論壇通過開設地方頻道或區域性辦事處，開通城市首頁與細分專題欄目，並與有影

響力的個人部落格聯合，建立板塊化的具有新聞聚合功能的社區平臺，並通過下達年度經營指標的形式，將地區論壇首頁置頂、頭條加粗推薦、字體變色、沉帖與刪帖等管理功能下放。其一方面對有合作的單位進行廣告投放與軟文推廣，另一方面則以「精選推薦」與「輿情評論」等形式對網上負面所涉地區或單位施壓和評論，形成了完整的創收管道。一些區縣與行業的未經批准的地方性或行業性論壇，利用在當地的影響力與通達性，更是以負面曝光與輿論監督為能事，大肆進行輿論炒作，坐收實利。

七是專業化的微信公眾號監督。一些曾在媒體行業工作過的從業人員開辦公眾帳號，進行輿論監督。

（二）迭代式新聞流程——你的回覆或為報導添火

迭代式新聞跳出了嚴肅新聞生產的固有歷程，而讓新聞生產更加碎片化、現場化、動態化、情緒化與炒作化。對點擊量與發行量的渴求，使得一些網站與媒體力圖用衝突、爭議、廢話甚至謊言去描述世界。其為了多賺點頁面瀏覽量，通常把世界與讀者對立起來。報導者作為旁觀者的客觀、第三方立場的理性，已被改寫為報導者本身就成為推動新聞走向的主導者與參與者。由此帶來媒體從業人員的角色衝突、專業素養下滑，媒體的信用和權威被逐漸侵蝕，新聞生產由「先瞄準再開槍」的一次成型，變為「先開槍再瞄準」的多次震盪。

迭代式新聞流程如下：一是第一時間播發未經權威證實的謠言、半真半假的消息、誇張的概念和劣質的新聞報導；二是指望別人來指出錯誤、送上最新消息；三是等待信息源主動聯繫；四是網民盲從、鋪天蓋地轉發無意義的訊息以及進行無厘頭圍觀；五是發布可補充的後續信息；六是媒體或法人微博捲入，市場化媒體跟進；七是網站轉載再次傳播，境外媒體關注，新聞回應與微博評論持續發酵；八是權威媒體定性平息或熱點牽引、自然冷卻。

在互聯網上，傳統的「多次重複博弈、一次發布」建立信任與合作模式，已轉換為「多次並發、多次博弈」建立信任與合作模式。

宗慶後被人砍傷事件既凸顯出暴戾崇拜的背後是強烈的社會焦慮，又說明迭代式新聞語境下輿論危機管理的難度增加。

宗慶後在2013年9月13日被人砍傷，18日凌晨香港媒體披露此事，引發關注。之後娃哈哈集團方面接受媒體採訪時，回應是五花八門的，一會兒說「純屬謠言」，一會兒稱「網上愛怎麼說就怎麼說」，一會兒又回應「沒那麼誇張」。

從事件發生到輿情爆發近6天時間，從企業危機公關層面來說，娃哈哈集團本該有足夠的時間來準備應對輿情方案，但可惜呈現出來的結果卻如此不堪，沒有體現一家上市公司應有的水準。

《中華工商時報》駐浙江記者尚啓莊稱：「9月14日凌晨我就收到微信說宗慶後被襲待證實，我一個電話就證實確有其事，我沒發微博，沒搏眼球。為什麼？宗慶後是我尊重的企業家，是全國人民都應愛護的企業家。宗慶後42歲創業，埋頭實業，從不投機，一天工作十幾小時，20多年後成為世界排名前三的飲料大王，為中華民族守陣地。」

有網友質疑官方信息發布，稱每次都是事件發生後由國外或外地媒體曝光，當地官方表示不知情或否認，到最後發現隱瞞不住的時候才被迫承認。這都成鐵律了。資訊時代何必如此？為什麼有什麼事都不能坦誠一點，老要遮遮掩掩，掩蓋不住了才公開承認呢？

從案情來看，並不複雜。年屆50歲的犯罪嫌疑人楊某在媒體上看到宗慶後樂於幫助農民工。那是2009年「兩會」期間，崔永元請宗慶後做嘉賓，談農民工就業問題。在場有兩個失業的農民工，崔永元一再問：「這兩個怎麼辦？」宗慶後回答說：「這兩個，願意到我們那兒去幹活的，我們可以先去安排一下。」崔永元追著說：「您說話可要算數，別衝動。」於是楊某找到宗慶後，希望宗慶後給楊某在娃哈哈集團安排工作，未遂，於是楊某心生恨意，行凶報復。

網友稱：「我對宗慶後被人砍傷案件就一個看法。在娃哈哈集團給那

個人安排個工作,對於宗慶後來說輕而易舉。安排了,那人沒準兒就是一個為公司拼命的員工。結果,宗慶後沒安排,或者說是不屑安排,於是,那人就跟他拼了命。」而不少網友在回應中則對此有不同的看法,其中不乏偏激者。「這件事你滿足了他,下件事沒滿足呢?」「你這說的真對不住『V』。」「我能找你要工作嗎?工資一年20萬元就行,不然砍你全家。」……

從深層次來看,事件背後的心理邏輯引人深思。宗慶後被砍,詳情尚未披露,原因也沒說明。但可以肯定,這與戾氣有關。一語不合,就要動手,暴戾之氣,四處彌漫。暴戾崇拜的背後是強烈的焦慮,深處則與公平正義不彰有關。

你既然這麼有錢,就理所應當該給我幫助,就應該把你的錢分出來。這種思維模式,依舊廣泛存在。

《南都周刊》「南評晚鐘」評論,宗慶後被人砍傷或是偶然事件,輿論焦灼不難體會,財富精英安全感在迅速下降。

還有網友稱,冀中星被打致殘8年多無人問津,宗慶後手指肌腱被砍5天後破案。這就是農民工和董事長的區別。

2013年9月22日,宗慶後遇襲後手纏繃帶上班的相片見諸報端。

宗慶後被人砍傷事件的輿情發展軌跡為:論壇爆料→香港媒體報導→內地媒體報導→官方否認→官方默認→警方證實→案件告破(其中穿插各種傳聞與議論)。官方的否認與默認以及最新的表態,都會成為媒體報導的新的由頭。傳統的危機管理手段,在全媒體時代失靈了!

(三) 迭代式新聞推手——混淆黑白的超級玩家

網路世界並不是非黑即白,而是存在著大量的「灰色地帶」,而頂級的推手們總能從簡單的事件裡嗅出商機和唾手可得的利益,意見「網路紅人」或成網路推手的急先鋒。

尼爾森公司指出,社交網路上特別活躍的用戶,參政熱情比一般人

高出 26 個百分點，對現實世界的時事政治也更願意發表自己的意見。社交網站上特別活躍的用戶主要有：一是媒體記者。二是公民記者。掀起了一波接一波的輿論事件。三是極少數律師。通過庭審直播、微訪談、集體研討、微博約辯等方式，施加輿論壓力，影響案件審判結果。四是爆料者。「上海法官集體嫖娼案」爆料人陳某，曾用祕拍器材持續取證一年。五是網路公關公司。一些非法網路公關公司，通過各種手段，積極建立從機器發帖、水軍評論、「網路紅人」轉評、網路刷票、傳統媒體報導、網站推送、論壇微博刪帖等貫通網路輿論運作上、中、下游的全方位的關係鏈條。在前幾年深度參與企業之間商業競爭後，還出現了網路公關公司參與上訪維權、司法案件苗頭。六是網路名人與公共知識分子。其利用已有粉絲資源，參與非政府組織公益活動，牽引輿論走向。七是法人微博、市場化媒體與商業網站。其通過求證式、測試式、獨家式報導起底，專題集納，多屏互動，形成輿論聲浪。八是寫手自我尋租。寫手通常會尋找一個有利可圖的話題，出於個人或意識形態的動機來展開這個話題，他們有能力在人們還來不及核實事情的真假時，迅速將事情擴散滲透，使之在公眾的認知裡扎根。九是真假網站、記者身分混淆，有的甚至唱「雙簧」。前臺假記者、假網站出面實施新聞敲詐，未果後由後臺真記者、真網站實施輿論監督。而一些網上道聽途說、似是而非的真假信息，一些個人的自身利益訴求，或者傳統媒體輿論監督的負面報導，則成為實施網上新聞敲詐的砝碼。眾神狂歡讓更正消息有時只是一個傳說。

三、更正消息
——只是一個傳說

迭代式新聞語境下，最大的問題在於錯誤的信息永遠得不到更正。公眾記住了第一眼看見的新聞，後面的補救無法在他們腦海中形成影響。迭代式新聞推崇者所鼓吹的清者自清、濁者自濁的快速自我淨化功能或成傳說。其嚴重地違背了新聞生產與傳播的客觀規律，危害了當事人的聲譽，很容易誤導企業與大眾行為，加劇不對稱效應的形成，使得新聞的生產成本低廉，但閱讀成本與社會成本卻無比高昂。正如希臘詩人赫西奧德所言：「謠言和流言，輕賤得隨時可以四起，卻又厚重得難以輕易制止。」

（一）網路與部分媒體縱容的「退化儀式」

迭代式新聞通過網民爆料、回文轉發、人肉搜索、現場圍觀和輿論聲援、傳統媒體捲入等形式，縱容了仇官、仇富、仇權等心態，強化了「退化儀式」的形成。

「退化儀式」是從群眾中選出一名成員，然後大家一同對其進行譴責，降低其社會地位或將他從集體中驅逐出去。目的在於通過剝奪其尊嚴，集體性地宣洩憤怒。最後，這個名譽掃地的人，就「不再是我們中的一員了」，關於他的一切都會被毀掉、重寫。威廉·黑茲利特在他的經典散文《憎恨的樂趣》中寫道：「這種儀式背後燃燒的激情，將我們帶回到充滿紛爭、野蠻、血腥、混亂、殺戮和報復的年代。」今天，網路和部分媒體的操盤手們，有著更快的反應速度、更短的出版發行週期、更豐富的媒體呈現方式、更多的市場意願、更強的執行力、更低的成本壓力、

更符合用戶的產品設計、更為強大的傳播管道，他們更深刻地理解用戶的需求並能迅速將其商業變現的措施，成了「退化儀式」的代表。一些網站與部分媒體代表「憤怒的公眾」衡量那些「罪行」，上演著一場接一場的悲劇興起和公眾人物倒臺的「數字化流血娛樂」。

（二）大多網民的「沉迷性功能紊亂」

美國麻省理工學院的特克爾教授指出，當計算機不是一個工具而是一個夥伴時，人類行為就大大改善了。網民離不開網路，放不下手機，深度沉迷於網路與媒體所提供的資訊空間，總是錯誤地把媒體間的喧囂忙碌帶入真實生活，其所見、所聞、所想都被部分媒體的內容替代了。加之陌生人之間快速流動、變幻的常態化交往以及偶遇式交往的多樣化與網路維權的興奮化，正突破了交往的連接瓶頸、聚合瓶頸、體驗瓶頸和信任瓶頸。以社交網路的底層技術（人機交互和人際交往）為支撐、以層出不窮的網路事件為示範，網民自我思辨能力大為降低。他們更關心消息的速度和熱度，而非深度與精度。信息的失控、泛濫、泡沫化使世界難以把握。人可能淪為信息泛濫的奴隸，甚至可能會被無序信息的汪洋大海淹死。

（三）社會固化的「認知剛性」

人類「首先相信，然後再評估」的「認知剛性」，加上經濟社會發展的信息不對稱，很難及時糾正先入為主的錯誤信息，之後接收到的信息往往會下意識地被加工成為使它符合之前構建的認知框架，並成為捍衛前一解釋的論據。密西根大學一項研究表明：更正往往會失敗。

研究人員向實驗參與者提供了一則假新聞，再把一則更正消息放在原始新聞下面，讓其中一半的參與者看。接著，研究人員要求所有參與者評價新聞中的觀點。結果，那些看到更正消息的參與者比那些沒有看到更正

消息的參與者更容易相信那則假的新聞，也比其他人更堅信自己的判斷。

　　也就是說，更正消息不但沒有改正原來的錯誤，反而鞏固了原來的錯誤認知。在資訊過量、快速和情感惰性等因素疊加的背景下，公眾一旦接受了一種貌似合理的解釋，就更加難以改變自己對最初訊息的判斷，也更加難以持開放態度，變得更加容易混淆真假信息。

（四）權威部門的公信力下降

　　當政府不受歡迎時，好的政策與壞的政策同樣會得罪人民，真實的信息與虛假的信息一樣不受歡迎。廈門公交縱火事件、延安城管踩踏事件、臨武城管打人致死事件等，當地政府部門無論是說真話還是說假話，做好事還是做壞事，都會被認為是說假話和做壞事。

　　劉鐵男被舉報之後，國家能源局官方不僅對外定性舉報者是「純屬汙衊造謠」，還用恐嚇的腔調宣稱，「我們正在聯繫有關網路管理部門和公安部門，正在報案、報警。將採取正式的法律手段處理此事」。這種惡劣的「官謠」，損害的已經不僅僅是事後證實犯罪的劉鐵男本人以及新聞發布官員的個人形象，更損國家機關、國家機器的公信力。

【本章小結】

　　中國古語有雲：天有不測風雲，人有旦夕禍福。在全球化與信息化雙重夾擊，天災與人禍交織疊加下，海恩法則、蝴蝶效應、多米諾骨牌效應，讓輿論危機不再是風花雪月的故事，而成為暴風雨來得更猛烈的事故。沒有花香，沒有樹高的草根網民，拿起微博、微信等利器率先出場。專業的網路推手，裹挾著權威媒體，啟動著市場化媒體與商業化網站等輿論核按鈕，從先瞄準再開槍，到先開槍再瞄準，掀起了一場又一場輿論風潮。全媒體時代的輿論危機，玩的不只是心跳，關鍵還有身家性命。但躲過不是禍，是禍躲不過。因為危機危機，危中有機。正如門檻門檻，過去了就是門，過不去就是檻一樣。

第四章 「空虛寂寞冷」
——當前企業危機透視

  鬥大的字不識一個的母親曾諄諄告誡我：放牛娃兒不要誇，三月還有桐籽花。意思是陽春三月都還有倒春寒來臨，還有幾天吹冷風讓人不舒膽的日子。因此，春捂秋凍是有道理的。人生也好，做企業也罷，你得隨時準備面對不期而遇的危機，關鍵是自己總得有個「打米碗」！

周廷勇

【「萌詞」釋義】

與「羨慕嫉妒恨」相對仗的「空虛寂寞冷」是2010年網路流行語。「空虛寂寞冷」不僅強化了中心詞「寂寞」的表達效果，還包含了寂寞的結構層次和來龍去脈。其出處有三：一為溫瑞安1987年出版的小說《闖將》（七大寇故事‧沈虎禪大傳之三將軍劍法第二集），其中第七章標題為空虛寂寞冷；二為周星馳電影《九品芝麻官》；三為張藝謀導演的《三槍拍案驚奇》。

【切入故事】

羅永浩與西門子公司的微博戰爭

2011年9月27日，牛博網創始人、老羅英語培訓創始人、粉絲超百萬人的羅永浩（老羅）在其微博上透露，「三年前買的西門子冰箱和洗衣機陸續都壞了」，並表示「再也不買這個倒霉牌子了，電器還是日本人做的靠譜」。此條微博發布之後被網友們轉載3,000多次，評論超過1,100多條。作為一個消費者，在社會化媒體上發表一下對自己購買產品的感受，本來是一件極正常的事情，但由於百年老廠西門子公司喪失溝通和接觸的第一時機，遇上較真的老羅，結果難以收場。

微博罵戰：火上澆油

2011年9月28日，西門子公司員工微博暱稱為「JeromeZhang」等人與老羅在微博上展開罵戰。以企業利益至止的出發點反而變成了給自己企業抹黑的催化劑。未經過專門培訓和指導，這些員工變成了掐架高手老羅手下的炮灰，反感就是這樣產生的。

9月28日15:35，羅永浩發微博之後，西門子公司公關人員與之取得聯繫，希望私了。這樣看來反應也不算太慢，可惜公關人員不瞭解老羅的為人與需求，也不瞭解社會化媒體與傳統公關的區別，反感再次升級。

9月29日,和訊網報導了老羅與西門子公司「大戰」的戰況,反應西門子冰箱質量問題。至此,由微博引發的對峙轉而點燃了傳統媒體的介入熱情。

當晚,西門子公司在其官方微博「西門子家電」上回應:「近日網友反應西門子冰箱門偶有不易關閉的現象,我們立即與生產、質控等部門進行了核查,確認不屬於質量問題。儘管如此,我們將對遇到有類似情況的用戶提供上門檢測和維護服務」(如圖4-1所示)。

圖4-1 「西門子家電」微博

西門子公司不去解決與老羅的溝通問題,不去反思自己的產品為消費者帶來的麻煩,武斷傲慢地宣稱自己沒有問題,徹底激怒了以老羅為代表的用戶群體。

老羅並不滿意這一答覆。此後,老羅在微博上陸續發布了他與西門子公司溝通的情況,指責西門子公司客服推卸責任,並且拍攝「蘭花指關冰箱」視頻上傳到微博。同時,也有網友回文指出西門子冰箱門「力度稍大會彈開,輕一點就乾脆吸不上」。西門子公司遇上老羅,西門子公司的「沒問題」宣言變成了笑話。

9月30日晚,西門子公司官方微博「西門子家電」發起「西門子冰箱關門問題」投票,反過來指責消費者關冰箱動作太大導致冰箱門彈開。西門子公司的輕率回應肆意揮霍和踐踏著用戶對其品牌的原有好感。

怒砸冰箱:拉鋸戰中的博弈

10月15日,「西門子家電」再次表示:「我們誠懇地接受建議,並

對部分用戶因冰箱門不易關緊問題帶來的不便，表示歉意。」但這一表態依然遭到老羅的攻擊。他公布了自己與西門子公司聘用的公關人員的聊天記錄與訊息。到了這一步，西門子公司與其公關人員依然沒有摸清老羅的需求。隨後，西門子公司官方微博發布老羅所要求的公告，但是關鍵部分改了幾個詞。從記錄中可發現，老羅公開聲明方案中的「批評和建議」，在西門子公司官方公布的聲明中被改為了「建議」；而「給用戶帶來的不便」改為了「部分用戶因冰箱門不易關閉問題而帶來的不便」。老羅不滿，表示會繼續「討說法」。西門子公司依然不承認自己產品有問題，而老羅最核心的要求就是這一點。堵上最後的溝通可能性，死磕仍將繼續。

近兩個月的拉鋸戰最終走向了 11 月 20 日的砸冰箱事件。

案例啟示：實際上可以做得更好

在該案例中我們看到，原本不是一件大事，西門子公司可以做得很好。然而，西門子公司卻出現三大敗筆：一是在社會化媒體上依然採取傳統公關老辦法應對，包括私了、聲明、送冰箱；二是內部員工素質良莠不齊，導致「對罵」，沒有相關製度規範員工社交媒體使用行為；三是大企業一貫高高在上的作風和態度，反應緩慢。

當老羅在發微博時已經成了一個事件，一些人便開始圍觀起來，處於弱勢的消費群體的網民不管怎樣都會站在老羅這邊。至此，老羅成了維權的代表，越來越多的西門子產品消費者對老羅的微博進行評論和轉發。這時不僅僅只有老羅在維權，其他的網民也陸續加入老羅的維權隊伍中。這件事影響越來越嚴重，引起眾多媒體的關注和報導，傳播面積也越來越廣，其結果造成西門子品牌被越來越多的人唾罵，品牌損失無法估量。

然而，西門子公司仍可以做得很漂亮，化解此次危機，其對策應該是：第一，發現問題之後，第一時間跟羅永浩溝通，同時調查該款產品是否存在普遍問題。第二，如是普遍問題，應感謝羅永浩的發現，並針對該產品做出解決方案，再仔細檢查其他產品；如不普遍，幫羅永浩推薦更好的產品或者退貨。這樣一來羅永浩反而會對西門子公司的印象不錯，會成為西門子品牌的口碑傳播者。這樣的成本其實並不高。

企業應堅持「先道歉，再解釋，巧修復」的原則來處理危機。西門子公司具體可採用四大辦法如下：第一，必須承認問題，這是無法再迴避的事實。第二，必須向羅永浩和消費者道歉，爭得消費者的諒解。第三，必須對問題產品做出解決方案，如召回或終生免費維修。第四，給羅永浩頒發一個消費者獎章，感謝他「不依不饒」地幫助西門子公司糾正問題。

【故事啟示】

　　曾幾何時，企業危機公關主要是和傳統媒體打交道。企業出了差錯，在顧客找企業投訴無門的情況下，他們往往會求助於報紙、電視。在社會化媒體時代，受眾無需再求助傳統媒體，微博等社會化媒體已能讓他們告知全天下：該企業犯錯了。企業危機公關面臨著全新考驗。

　　消費者不再是孤立無援的散兵遊勇，也不是叫天天不應、叫地地不靈的受氣蟲。通過互聯網，通過他們無處不在的眼睛，消費者吹響了增權維權的集結號，他們要討的不只是說法，還要維護自尊。從另一個層面來講，消費者通過不同的管道幫助企業發現問題，對企業來講，既是企業形象的危機，更是增強企業與客戶直接溝通的轉機。如果消費者發現問題不反應，那這個問題就永遠會存在，遲早都會成為一顆炸彈。像羅永浩這樣幫西門子公司發現問題的消費者不多，因此西門子公司必須感謝有這樣的消費者。

　　企業要想發展，就必須直接面對問題。有些企業頭腦中只有問題，沒有解決問題的方法和路徑，所以問題永遠存在，這是抱怨者；有些企業能夠看到問題，並同時思考出解決問題的方法和路徑，這是管理者；有些企業在問題出來之前就把問題消滅掉了，這是智慧者；有些企業沒有問題，卻自己創造了一堆問題，庸人自擾，這是庸才。因此，企業要努力成為智慧者與管理者，而不能成為抱怨者與庸才。出現危機不可怕，可怕的是迴避危機，可怕的是搪塞處理。這樣的話，懲罰總是會來，只是時間早晚的問題。

一、企業危機之概
——向終結而存在

　　古希臘有一位哲學家曾經說過：「人類的一半活動是在危機中度過的。」其實，對於任何一家企業來說，未嘗不是如此。沒有經歷過危機的企業很難真正地成熟起來，只有在危機中思考變化，在危機中積極爭取競爭主動權，才能最終超越競爭對手而成為卓越的企業。

　　正如新希望集團董事長劉永好在「中國大時代——中國經濟報告年會」上坦言：「過去一段時間，四川的企業家有很多出事了，企業家自己創業要努力，身體吃不消，進醫院；還有很多人走得『太快』，進法院。很多人納悶我為什麼一直沒事，我心裡告誡自己，時時刻刻規範面對政府、面對市場，特別是在政府邊界不是很清晰的時候，要警惕。」企業家成為「兩院（醫院、法院）院士」現象值得關注。

（一）企業危機之界定

　　凡是可能給企業的聲譽、信用及經營造成負面影響的事件或活動都應被看成企業危機。企業危機是指那些突然發生的、事關企業利益的、對於企業的生存與發展具有重大影響的、急需管理者快速應對的事件。

　　正如人的生老病死一樣，企業的發展必然伴隨著危機。危機是企業的終身伴侶，它無所不有，無時不在，無事不入，無人難免。要做「百年老店」的企業很難。據一項調查顯示，世界 500 強企業平均壽命為 40 年；跨國公司平均壽命為 12 年；中國大中型企業平均壽命為 7~8 年；中國民營企業平均壽命只有 2~3 年；中國老字號企業已有 70% 消失。古語

云：富不過三代。還有企業家稱，企業要不正處於危機之中，要不就正走往危機的路上。

(二) 企業危機之死法

危機雖是不速之客，但總有蛛絲馬跡可以倒查。

問題是時代的口號，也是資源，問題處理不好有風險，風險處理不好就會是危機。風險是危機的誘因，今天的風險是明天的危機，當風險達到一定程度後，就會轉化為危機。問題具有先導性、可控性和緊迫性；風險具有階段性、難控性和滯後性；危機具有緊迫性、破壞性、聚焦性、延續性和突發性等特點。

中國中小企業數量已超過1,000萬家，數量占中國註冊企業近九成，提供的就業崗位占總的就業崗位的75%，貢獻的國民生產總值占比達60%，實現的利稅占比達40%。然而，中國企業數量雖多，但生命週期卻很短，平均壽命是2.5年，重複走著「一年發家，二年發財，三年倒閉」之路，能活下來且能做強做大的企業更是寥寥無幾。中小企業平均從業規模僅為13人，企業主的年齡在20~40歲，學歷一般是專科以上。其抗風險能力較弱，難以承受環境變化，特別是銀行的貸款和政策的變化，出現融資難、原材料成本高、人工成本和稅費高，使企業發展面臨著一系列外部困難。同時，企業家局限、企業自身經營問題也是導致中小企業衰敗的根本原因。

《科學投資》曾有意地從8個方面總結了中小民營企業的死法：一是死於順。由於企業發展得過於順利，正如人一樣，人往往不會在崎嶇艱難的山路上摔跤，而是在平坦寬闊的馬路上倒下。二是死於情。這種情是指親朋好友，將親友引進企業，導致各種關係盤根錯節。三是死於企業政治化。企業家投機取巧，一心想沾「政治」的光。四是死於心理失衡。面對企業的競爭，面對行業巨頭，部分企業心態不對，總想著當第一，總想著多掙錢，行動就容易出現錯誤。五是死於冒進。在發展中，

企業忽視了對風險的控製。六是死於不講規則。國有國法，家有家規。那麼，企業也應遵循本行業的發展規則，在遊戲圈內進行，否則只圖自己一時快意，全然不顧他人感受，最終會招致市場的報復。七是死於捐客。企業將精力投到了一些無用做法之上，也就距離失敗不遠了。八是死於傳媒或網民。企業被媒體曝光後的不當應對，致使被輿論的泡沫所淹死。

大中型企業危機致使企業倒閉也有以下 8 個原因：一是官商勾結，企業成犧牲品。二是快速多元化擴張，讓現金斷流。三是不正當競爭帶來後患。四是轉型不及時被市場拋棄。五是無效廣告耗掉現金流。六是主管部門以及法律製度上的彈性讓企業不知情而踩紅線。七是媒體圍攻、被騙、「紅眼病」、遭遇造假、黑惡勢力的敲詐。八是「得罪官員」。

(三) 哪些企業容易中槍？

在現實社會中，13 類企業容易中槍倒下！

一是知名企業。公眾和媒體關注度高，企業發生危機的機會就會多。正如德魯克所言：一個平靜無波的工廠，必是管理上了軌道。如果一個工廠常是高潮迭現，在參觀者看來大家忙得不可開交，就必是管理不善。管理好的工廠，總是單調無味，沒有任何刺激動人的事件。那是因為凡是可能發生的危機都早已預見，並且已將解決辦法變成例行工作了。

二是廣告打得過多的企業。用戶受廣告的影響對產品的期望值可能會遠遠高於實際，從而產生不滿。

三是行業管理嚴格的企業。企業一旦有所觸犯「紅線」，往往會產生災難性的後果。

四是關係到公眾生命安全的企業。特別是食品與汽車等機動交通工具，一旦出現或疑似出現問題，就會受到更多公眾的關注，並且會爆炸性地傳播。

五是生態環境敏感度高的企業。這類企業的立項上馬、環評過關、

擴大規模以及技術改造等，均可能成為企業生死成敗的關鍵點。

六是規模大的連鎖企業。這類企業會受到更多關注，而且會容易顧此失彼。

七是市場競爭激烈的企業。這類企業易受到競爭對手的不當打擊。

八是喜歡作秀的企業。這類企業會挑起民眾挑刺的神經，稍有不慎則會成為民眾輿論唾沫的犧牲品。

九是上市公司。這類企業由於做空消息刺激、股價的異動或三方機構做空會迅速消亡。

十是成長迅速的企業。這類企業由於跑得過快，往往來不及細看跑過的路或前面的路，同時還會把僥幸的成功當成必然的經驗，過於的自我感覺良好無異於在向危機招手。

十一是凝聚力不強的企業。這類企業的危機往往禍起蕭牆。

十二是政商關係過於密切的企業。這類企業因為與往昔的政治明星或高官過於「勾肩搭背」，不僅「戀愛」還「結婚」，而一旦形勢變化，則會致使企業敗走麥城。

十三是被媒體與網民盯上了的企業。被中央電視臺 3/15 晚會、市場化或專業化媒體、意見「網路紅人」或網民盯住的企業極易在危機中落敗。

二、企業危機之源
——令知玄妙之途徑

企業危機在企業存在那一天就與其相伴，此消彼長，共生共滅。從某種層面來講，企業能生存壯大，就是克服風險、應對危機的結果；而企業的滅亡，就是不能有效地應對風險與危機的結果。危機的產生既有

其內因，也有其外因；既有炸藥，也有引線，還有觸點。

（一）企業危機的關係圖譜

企業危機之所以多元多向，與企業本身的系統性與複雜性密切相關聯，與企業多維度鏈條直接相關（如圖4-2所示）。

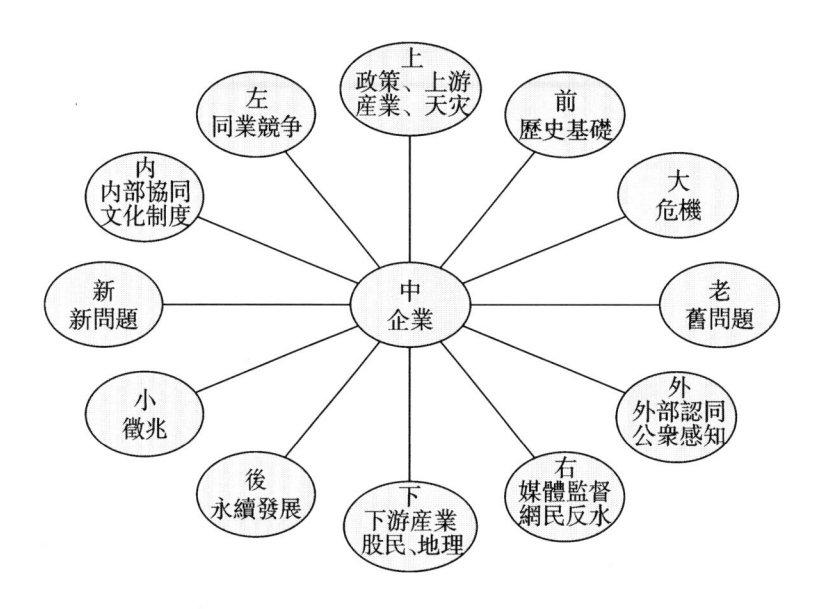

圖4-2　企業的多維度鏈條

企業作為一種人格化的社會性存在，是多方力量共同牽引的結果。

一是上、中、下的關係。向上仰望，既有國家宏觀政策的存在與行業治理的存在，又有上游產業鏈的影響。同時，對於對自然條件依存度較大的企業來講，極端天氣的出現也是影響企業危機的重要誘因。向下俯察，就是要考慮企業的神經末梢是否良性發展，下游關聯產業是否會影響自身發展，還要考慮地理因素的變化，特別是地震等因素對企業造成的影響。

二是前、中、後的關係。企業的危機既存在沒有發展起來的危機，

也存在發展中的危機，還存在發展起來的危機。

三是左、中、右的關係。企業的危機既有實體問題的影響，也有媒體與輿情原因的倒逼。

四是內、中、外的關係。企業的危機有時是由內部原因引起的，有時是由外部原因引起的，還有時是內外夾擊的共同結果。

五是老、中、新的關係。企業的危機有時是由老牌企業與新加盟企業的矛盾引起的，有時是由老員工、核心員工技術與商業機密不當外傳所引起的，有時是由新員工不當死亡、集體維權引起的。

六是大、中、小的關係。企業的危機是分等級與烈度的，有的是大危機，有的是小徵兆，企業就是要在危機小、中、大的變奏曲中找到活下去的支撐點。

（二）企業危機之四條根源

企業危機產生的根源有四條：一是企業自身的問題，包括產品質量和服務差、市場反應度差、不誠信、管理水平落後、溝通產生障礙、多元化發展等。二是消費者消費意識、安全意識和維權意識提高，利用微博、微信等自媒體製造影響。三是全球經濟形勢的下滑、國家宏觀層面的收緊和執法監督力度的加大。四是廣大媒體的不當輿論監督。

以經營一家飯店為例，面臨的危機通常包括惡性競爭、管理失誤和意外事故等內部危機，自然災害、社會災害和特定事件等外部危機，以及安全性因素、經濟社會因素和物質性因素等干擾危機（如圖4-3所示）。

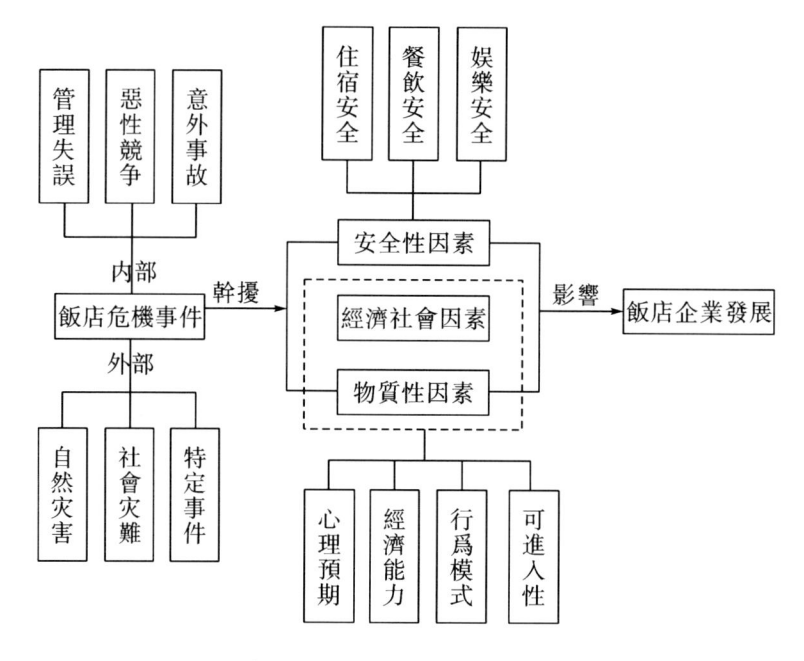

圖 4-3　經營飯店面臨的危機

(三) 企業危機源之呈現

1. 政治危機

在 2012 年「釣魚島事件」中，眾多的民眾抵制日貨，特別是反對日系車，豐田汽車在華銷量大跌。可見，政治因素也是產生企業危機不可忽視的一個因素。企業與政府之間存在著千絲萬縷的關係。如何審時度勢地正確處理好與政府，特別是與政府官員的關係，是企業生存與發展必須考量的重大問題之一。

2. 文化風俗與消費習慣

由於各民族、各國家的風俗習慣不同，企業在經營時的一些合理的市場行為可能會變得不合理，從而引來消費者的不滿情緒，損害企業的品牌形象。

3. 惡性競爭

惡性競爭有三種階段：一般競爭、激烈競爭和惡意競爭。市場上一般會發生為爭奪行業領導者地位、打破競爭僵局或重樹行業標準而導致的惡性競爭。因此，惡性競爭就是以非法手段破壞企業的商業行為，也就構成了不正當競爭。在一個成熟的市場或一個不成熟的市場，越來越多的惡性競爭出現在同一行業之中，會導致該行業的企業主動或被動參與，從而導致利潤率長期大幅下滑並最終難以為繼，或者導致該行業的企業依靠財務支撐，在惡性競爭中實現行業整合，並有效取得市場份額，淘汰弱者，提升了行業進入門檻。企業介入惡性競爭行業一般都不明智，在攻擊對手的同時也傷害了自己。值得注意的是，現在企業間的競爭還存在著「看不見的暗戰」，即靠網路黑客技術，通過DDOS（分布式拒絕服務）攻擊、垃圾留言和評論、將違規網站或大量無效連結重新定向到對手網站、網站鏡像等手段，導致站點偏離主題。

4. 鄰避危機

鄰避效應通俗地講，是指我可以吃雞蛋，但絕不能讓雞屎撒在我家後院，不要在我家後院製造污染。目前，民眾對企業的環境污染問題進入高度敏感期，特別是一些重大項目的上馬，甚至可能引發全民關注、街頭抗議，形成企業重大危機。例如，廈門PX項目、大連石化項目、四川什邡鉬銅項目等。目前，涉及鄰避危機的企業主要分為四類：一是污染類（垃圾焚燒場、磁懸浮、飛機場等）；二是風險聚集類（核電廠、化工廠、加油站等）；三是污名化類（戒毒中心、監獄、傳染病防治醫院等）；四是心理不悅類（殯儀館、火葬場、墓地等）。由上述企業（項目）的選址、興建以及營運所造成的民眾抗拒心態與反對行動統稱為企業的鄰避危機（如表4-1所示）。

表 4-1　　　　鄰避型群體性事件主要類型與近年代表性事件

鄰避型群體性事件主要類型	基本含義	近年代表性事件
污染類	在運行過程中可能產生空氣、水、土壤以及噪音污染等的設施（如高速公路、市區高架、垃圾處理設施、污水處理設施），因具有潛在的危險性或污染性導致民眾反對	2009年廣東番禺垃圾焚燒事件、2009年深圳龍崗上千居民堵路抗議建垃圾焚燒發電廠事件、2007年北京六里屯垃圾填埋場事件
風險集聚類	該類設施風險高、風險發生機率低，但一旦發生風險必然造成巨大的人員和財產損失（如變電站、加油站、加氣站、發電廠、核電站等），因而引致民眾反對	2006年廣州羅衝圍鬆南路居民反對建加氣站事件、2003年北京望京西園居民抗議附近建加油站事件、2009年廣州千人集會抗議南景園變電站事件
污名化類	由於對於某些群體的污名化，造成對於該類人群集聚的設施（如戒毒中心、精神病治療機構、傳染病治療機構、監獄、社會流浪人員救助機構）產生的反對情況	2008年成都育才小區擔心傳染病反對附近建醫院事件、2009年杭州西城年華小區居民反對精神病醫院進駐小區事件、2006年廣州荔新大廈業主抗議精神病治療機構進駐事件
心理不悅類	令人心裡感到不悅的設施類型（如火葬場、殯儀館、墓地），具有滿足社會需求的服務功能，但令附近住戶感到不舒適，為了防止可能產生實質或潛在傷害身體或財產的威脅而發起的抗議	2009年北京萬科青青家園居民抗議附近墓地事件

5. 社會危機

社會危機的涵蓋面非常廣泛，包括自然災害、流行疾病、經濟危機、社會暴亂、軍事戰爭、恐怖襲擊，發生任何一種社會危機都會對企業造成致命影響。「非典型性肺炎」（SARS）和禽流感對相關企業的致命打擊是不言而喻的。而經濟指數的下滑、房地產政策的調整等，對建築相關的上下游產業的影響也是非常明顯的。

6. 謠言橫飛

謠言是一種未經證實並缺少證據的信息。謠言的真實性往往值得商榷，有的謠言一開始就是徹頭徹尾的謊言，也有原本是真實的事物，但

由於在眾人口中相傳，偏離了最初的原意，變成不真實的謠言。在網路謠言傳播路徑中，造謠者「削平」，即只記住消息的部分內容，裁減掉許多具體細節，使之變得越來越簡明扼要，更便於記憶與傳播；傳謠者「磨尖」，即「偏頗吸收」，只留意自己感興趣或印象深刻的，捨棄其餘，病毒式傳播；行動者「同化」，即接受謠言，將符合自己認知的內容保留，不符合的刪除，而且還適當發揮。因為願意，所以相信。謠言帶給人們的危害日益嚴重，如「蛆橘事件」讓全國柑橘嚴重滯銷，地震謠言令山西數百萬人街頭「避難」，響水縣「爆炸謠言」引發「大逃亡」致4人遇難，「皮革奶粉」傳言重創國產乳製品企業等，這些教訓非常值得我們反思。

7. 媒體危機

媒體要嘛是「烤火」，要嘛就是被「火烤」。公關專家克萊爾講到，引發危機的原因多種多樣，但其中都有一個共同因素，即媒體的關注，不管是實際上的關注，還是計劃中的關注。企業因為媒體的全程介入而產生媒體危機，借助媒體傳播導致涉事主體被公共輿論質疑和批評的事件不勝枚舉。媒體傳播成為產生媒體危機的必要條件，輿論批評成為其充分條件。企業媒體危機包括源發性危機、曝光性危機、評價性危機和轉移性危機。危機的產生可分為危機引爆點、興奮點和麻煩點。引爆點是媒體在消息發布上的絕對優勢加上業界競爭導致「紙包不住火」而造成危機的引爆點；興奮點是放大爭議引關注、一言九鼎控進程、匯集不良助惡化；麻煩點是激烈競爭與自由流動的消息全天候報導集成，企業必須採取媒體認可的舉措與方式積極應對危機。

在社會化媒體到來之時，大部分公司沒準備好應對社會化媒體危機，只有超過四分之三的社會化媒體危機完全可以避免。多數受到社會化媒體危機影響的企業缺少對員工進行相關的內部培訓，大部分危機源自顧客公開其與該企業的不愉快經歷。

8. 新商業文明

2009年9月，馬雲在阿里巴巴集團成立10週年晚會上提出新商業文

明的概念。其主要概念是資訊時代的開放、透明、分享、責任的商業文明。新商業文明既有一般文明和商業文明的共同特徵，也有自身新的特點，包括主體的新（網商）、環境的新（網路生態）、規則的新（網規）等。新商業文明指的是以消費者為中心，消費者當家做主的商業文明。在新商業文明中，企業的品牌被消費者定義，要嘛活在消費者心目中，要嘛死在消費者的手指前。企業危機來臨，只有遵守用戶為王的鐵律，方能守正出奇，循道用法，在認清時代大潮的前提下，成為勇立時代潮頭的弄潮兒，否則就會成為時代大海的殉葬品。

三、企業危機之流

——發展境遇存在

企業危機之源，是從橫向的空間層面分析企業與社會的關係中得出來的危機；企業危機之流，是從縱向的時間層面來著力。前者更加宏觀，後者更加微觀。

企業危機之流包括發展性危機、境遇性危機和存在性危機。發展性危機是指企業正常成長和發展過程中，急遽的變化或轉變導致的異常反應。境遇性危機是指當出現罕見或超出常規事件，並且個人或企業無法預測和控制時出現的危機。存在性危機是指伴隨著重要的企業發展問題，如關於企業目的、責任、獨立性、自由和承諾等出現的內部衝突和焦慮。具體而言，企業危機之流主要體現在人、財、物與應對四個方面。

（一）人的危機

人是社會關係的總和，也是影響企業危機中最具決定性的力量。所

有的企業危機，均因人而起，均因事而落。

1. 接班人危機

在企業中，領導者擔負著重要的角色，是趨勢的掌握者、方向的決策者、模式的創新者、組織的建設者、權責的設計者、利益的平衡者、變革的推動者、資源的整合者、團隊的締造者和文化的鑄造者。對於企業的領導者而言，就是要能影響追隨者和激勵部屬、發揮潛能。企業領導者所具有的領導力是一種使命的感召力，是一種對追求夢想和使命的「瘋狂激情」，是一種激發部屬內在的「心甘情願」和「自動自發」的追隨力量，是一種對組織共同願景的志始不渝的執著追求。如何將企業的接力棒移交得穩當、妥帖，更是對領導力的一種終極考驗。

傑克・韋爾奇曾說：「對領導能力最後的考驗就是看企業能否獲得持久的成功，而這需要不斷地培養接班人才能完成。」英國宇宙航行組織總裁奧斯汀・皮爾斯提出皮爾斯定律，即要追尋有效的企業經營發展前途，企業的後繼接任人選實在是件相當重要的事。公司執行主管應該將此提到與企業財務收支同樣重要的層面上。後繼有人，才能保持長久的生命力。

一個成功的企業家，其成功是由三部分構成的。其一是創業，要把事業做大；其二是守業，要把事業做強；其三是傳業，要把事業做久。艱難困苦，玉汝於成，很多企業家把企業做大做強了，最終卻由於選錯了接班人，沒能把企業做久，類似遺憾並不鮮見。企業領導者在選接班人時需要慎重。據《福布斯》對中國現代家族企業調查結果顯示，「夫妻店」占比近46%。而據一項針對182家中國最優秀家族企業的調查結果顯示，中國家族企業未來10年將全面進入「二代」時代。但目前多達82%的「企二代」表示不願意或非主動接班。《華爾街時報》稱，中國私營企業轉型要看「企二代」。在下一個十年，大部分中國私營企業將會被第一代企業家傳到他們的子女手裡。下一代接班人基本上都是在國外接受的教育，他們對經營企業的看法與他們父母這一輩有很大差別。

由於傳統的影響，中國民營企業往往具有濃厚的家族色彩，不僅在

企業管理中存在著「上陣父子兵、打虎親兄弟」的心理，企業交棒時往往是非子女、非親人不交。不光是在國內，海外華人圈同樣如此。當然，確實有一些「企二代」做得不錯，但「認親不認賢」違背了現代企業發展理念，給企業留下了極大風險。現在中國企業的「企二代」存在的共性大致有受教育程度良好，大多為海歸，視野開闊，頗具領導特質；履歷簡單，缺乏磨煉；個性較強，傳承或互補父輩；高位介入，缺乏基層人脈和經驗累積；屬於網路公民和新新人類文化偶像；關注虛擬經濟並對實體經濟缺少興趣；衝突顯著，接班方式多元；改革面臨困境，不變則市場不接受，變了則「老爸」「老臣」不接受。中國目前職業化經理人機制尚未形成，所有權與經營權分離路途漫長。

接班人通常有六種模式：一是發揚光大型，典型代表是方太集團茅理翔、茅忠群；二是升級換代型，典型代表是橫店集團徐文榮、徐永安；三是優勢互補型，典型代表是萬向集團魯冠球、魯偉鼎；四是另闢蹊徑型，典型代表是長江實業李嘉誠、李澤楷；五是群星璀璨型，典型代表是包玉剛家族；六是改弦更張型，典型代表是美的何享健。

廣東順德的「千億母航」——美的集團正式宣布換掌舵人，70歲的創始人何享健正式將管理權交予職業經理人方洪波，「千億美的不傳子」。方洪波與何享健非親非故，是一位在美的集團成長起來的職業經理人，何享健的兒子何劍鋒則為新一屆美的集團董事會成員。美的集團正式邁入職業經理人掌控時代，開了中國現代企業傳承先河。打造國際企業，關鍵在企業家。企業家為企業留下一個好的製度，選準一個合適的接班人，可謂第二次創業。

2. 個人不當危機

老板是舵手，必要動作是賺錢與分錢以及基於此而展開的訂戰略、做計劃、做決策、監督、利益分配、樹立價值觀、防範風險和危機。而企業主形象是建立在個人的行為、操守和品行等基礎之上的，因此企業主形象也就比企業形象更易變化，也更難管理。

中國企業家的群像為：人數在不斷增加，客戶群體越來越多；擁有

的社會財富不斷膨脹，價值空間擴張；有財產私有制為保障，對財富擁有絕對的分配權；政府影響下的市場經濟；擁有決策權；企業和企業家的利益一致；老闆與職業經理人的影響有一個數量級之差。

中國企業家的特點為：中小企業的老闆草根出身為主，生存力旺盛；善於抓住機會，利用關係，取得成功；家族式起家的占主流，忠誠而穩定；工作忙碌，時間資源特別稀缺；勤奮、努力、親力親為；攀比心強，自尊需求高，尋求心理平衡；變化比計劃快，對任何舉措希望立竿見影；熱衷於擴大規模；善於產品開發和市場行銷。

中國企業家的缺點為：中小企業的老闆草根出身為主，生存力旺盛，但沒有沉澱；善於抓住機會，利用關係，取得成功，但不乏暴發戶；家族式起家的占主流，忠誠而穩定，但也會成為變革的阻力；工作忙碌，時間資源特別稀缺，但會成為管理瓶頸；勤奮、努力、親力親為，但會越級指揮；攀比心強，自尊需求高，尋求心理平衡，但炫富、浮躁；變化比計劃快，對任何舉措希望立竿見影，但沒有耐心；熱衷於擴大規模，但風險加劇；善於產品開發和市場行銷，但不善於內部管理和資本運作。

危機的客觀存在性要求每一名企業主在其漫長的職業生涯中注重個人形象，否則容易引發個人形象危機。特別是企業主說錯話、揣錯錢、用錯人和決錯策等都會引發危機。中國企業危機管理缺失和檢討中，中國企業家失敗的基因分析如表4-2所示。

表4-2　　　　　　　　中國企業家失敗的基因分析

一人領導機制		民族主義和地方保護主義
缺乏團隊	概念圈錢	財務混亂
企業家性格缺陷	戀政性情結	漠視道德和法律
廣告依附	盲目擴張	忽視客戶價值觀

企業的發展不僅要靠企業主，更要靠員工。因此，企業主在選擇員工時需要擇優而取之，符合企業的價值觀。同時，企業主在用人時，要根據員工個人的綜合素質來合理安排崗位，使其能夠在最佳的崗位上發

揮個人潛能，從而助推企業的發展。目前，在人才配置上，企業存在著高低配置、低高配置、高高配置和低低配置（如圖4-4所示）。

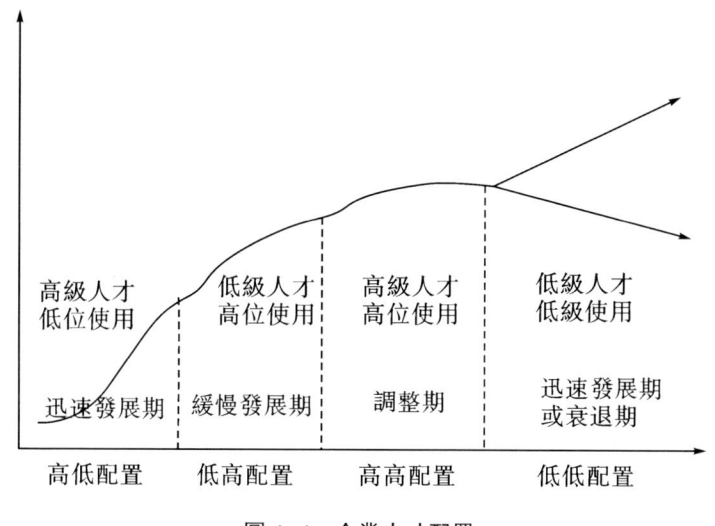

圖4-4　企業人才配置

世界千變萬化，知識不斷更新。一個優秀的企業家應該能夠跟上時代發展的潮流，不斷學習，不斷充實自己，養成終生學習的品質。其中，我們要深刻認識到如下公式：

$L<C=D$　（L是學習的速度；C是變化的速度；D是淘汰）

因此一個知識匱乏的企業主容易造成管理危機，通常表現為：不喜歡讀書學習；自認為不懂經營學也能經營公司；不具備人事管理方面的知識；不具備民法、商法等方面的知識；幾乎不讀經濟與管理方面的書籍；看不懂財務報表；不具備稅務知識；等等。這些都將影響企業的管理和發展，帶來危機。

企業家與企業之間的關係向來是水乳交融的。一個優秀的企業家必然會大大提升企業的知名度與美譽度，一名明星級的企業家就是企業最好的代言人。因此，管理好個人行為，掌握危機公關技巧，當個人危機出現時盡力去修復處理，重視自身聲譽與形象是企業最重要價值的一部分，這是每一名企業家在全媒體化時代必須形成的策略性思想。

3. 核心骨幹的集體跳槽危機

馬雲認為阿里巴巴集團有三類員工：一是有業績但沒有團隊合作精神的，是「野狗」，如果不能改變價值觀就會被「殺掉」；二是和事佬、老好人但沒有業績的，是「小白兔」，將會得到培養，但如果沒有長進，也要逐漸淘汰；三是有業績也有團隊精神的，是「獵犬」，這類員工才會受到重用。單個人員的流動可能並不會引起企業的重視，但核心骨幹人員集體跳槽則會對企業造成致命打擊。集體跳槽是時代發展的必然產物，隨著知識經濟時代的到來，這種現象會日趨嚴重。市場競爭激烈導致互相挖人、企業管理存在漏洞而對員工缺乏約束力、道德約束力弱和相關法律不健全，這些都是導致集體跳槽的潛在因素。

4. 客戶危機

顧客就是上帝。顧客對於任何一家企業的發展都至關重要，決定著企業的生死存亡。在與客戶打交道時，企業難免會出現失誤，產生客服糾紛。市場化經濟的空前發展導致商家與客戶的博弈關係越來越直接地受市場調控。因此，雙方對立地位逐漸確立，企業員工服務質量差或者產品出現問題，都容易引起客服糾紛，若不妥善解決勢必影響企業形象。

（二）財的危機

資本決定了資源的整合力度與資金的調度力度，包括對內與工人的勞資糾紛，對外的股價異動、三角債等。

1. 勞資糾紛

由於中國非公有制企業存在多、小、散、雜的特點，一些中小企業，特別是家庭工作室企業，管理水平參差不齊、用工製度不規範，侵害職工合法權益的現象時有發生。一些外資企業因為企業文化與管理方式的差異，企業員工因為工資、工時、勞動條件、解雇等原因與企業產生利益衝突，部分公司因經營不善而倒閉、企業主舉債逃走或者老板融資後「蒸發」，這些引發的勞資糾紛問題不容忽視。一些國有企業由於內部分

配差異懸殊，或因推進薪酬分配改革，也會致使內部出現分歧。

2. 財務危機

財務危機被定義為企業明顯無力按時償還到期的無爭議的債務，包括企業與供應商、銀行、公眾債權人、客戶、國家的資金鏈的斷裂、現金流量短缺和契約上的債務等，在生產、經營、銷售和財務管理方面存在一定問題，從而導致企業的財務危機。財務風波對企業的影響關鍵在於誠信的喪失，特別是上市公司，財務風波的影響，輕則股票一落千丈，重則企業關門倒閉。當然，財務風波並不可怕，關鍵是有切實可行的盈利模式與現金流，只要企業有盈利能力並能盡快地實現盈利，現金流產生財務風波也就淡出人們的視野了。

（三）物的危機

物資、物品既是企業再生產與再流通的載體，也是企業實現盈利的根本。

1. 產品質量風險

一家企業要想發展，必須重視產品質量，以質量為根本，不斷優化產品，從而提高企業知名度。然而，就近年來企業發展情況來看，部分企業產品質量存在著高危風險、中危風險和低危風險（如表 4-3 所示）。

表 4-3　　　　　　　企業產品質量風險級別

事項＼風險級別	產品質量的典型風險事件	產品質量問題的風險特徵	品牌形象的風險問題項
高危風險	三聚氰胺奶粉致嬰兒腎結石 劣質奶粉吃出「大頭娃娃」 雙黃連注射液致死 學生奶集體中毒 疫苗致死致殘	生命安全受威脅，後患無窮皆堪憂	消費者控訴 輿論倒戈 政府嚴厲懲罰 生產銷售停滯 資金支持減少 賠償數額重大 法律責任難當 企業信用歸零

表4-3(續)

事項 風險級別	產品質量的 典型風險事件	產品質量問題的 風險特徵	品牌形象的 風險問題項
中危風險	「地溝油」回收利用 午餐肉添加瘦肉精 蘇丹紅成增色劑 裝飾材料是「隱形殺手」 問題汽車惹車禍 家用電器、電子產品爆炸傷人	身體健康留隱患， 突發災禍難防範	消費者質疑 輿論批評 政府責令整改 市場受眾銳減 企業斥資理賠 名譽恢復待時
低危風險	名牌產品竟是不合格產品 住房建設存在質量問題 中石化驚現「紅油門」 龍鳳湯圓過氧化值超標	經濟損失難避免， 生活質量受影響	消費者投訴索賠 媒體小幅度報導 政府介入檢查 市場暫時萎縮

2. 假冒偽劣

隨著經濟的快速增長，市場上假冒偽劣商品亦相伴而生，並且大有「屢禁不止，常打不敗」之勢。假冒偽劣商品的泛濫肆虐，嚴重破壞了市場公平競爭秩序，嚴重侵害了廣大消費者和其他合法經營者的利益，也嚴重阻礙了企業的發展。

3. 安全營運

安全無小事，安全問題涉及每個人的切身利益，涉及各行各業，包括食品安全、交通安全、網路安全和藥品安全等。近年來，安全問題頻發，不僅給消費者帶來不利因素，而且也給企業帶來危機，使企業面臨的不僅僅是經濟上的損失，更有道德上的譴責。

綜合企業危機的源流，按照社會危害程度、影響範圍等因素，企業危機可主要包括但不限於以下四大類：

一是治理類，包括七個方面：公司主要股東出現重大風險，對公司造成重大影響；大股東之間存在紛爭訴訟，或出現明顯分歧；公司與社會、股東、員工之間存在紛爭訴訟，包括因勞動爭議引起的職工群體上訪或罷工事件；公司董事、監事及高管人員涉及個人作風、重大違規甚至違法行為；決策管理層對公司失去控製；公司資產被大股東或有關人員轉移、藏匿到海外或異地無法調回；其他重大突發事件。

二是經營類，包括六個方面：公司的經營和財務狀況惡化；公司面臨退市風險；公司領導班子可能出現較大的決策、經營失誤；公司因重大質量事故造成惡劣社會影響或者導致公司經營狀況嚴重惡化；公司涉及重大經濟損失或民事賠償風險；其他重大突發事件。

三是政策環境類，包括八個方面：國際重大事件波及公司；國內重大事件、政策的重大變化或其他同類企業危機波及公司；自然災害造成公司經營業務受到影響；公司內的各類安全事故、交通事故、公共設施和設備事故等事故災難造成公司正常經營受到影響；公司因環保生態等問題引發危機或項目推進難以持續；公司涉及重大行政處罰風險；重大治安災害事件造成公司經營業務受到影響；其他重大突發事件。

四是輿情消息類，包括八個方面：公司的股票價格異常波動；第三方審計機構發布企業財務異動引發企業危機；媒體突然集中對公司進行不實或錯誤報導；服務對象或網民集中發難，引發媒體以及社會各界關注；社會上集中出現不實的傳言或信息，給公司造成了影響；公司發布的消息出現重大的遺漏或錯誤，對市場造成了影響；公司可能或者已經造成社會不穩定，引發投資者群體上訪或投訴事件；其他重大突發事件。

如果把企業比喻為一個人，企業危機就是人有可能在各類器官上得的病，也可用圖4-5來體現企業病症候群。

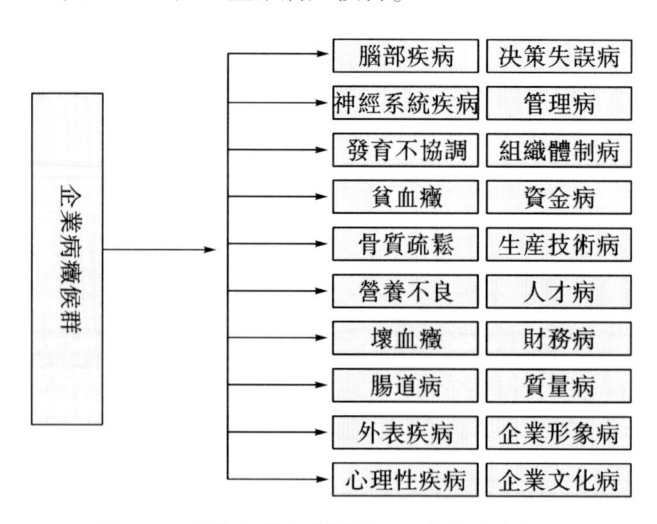

圖4-5　企業危機產生原因——企業病症候群

(四) 應對的危機

內因是事物發展變化的根本，外因是事物發展變化的條件。在全球化背景下的商業生態與競爭之下，飄忽不定的公共價值觀、不斷提升的社會期待、無處不在的新聞媒體和無所不能的網民以及消費者，使得企業從盈利至上到關注環境，再到社會責任運動的興起，這成為企業發展變化的外因。

然而，在這些變化中，企業應對不力，成為危機的誘因。資訊多頻、快速、雙向傳播使得公眾反應快一步，而企業行動慢半拍，這兩者形成尷尬的反差。同時，企業事前無研判，事中缺控製，事後輕修復；普遍存在僥幸意識和「捂蓋子」思維，缺少解決問題的勇氣和技巧；召開新聞發布會時模糊表態，言之不詳；解決問題能力、溝通能力、發布資訊及與公眾互動能力表現平平；在輿情消退之後「好了傷疤忘了疼」，就事論事而未能充分吸取教訓。

零點研究諮詢集團總裁袁岳指出：中國和跨國企業在面對危機時報導問題的方式是相近的，但是經過一星期之後，就會發現差異。大部分中國企業的第一反應不是回應媒體的報導，而是找宣傳部，甚至是更高級別政府部門，解決辦法是怎麼把傳統媒體壓制住、跟網站溝通刪文，如果過段時間仍蓋不住，總會找出一定的理由推卸掉責任，經過一個月，企業的聲望將下降80%。而跨國公司的第一反應是道歉，第二是承諾迅速展開調查，將產品召回，在一週左右時間公開調查結果，一個月後企業的聲望僅受損6%～8%。

四、企業危機之害
——要錢、要命、要帽子

　　有道是：「挫折就是存折，障礙就是厚愛，危機就是轉機。」企業危機的發生有其必然的規律作用鏈，應對得好，化危為機，危機成商機。應付不好，則會屋漏偏遭連夜雨，行船又遇頂頭風。

　　危機應對不當的規律作用鏈為：危機徵兆，視而未見→突然發生，點燃危機→事態擴大，網民關注、媒體介入→缺乏足夠的權威信息，沒有可靠的和足夠的信息能夠滿足外界疑慮→事件危機升級，更多網站與媒體介入→企業應對失當，驚慌失措→外界極度關注，企業內的每個人都在關心→場面失控，企業破產或被兼併。

　　危機必然導致人們對企業認知的改變，致使企業聲譽受損。企業聲譽是使公眾認知的心理轉變過程，是企業行為取得社會認可，從而取得資源、機會和支持，進而完成價值創造的能力的總和。企業聲譽的指向是經過時間考驗的道德綜合評判，而非基於大眾傳播之上的簡單認知與印象。

（一）危機致使社會評價企業正向形象的指數降低

　　包括消費者、合作夥伴、政府和公益組織等「企業之外」的利益相關者對企業的認知、評價、情感聯繫以及認同度下降，企業的形象由正向到零甚至負向。

（二）危機致使企業自我認同力降低

危機來臨，企業自我認同中要回答的「我們是誰」「我們如何看待自己」的指數發生變化，包括企業組織層面的股東、董事會、員工對於企業的認知、評價和情感聯繫的變化。同時，企業自我認同還涉及企業的行為層面，涉及「我們在這裡如何做事情」「我們現在做的是否正確」。

（三）危機致使企業希望其他人如何看待自己的期望值降低

期望認同包括視覺上的內容（如名稱、標誌和象徵），也包括戰略上的內容（如願景、使命和哲學）。危機致使企業對自身未來的把握與管理能力降低。

（四）危機致使企業的業績下降，破產被兼併

企業為處理危機雇用的律師、顧問及相關人員的成本很高。同時，因為管理危機而打亂企業經營方向、高層主管及相關人員的異動、應對危機必須修改產品及服務、危機直接導致員工對企業不信任、企業生產能力降低、原來的產銷鏈條重組、生產流通營業收入的降低等，致使各方債權債務關係重組，企業的資金鏈斷裂。最後的結果是企業要嘛破產，要嘛被兼併。

【本章小結】

有人總結：第一代企業家靠「膽商」掙錢，第二代企業家靠「財商」和「情商」掙錢，第三代企業家靠「輿商」掙錢，用影響力贏得客戶。

企業家首先要明白向死而生的哲理，懂得社交化媒體的核心競爭價值，懂得經營自己和企業品牌。危機引人注目，若能漂亮化解，必然斬獲平時所不能斬獲的聲譽。危機都管理不好，如何奢談企業的永續發展呢？

第五章　我為自己代言

——媒介關係管理

互聯網改變了行銷和公關規則，使公關再次面向公眾，而不僅僅以媒體為中心。

微軟亞太研發集團傳播及公共事務總監　商容

【「萌詞」釋義】

2012年10月12日，聚美優品發布2012年新版廣告。廣告由其首席執行官陳歐主演，廣告詞如下：

你只聞到我的香水，卻沒看到我的汗水；你有你的規則，我有我的選擇；你否定我的現在，我決定我的未來；你嘲笑我一無所有不配去愛，我可憐你總是等待；你可以輕視我們的年輕，我們會證明這是誰的時代。夢想，是註定孤獨的旅行，路上少不了質疑和嘲笑，但那又怎樣？哪怕遍體鱗傷，也要活得漂亮。我是陳歐，我為自己代言。

2013年2月，各類改編版「陳歐體」突然走紅。「我是學生，我為自己代言」「我是單身，我為自己代言」……網友們在發揮想像力的同時，還玩了一把自嘲式的幽默。2013年2月，源自聚美優品2012年度廣告的「陳歐體」受到廣泛關注與模仿。其句式「你有××，我有××。你可以××，但我會××，但那又怎樣，哪怕××，也要××。我是××，我為自己代言」一時風頭無兩。

【切入故事】

「爆頭哥」周克華與中國銀行聲譽管理

2012年8月10日9時37分，重慶市沙坪壩區鳳鳴山中國銀行發生一起持槍搶劫案，造成1死2傷。一名男性傷者被送到重慶市新橋醫院進行救治。該名傷者傷在頸動脈，傷勢嚴重。另一名傷者（銀行保安）被送往重慶市沙坪壩區門診就醫。

隨後，重慶市公安局於8月10日下午發布通緝令，公開緝捕當日上午在沙坪壩區持槍搶劫殺人的嫌犯。警方通緝令稱，經調查，案犯系周克華。案犯周克華8年時間內在蘇、湘、渝三地流竄作案9起，致10人死亡。8月14日6時50分左右，周克華在重慶市沙坪壩區童家橋一帶被

擊斃。

　　事件發生時，我正準備給中國工商銀行重慶分行做全媒體時代銀行聲譽管理專題培訓，一刷手機，看到網友已經在圖文並茂地微直播此事。這是發生在微博時代的一個突發事件。誰作案？為何作案？警方的圍捕、警方的部署、市民的舉報、周克華的蛛絲馬跡、現場的集成報導以及涉事的中國銀行重慶分行如何來進行聲譽風險管理，降低對本單位的負面影響，一切的一切均因微博的到來而改變。微博讓「爆頭哥」周克華的故事更加離奇，而網上出現周克華的微博更是讓網友稱奇。

　　在我指導下，中國銀行重慶分行及時化解了周克華帶來的輿論危機，將「事故」變成「故事」，將「輿論引導」轉變為「引導輿論」。其運作手法，更得到了中國銀行總行的高度讚譽。中國銀行重慶分行事後兩次在全國的聲譽風險管理與危機公關大會上進行經驗交流發言。

全媒體語境下的立體傳播

　　該事件發生後，一些網友微博直播，並在天涯社區重慶版發文稱中國銀行發生槍擊案，預測案件走向，評價警方作為。《新京報》等紙質媒體、中央電視臺、東方衛視等電視媒體，均對該事件進行重點報導。重慶當地發行量最大、影響力最大的都市報《重慶晨報》更是推出了專門的號外，對周克華的故事進行全媒體、跨時空的全球化傳播。

（一）天涯社區重慶版的預言帝

　　天涯社區重慶版出現網友「揚州陳平24」的帖子《預言帝：用周易預測重慶搶劫案》（如圖5-1所示）。

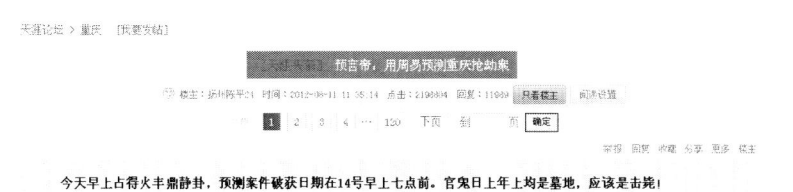

圖5-1　「揚州陳平24」的帖子

發文時間為 8 月 11 日 11 時 35 分，內容大致為：預測案件破獲日期在 14 日 7 點前，周克華應該被擊斃。此帖訪問人數逾 200 萬人，評論上萬條。同時，網民也在回應中對周克華為什麼作案進行戲劇化解讀，稱周克華在現場擊中了一個人的手，一個人的頭，一個人的頸，「手頭緊」就是周克華作案的直接動因。

（二）新浪微博出現山寨版周克華微博

在周克華被民警擊斃前，新浪微博也曾出現山寨版的周克華微博。雖存活時間僅一小時左右，但仍成為微博史上的笑談（如圖 5-2 所示）。

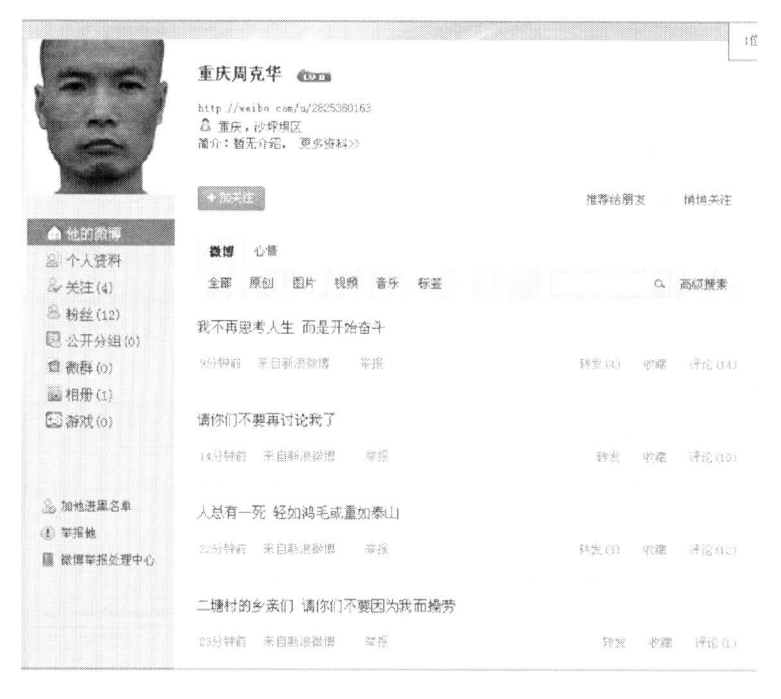

圖 5-2　山寨版周克華微博

這個以「重慶周克華」為微博暱稱，以通緝令上的周克華圖片為自己頭像的山寨版微博，其發的第一條微博是「後天乘高速公路到湖南再幹一票」。其後續微博則陸續稱「你們是抓不到我的」「這幾天歌樂山挺熱的，晚上我要去散散步」「我不再思考人生，而是開始奮鬥」。其最後一條微博是「我在歌樂山缺菸抽，哪個給我送幾包過來，紅梅少來」。大

概一小時後，該微博發生變化，以前的微博全部刪除，暱稱改為「我不是周克華」（如圖 5-3 所示）。

圖 5-3 「我不是周克華」微博

（三）新浪微博出現周克華抓捕前的行蹤

過去，舉頭三尺有神明，現在，舉頭三尺有網友。8 月 12 日 17 時許，新浪微博網友發微博稱「今天警察來找我們問話，估計爆頭哥昨天出沒大融城」，並顯示地理位置為重慶市江北區建北一支路。當晚 22 時許，新浪微博網友發微博稱：「據說那個殺人犯現在在觀音橋大融城，我好擔心我的生命安全，萬一跑到我社區怎麼辦。」在傳統媒體時代，高科技、高技術的消息只有公安局才能知道，然而在微博時代，這種技術手段為大多數人所擁有，每個網友都可以成為像福爾摩斯一樣的「大偵探」。

（四）網路時代周克華的三種「死法」

8 月 14 日 7 時許，重慶某報認證微博全球首發周克華被擊斃相關消息：「今天早上 7 時許，在童家橋一巷道內，8 名搜捕民警發現周克華屍體，疑似自殺，目前警方已初步確認。」除重慶某報「疑似自殺」之說外，網上關於周克華死亡還有兩個版本：一是央視報導的周克華已於 14 日 6 時 40 分在一個皮鞋廠院內被擊斃；二是《長沙晚報》報導的周克華係被擊中兩槍後自殺身亡。

（五）官方聲音亦被質疑

14日17時許，警方向外權威發布周克華被擊斃的消息，擊斃周克華的兩名警察現場講述上了央視新聞。而細心的網友則通過警察著裝、警號以及警員個人形象進行反向解讀。網友評論：警方在擊斃案犯後，沒有及時向公眾公布相關證據，包括相關抓捕細節。而只進行通報和舉行不回應記者提問的新聞發布會，也引起了輿論的多元化解讀。實名認證的「復旦司法評論」發微博稱：「當場擊斃的情況如果發生在國外，警方召開的新聞發布會一般會有以下內容：清洗後被擊斃者頭像與其生前照對比、罪犯所持槍支與彈痕的同一認定、DNA圖譜對比報告、收繳的贓物和遺物、有關監控影像、模擬現場、破案思路與前期工作等。向社會公開呈現這一切的目的，是為了證明擊斃行為的正當性和準確性。」

（六）周克華是死是活一度被「穿越」

周克華是死是活的討論在網上演繹得風生水起。有「死者是長沙警察說」、有「周克華沒死在外地出沒說」。而華龍網以《周克華被擊斃 重慶市民洋溢著笑容拍手稱快》為題的新聞，被外地網站轉載時，其配圖照片則是人們穿著羽絨服（如圖5-4所示），與重慶時正值8月的炎熱天氣不符，這也一度被網民稱作造假。

圖5-4　新聞配圖

（七）落後但不甘寂寞的傳統媒體

為了有利於案件的偵破，防止不當新聞報導成為案犯周克華逃跑的引線，重慶方面的所有媒體保持審慎克制。而對警方部署與抓捕動態的掌握，則成為《新京報》、東方衛視等重慶市外媒體報導的重點，中央電視臺等也進行了駐地記者現場連線報導。周克華案當然也成為境外媒體報導的重點。而重慶市本地的《重慶晨報》，則派出了5路記者，與警方全面接觸，深入抓捕火線和事發一線，進行了深度挖掘。為此，《重慶晨報》在8月14日16時推出了10萬份號外《周克華被擊斃》，進行上街免費發放（如圖5-5所示）。這體現了重慶本地媒體的資訊主場優勢與新聞的專業追求，也挽回了傳統媒體的時效性遠遠落後於新媒體的面子。當然，極少數媒體對周克華家人特別是其母親的深度挖掘，也引起了網民的質疑。

圖5-5 《重慶晨報》號外

（八）多元的網路評論

有網友評論：周克華已確認伏法，警方現在應立即做三件事情。一是迅速向公眾公布準確案情；二是協同當地政府給相關被害人家屬通報情況，妥善安排好周克華家屬防止發生意外；三是檢討此案暴露出來的漏洞。也有網友對市民舉報周克華而獲得巨額獎金進行調侃：「周克華8年搶了55.5萬元，重慶女孩只看了周克華一眼，獲獎勵60萬元。這就是人生，關鍵在於在對的時間遇到對的人……」

（九）立體多維的輿論圖譜

經統計，截至2012年8月16日20時，新浪微博中以關鍵字周克華

和「爆頭哥」檢索的結果共 4,474,014 條，含有圖片的微博數為 3,217,035 條，含有影像的微博數為 313,969 條，周克華被擊斃相關話題討論數達到 4,163,148 條，搜索的熱詞有周克華、「爆頭哥」、周克華女友和歌樂山。在全媒體時代，發生重大案件後，人們可通過微博等平臺獲取信息，還原事件真相，記錄案件進展，多維監督和評論的能力與水平明顯增強。普通網民的意見和看法雖在無組織狀態下卻能匯聚成河，最終會成為推動事件發展的巨大動力。

中國銀行聲譽管理的故事化傳播

當周克華在中國銀行門前開槍傷人，搶款逃跑的一剎那，中國銀行就沒有商量地被推上了輿論的風口浪尖。

周克華事件發生後，公安部的通報以紙質形態貼滿大街小巷，各地報刊的黑紙白字清楚地寫著「中國銀行發生搶劫案」。以音頻、影像形式呈現的廣播臺、電視臺，以全媒體集成的網路，也在報導著有關中國銀行門前發生的搶劫案。中央電視臺記者則是站在事發地的銀行，進行視頻連線報導。

中國銀行被拋入了無邊無際的輿論大海。誠若警方通報能避中國銀行「諱」，將其替代為某行，也不能減少輿論對中國銀行的圍觀。因為人人都有拍照功能的手機，已經通過微博、微信、手機簡訊或電話與人際傳播等形式，將中國銀行的名字傳遍全球。如何在前期資訊不對稱、後期資訊過剩的情況下，對中國銀行重慶分行進行聲譽危機管理呢？

（一）一條簡訊的六層含義

事發時，不知被周克華打死的是中國銀行的員工、外來存款人員，還是無關人員，但對中國銀行本身來說，若死者為銀行的員工或許其直面的輿論壓力將會更大。而在信息不明晰的情況下，只有從最壞處準備，盡最大的努力，爭取最好的結果。事發後，中國銀行啟動了危機管理預案，讓分管安保的行領導第一時間趕赴事發現場。而我給中國銀行重慶分行的辦公室主任發的訊息則有以下六層含義：

一是行長馬上趕赴事發現場。二是相關信息陸續動態上報相關單位，包括上級主管部門中國銀行總行、駐地政府、當地行業主管部門（中國人民銀行、銀監會）。三是馬上成立工作組，到醫院看望受傷員工，安撫受傷員工家屬。四是馬上向下屬管轄支行及基層單位，發出關於加強當前安保工作的緊急通知，防止此類事件再次發生。五是與公安部門配合，馬上發布簡要的新聞通稿，以正面回應輿論關切。六是迅速成立銀行主要領導任組長的輿論公關小組，調集事發地銀行、相關業務主管部門主管與懂得網路與新聞業務的公關人員，也可包括銀行律師參加。在當地公安、宣傳部門的指導下，積極做好不請自到的外地媒體的服務工作，有序發布好相關信息。其應對邏輯如圖5-6所示。

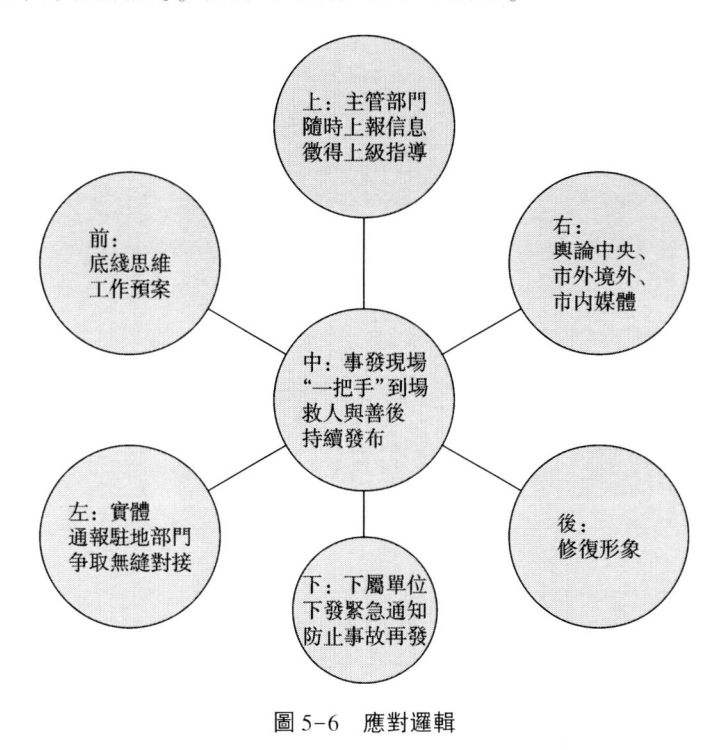

圖中各圓圈內容：
- 上：主管部門隨時上報信息徵得上級指導
- 右：輿論中央、市外境外、市內媒體
- 中：事發現場"一把手"到場救人與善後持續發布
- 後：修復形象
- 下：下屬單位下發緊急通知防止事故再發
- 左：實體通報駐地部門爭取無縫對接
- 前：底綫思維工作預案

圖5-6　應對邏輯

這實際上包括了時間層面的前中後的連續性，空間層面的左中右的調適性，權力層面的上中下的一體性。

當中國銀行重慶分行的辦公室主任將我的訊息轉給中國銀行重慶分

行的羅行長時，羅行長二話沒說，與辦公室主任一道，直接奔向了事故現場，雖然此前分管的行領導已經出發。

(二) 銀行當班保安馬志忠怒追悍匪受傷

周克華在中國銀行門前作案時，當班保安馬志忠是唯一與其有正面接觸的見證人與受傷者。而其受傷也被網友進行了現場的圖文直播。而這種非專業化的拍攝、平民化的視角、現場感的圖片，更容易形成一種強大的氣場，震撼與感動網民。一名叫「瓦力老漢_小黑」的網友以馬志忠的外甥的身分有圖有真相地發微博，更在網上掀起了一股為中國銀行保安叫好的正能量（如圖5-7所示）。

圖5-7 「瓦力老漢_小黑」的微博

(三)「勇敢的大舅」輿論走紅三步棋

「鴨梨」（壓力）來了不用怕，放在冰箱，就成了「凍梨」（動力）。在中國銀行聲譽管理不利的局面下，要想將危機轉化為良機，需要找準支點，講好故事。而這個支點就是怒追悍匪的保安，通過保安的故事，來折射與放大中國銀行的正面形象。在這個思路下，必須著力走好三步棋。

一是自媒體造勢，網站跟進。中國銀行重慶分行將「瓦力老漢_小

黑」關於「大舅」的主文章後面的相關文章進行梳理與放大，在 8 月 11 日上午，通過認證微博發布中國銀行重慶分行保安怒追持槍劫匪受傷的消息，網民造熱詞「大舅體」：「大舅好樣的」「你大舅，我大舅，都是咱舅」「小保安，真男人，更是英雄」「大舅真了不起」「勇敢的大舅」「真男人，祝大舅早日康復」「大舅真棒」「社會太需要博主大舅這樣的平民英雄了」。8 月 11 日中午，華龍網以《英勇保安受傷手術　網友盛讚祈福「保安大舅」》為題報導了中國銀行保安的故事，成為中國銀行扭轉危機的第一步。8 月 12 日，東方網以《重慶槍擊搶劫案追凶負傷「保安大舅」走紅》為題進行報導。

　　二是傳統媒體獨家深度跟進。《重慶晨報》派出三路記者獨家採訪中國銀行保安的故事。一路在網上與「瓦力老漢_小黑」私訊；一路到中國銀行重慶分行採訪當時保安怒追周克華的相關故事以及中國銀行重慶分行如何加強安全保衛等工作；一路到保安所在治療醫院，進行面對面的獨家採訪。《重慶晨報》在 8 月 15 日、16 日兩天連續兩個整版以《勇敢的大舅追了 50 米，悍匪掏槍了》等為題進行報導。保安馬志忠在接受採訪時稱：「8 月 7 日銀行剛舉行過防盜搶演習，當時的場景跟 10 日案發差不多。」文章寫道，有市民不解地問：「不是在你們中國銀行網點內發生的事，受害者也不是你們銀行的客戶，凶手還有槍，你怎麼敢追上去？」馬志忠答道：「銀行培訓就要求我們勇敢地制止犯罪行為。我追上去完全是條件反射，來不及考慮那麼多。」據有關方面介紹，馬志忠勇敢追凶行為得到重慶市公安局副局長王廷彥的充分肯定。王廷彥對中國銀行重慶分行羅行長說：「你們中行的保安很不錯，見義勇為，要好好表揚！」中國銀行重慶分行相關負責人說：「監控錄像清晰顯示，槍案發生後，保安英勇追擊嫌犯的同時，銀行內的員工迅速啟動應急預案，按照各自分工，有的迅速報警，有的鎖好保險箱，有的安撫客戶，做到了從容應對，秩序井然。」該負責人稱，中國銀行在注重業務發展的同時，高度重視中國銀行的安全建設，持續做好案防工作。應對突發事件有預案、有要求、有演練，員工熟悉預案流程和各自的角色任務，能應對各種突發事件。

三是引發其他媒體集體跟進。8月16日，華龍網轉發《重慶商報》文章《中行保安勇出手、追捕案犯身負傷》，對馬志忠相關情況進行跟蹤報導。8月16日，中國新聞網轉發了《重慶晚報》新聞《「周克華案」受傷保安：追上去完全是條件反射》。經過媒體集中的報導，我們可以看到，更多民眾的焦點從關注中國銀行是否安全，轉向了中國銀行「大舅保安」勇追持槍劫匪周克華的故事上，通過故事化的傳播，讓人們由衷地讚揚中國銀行的保安，從而塑造了中國銀行一流的應急管理的形象。

【故事啟示】

分析該事件，可以看到全媒體時代的輿論傳播特點：地方傳統媒體不敵國家級媒體，本地媒體前期輸給外地媒體，但《重慶晨報》號外獨發，資訊主場與專業追求霸氣外顯；微博成為案件發生現場報導的第一落點以及敏感信息的第一落點與匯集點；而在資訊集成的天涯論壇，網友的關注度不減；網上各種觀點不斷交鋒，眾說紛紜，質疑真相，懷疑官方。

看中國銀行重慶分行的聲譽管理，可知置身全媒體時代的危機管理，媒體關係的重要性與應對方法的重要性。刪堵非良策，疏導是王道。因為一來沒能力堵、刪；二來堵也堵不住，刪也刪不完。唯一能做的，就是平心靜氣地利用好各種媒體所長，處置好線下實體問題，全網監控輿情走勢，找準能撬動輿論、影響走向的支點，通過現場化、平民化、故事化、人性化的描述以及全媒體式的傳播，主導輿論流向，形成於我有利、民眾認同的輿論場域，這是經實踐證明的不二選擇。

正如太史公在《貨殖列傳》中所言：「故善者因之，其次利道之，其次教誨之，其次整齊之，最下者與之爭。」

在傳統報刊、電臺、電視臺，新興門戶網站、移動互聯網與新聞留言、論壇社區、微博、微信並存且不斷發展的全媒體時代，做好新形勢下的正面宣傳，還需下一番苦功夫、真功夫，摸透傳播規律、講究宣傳藝術、對接群眾需求，把握好時、度、效，在改進創新中增強吸引力和感染力。

一、微博賣麵有玄機
——自媒體讓品牌行銷的力量更具攻勢

作為重慶十八怪之一的重慶小麵，有「不吃小麵不自在」之說。中央電視臺也曾為重慶小麵推出過名為《嘿，小麵》的紀錄片。

該紀錄片講述了在重慶這座以麻辣作為美食特色的城市，市井小巷的麻辣小麵似乎比麻辣火鍋更加深入本地人的生活。紀錄片帶領觀眾走進重慶的大街小巷，展示什麼是重慶小麵，尋訪將一碗普通麵條做出特色的小麵店家，講述了一個個愛小麵愛到偏執、吃小麵吃到上癮、做小麵做到一絕的故事。

有道是：「兩條大江、一碗小麵和一條微博既開啓了重慶人每天生活的帷幕，也拉開了彼此生活的差距。」

隨著小麵店的增多，越來越多的人加入到這個行業，希望從中分得一杯美羹。然而，行業競爭壓力無時不在，如何找出差異，賣好小麵，確實靠手藝。

麵條賣法有多種。

第一種是展示制，把麵板搬到店裡進行展示；第二種是學習制，請學技術、學吃麵的人們可以前來學習，從而達到賣麵；第三種是積分卡制，對顧客實行打折優惠；第四種是當顧客消費的積分卡積到500積分時入股，實行股份制，第一年給4%的分紅，第二年給8%，這樣使顧客從消費者到投資者；第五種是在消費者生日時免費贈送長壽麵；第六種是免費送茶水與豆漿，讓顧客感受到額外的驚喜與免費的喜悅。

在「微時代」，甘肅有一老板開通麵莊微博賣麵，生意出奇的好。

其簡介為「自家的麵，老家的菜，自己榨的胡麻油」。其簡介突出了

原生態性與安全性。其發布內容包括：圖文呈現小麵及相關配料從田間地頭到廚房案頭的全過程；給粉絲傳授做小麵的技巧；給在線購買小麵的人送麵；邀請過生日的網民免費品嘗；邀請願意學做小麵的人來免費學習；通過相關的活動鼓勵網民轉發評論⋯⋯

在沒有微博前，如果小麵確實做得一流，有口碑，最多也是十里八鄉的街坊鄰居來捧場。而與傳統經營模式相比，微博經營的最大優勢是不但老板在宣傳，而且顧客也在幫助轉發宣傳，擴大影響力，擴大口碑行銷效果，從而實現宣傳並贏得更多顧客。

吃麵是一件再平常不過的事，但是有了微博之後，吃麵也變成了一件非常有趣的事。

（一）自媒體平臺的搭建

自媒體又稱公民媒體，美國新聞學會媒體中心於 2003 年 7 月發布了由謝因波曼與克里斯威理斯兩位聯合提出的「We Media」（自媒體）研究報告。該報告對「We Media」下了一個十分嚴謹的定義：「We Media」是普通大眾經由數字科技強化、與全球知識體系相連之後，一種開始理解普通大眾如何提供與分享他們本身的事實、他們本身的新聞的途徑。簡言之，即公民用來發布自己親眼所見、親耳所聞事件的載體，如部落格、微博、微信、論壇等網路社區。

1. 點式微型矩陣搭建

它主要適合基層鄉鎮政府、單位與部門，小型企業、學校、醫院、社區。其搭建形式有兩種：一是可以在本地輿情活躍的重點社區、論壇，有針對性地註冊實名認證的官方帳號；二是可以在新浪微博開通加「V」認證的法人微博。

2. 線式微型矩陣搭建

它主要適合區縣級政府，有垂直管理單位的或社會關注度高的水務、電力、燃氣、教育、醫院、衛生、菸草、質監、民政、市政、國土、勞

動社保、環保、高校、公安、法院、檢察院等部門，大中型國有企業與民營企業、外資企業。其搭建形式有三種：一是縱式結構，即按照行政管理單元或組織結構單元，由上至下，形成縱向的管理矩陣。二是橫式結構，即按照本地區、部門、單位、企業的熱點分布，有針對性地開通熱點領域的微博，比如實現對外客服電話的微博化或微信化。三是縱橫結構，即縱向的行政與組織單元，橫向的熱點領域結合。就具體方式而言，可以是論壇認證帳號與普通帳號、法人微博與官方微信、單位網站與報紙、廣播、電視的綜合運用。

3. 面式微矩陣搭建

它主要適合於地市級以上的行政管理單元、特大型企業以及全國、全球連鎖型企業。其搭建形式有三種：一是建好區域性或專業性社區論壇，特別是要利用好百度貼吧與垂直化、有影響力的論壇，養成網民使用習慣，搭建民意疏導的最短路徑。二是形成集群優勢。在建好縱橫結合的微博、微信矩陣平臺基礎上，著力打造名人微博、微信。實現黨政或企業主要領導個人開通認證微博、員工實名微博與普通微博的集成效應。三是形成全媒體平臺。以當地新聞網站、行業網站為核心，打造集報紙、雜誌、廣播、電視、微博、微信、移動客戶端、手機報等為一體的全媒體平臺。

（二）自媒體平臺的營運

微博、微信以及論壇等讓行政事業單位與企業第一次擁有了完全免費且自主經營的發布平臺，可以繞開原有的傳統媒體，直接與大眾對話，與廣大網友互動。但如何營運好自媒體平臺，實現從微博控、微信控到控微博、控微信的轉變，確實是一門精深的學問。

1. 微博營運

一要精準定位。就政務微博而言，其要定位為黨政機構的官方「通

訊社」，主要承擔信息發布平臺、政民互動舞臺、輿情監測前臺、危機引導後臺的作用。就企業微博而言，其既是品牌建設、客戶管理與產品銷售的集成平臺，又是微博定位價值化、微博形象人格化、微博內容病毒化的集大成者。二要尊重粉絲。微博營運要瞭解自己的消費群體，知道有多少人在微博上關注自己，要把粉絲當顧客看，知道他們喜歡什麼；要對粉絲群體進行細分，找出關鍵節點，進行一對一的重點溝通，轉化為聯繫人和個案進行追蹤；要保證日常微博對話，並力求做到製度化和人性化；要善於從粉絲處獲得建議並反饋。三要講究方法。微博營運要多關鍵詞監聽，包括對主要競爭對手的關鍵詞監聽；要用一些幽默的、有趣的手法將組織的理念和情感傳達出去；要用好數據統計和儀表盤，找準發布時間與發布頻次，加大對消費者的挖掘和分析；不與用戶爭辯，遭遇負面消息不貿然回覆。四要善用巧力。微博營運要建立全員微博客戶服務，多帳戶協同營運，啟動營運一個相關的「三方中立」帳戶，關鍵時刻可能發揮意想不到的效果；要提高微博使用策略、方法與普及技巧。五要防止偏頗。這裡所謂的偏頗，包括過度在意粉絲數（獲取 10 個粉絲不如培養 1 個潛在客戶）、盲目追求微博轉發量（樹立品牌意識比增加品牌曝光重要）、過於繁瑣的輿情反饋製度（層層上報審批導致危機越發惡化）、習慣於按傳統媒體思路來營運自媒體。

2. 微信營運

微信營運包括個人微信和微信公眾平臺的建立以及通過微信跟用戶與服務對象達到溝通的營運過程。微信營運主要包括六個方面。一是調研行業和區域用戶基數，即先瞭解區域或行業使用微信的人數。二是明晰角色風格。營運方要明確是作為普通客服來與用戶交流，還是以一個性格鮮明的企業代表與粉絲交流。三是寫好內容。一條好的微信信息要兼顧實用、新聞點（便於二次傳播）、互動（一定要對方回覆才給對方全部信息）。四是做好內容引導，即提示用戶通過什麼方式獲取更多信息，大大減少用戶取消關注的風險。五是根據用戶喜好數據反饋來提供內容。

營運方要把用戶數據用 Excel 軟體收集起來，然後進行有針對性的分析，根據這些數據分析用戶喜好來提供內容。六是進行微信活動策劃。活動要有趣，並且能和商業活動完美結合。例如，星巴克有一次發了一段文字，然後讓大家 10 秒內讀完，就可以參加活動。這種方式不但增強了用戶的參與感，而且完美結合了微信的語音特性，後續還可以評選出說得最有趣的用戶，然後把優秀錄音分享給大家。這樣不但給用戶以新鮮感，而且讓人留下深刻的印象。

3. 論壇貼吧營運

論壇與貼吧因其歷史較微博與微信更長，也累積了大量的忠實用戶，因此在自媒體的營運中仍然佔有重要的位置。論壇與貼吧營運主要包括三個方面。一是辦好自家網站及論壇。自家網站與論壇要開通官方信箱，開展相關職能部門在線回覆等。實現家醜不可外揚但可內揚的效果。二是占領涉及本地、本部門、本行業、本單位、本企業的百度貼吧與有影響力的綜合論壇或垂直社區，包括掌握論壇管理員身分、註冊認證帳號、進行在線訪談與答覆等。三是通過論壇舉辦活動。

4. 移動客戶端營運

移動客戶端營運是指通過特製手機、社區、社交網站等平臺上運行的應用程序來開展營運活動。其主要包括應用軟體推廣、流量監控分析、目標用戶行為研究、應用軟體日常更新與內容編輯、網路行銷策劃與推廣等內容。移動客戶端營運主要包括六個方面。一是搜索客戶端產品營運（閱讀類、視頻類、社區類等）、用戶營運的內容，進行內容的規劃，包括內容更新、編輯、維護。二是加強客戶端產品的數據分析工作，定期進行產品各項數據分析，得出總結報告。三是客戶端類產品的線上活動的發起和策劃。四是開展客戶端類產品的推廣行銷工作。五是對競爭產品、用戶市場、服務對象等進行信息收集和分析。六是通過分析及挖掘用戶需求，持續對產品提出優化及新功能建議。

（三）自媒體營運的效果

自媒體使人人都擁有媒體，其特殊的「人際關係圈」散發出無窮無盡的傳播效力。如何讓品牌行銷的力量更具攻勢？這需要建立一套完整的檢測體系與標準。

1. 政務微博的四大目標

一是如何讓傳播更有力，讓正面信息打敗謠言。真正讓政務微博有料、有趣、有用，而不是把網民當下級，按照慣用的傳統媒體思維來辦政務微博。杜絕有微博無轉發，有轉發無評論，有評論無正向。

二是如何更快發現輿情，將危機化解於萌芽。政務微博既要成為正面信息的發布平臺，又要成為輿情匯集的重要舞臺。網民的「吐槽」與「灌水」，就是對平臺的信任；網民的「@」、私信功能或在評論裡的爆料與建議，更是政府改進工作的機會。

三是如何通過政務微博處理網民訴求。政務微博不只是擺設，不能只做做形式，而要真正解決實際問題，與網民互動，積極行動，成為線下實體問題與線上虛擬輿情的最佳通道。

四是如何通過集成傳播，展現好政府公開透明、務實有為的開明形象。政務微博的形象不是自封的，也不是自我定義的，只有用實實在在的效果，才能贏得開放環境下的網民的認同。

2. 企業微博的五大支撐

一是官方微博，展示好品牌形象。官方微博通過「吹、拉、彈、唱」，展現良好形象，形成立體形象。吹正面，重軟文（廣告文字）；拉家常，重互動；彈弦歌，重雅意；唱讚歌，達效果。這樣一來，發揮微媒體的作用。

二是企業領袖微博，成為行業意見領袖，影響目標客戶觀念。例如，潘石屹、馮侖、馬雲、曹國偉、馬化騰、張朝陽、丁磊等各行業的標杆性人物，通過自己的言行來影響與左右行業的發展，從而樹立企業的良

好形象。這樣一來，發揮微傳播的作用。

三是客服微博，實時溝通與互動，進行深度交流。客服微博與客服熱線的雙線互動，打通網路與電話瓶頸，實現客戶的全天候投訴與及時化回應。這樣一來，發揮微服務的作用。

四是產品微博，輿情監督與危機公關。產品微博要對競爭對手與自身的服務對象，包括網民的投訴做到第一時間發現和處理，從而成為企業品牌的雷達監測器、輿情顯示器與危機變壓器。這樣一來，發揮微公關的作用。

五是市場微博，突破地域限制的互動行銷。市場微博監測市場的些許變化，把握市場最前沿的科技與應用，達到好的商業模式不僅是「羊毛出在豬身上」，更重要的是要「讓牛來買單」的效果。

電商專家龔文祥建議：對於大型企業，微信是強關係，以服務為主；微博是弱關係，以行銷和品牌推廣以及公共關係處理為主。但所有移動管道都要匯聚到完全屬於自己的應用軟體。「微博拉新、微信客服、論壇互動、應用軟體獨立」成為新媒體佈局的最基本的常識。

而小型企業、個人創業的新媒體策略就是做個人微信朋友圈（不要做微信公眾號）及私人微博帳號（不要做企業微博帳號）。

3. 微博營運的八大指標

一是粉絲數，就是你擁有的粉絲數量的多少。

二是博文數，就是你日均發微博的數量與總體發微博的數量。太多有洗版之嫌，太少有作秀之嫌。

三是平均轉評量。沒有轉發與評論的微博，也是無足輕重的。

四是與網民的互動量，包括與「網路紅人」「中V」「小V」的互動量，與普通網民的互動量。

五是呼叫數，即在微博上被其他微博提及或網民提及的次數，包括被私信的次數。

六是在線解決實體問題的次數，就是網民的投訴或合理化建議是否

得到及時的回應與採納,讓網民得到認可。

七是開展與網民互動的活動,包括在線活動與線下實體活動。

八是媒體與網民的評價數。在網站的微博綜合實力排名中靠前,被傳統媒體表揚或批評,被網民點讚或「吐槽」。

心有多大,舞臺就有多大。自媒體給了我們重建媒體關係的新機遇。2011年12月,艾瑞公司調查發現中國用戶網購奢侈品主要信息獲取途徑已發生重大轉變:44.7%通過朋友推薦,42.9%通過網路廣告,39.9%通過搜索引擎,37.3%通過門戶網站,27.2%通過專業報紙雜誌廣告,18.4%通過電視或廣播廣告。

自媒體時代,用戶獲取信息的方式已發生重大轉變,然而對於任何組織而言,媒體的作用怎樣強調都不過分,如何處理媒體關係也是任何組織都必須應對的重大挑戰。

二、高層官員一怒為三陪
——當前媒介關係透視

網上有一個段子,講媒體記者與領導的關係。

一次領導到某地,剛下飛機,便有記者採訪:「您對三陪小姐有何看法?」領導吃驚,反問:「這裡還有三陪小姐?」

第二天報紙登出《領導飛抵本地,開口便問三陪》。

接著又有記者採訪該領導:「您對三陪問題有何見解?」領導答:「不感興趣!」見報時標題為《領導夜間娛樂要求高,本地三陪小姐遭冷遇》。

第三天記者再來問,領導乾脆回答:「什麼三陪、四陪、五陪的,不知道!」報紙大標題載出《三陪已難滿足領導,四陪、五陪方能過癮》。

再有記者來,領導不再說話。結果照樣有新聞:《面對三陪問題,領

導無言以對》。

領導大怒：「再這麼亂寫，告你們去！」於是，報紙上標題成了《領導一怒為三陪》。

一氣急之下，領導將記者與媒體告到法庭。這下更熱鬧了，媒體爭相報導《法庭將審理領導與三陪小姐案》。各網站開通專題，對此跟進關注。

媒體擁有最後的話語權，你說的正確也好，錯誤也罷，都會成為媒體報導的話題。

而將記者與媒體告上法庭，更成為新聞繼續發酵的由頭。不管領導輸贏與否，都會成為媒體頭條與坊間新聞。

學者陳平原有言：在現代社會裡，想要被關注和記得，必須把話說到頂點。大眾傳媒越發達，這個問題越嚴重。聲音必須歸類、被簡約、被符號化，才能讓人記住。

我們今天看到的世界是媒介化以後的事實。媒體說發生的事，沒有發生也發生了；媒體沒有說過的事，即使發生了，就跟沒有發生一樣。成也媒體，敗也媒體。

如何準確把握當前的媒介生態，有針對性地開展媒介關係合作，是做好危機管理的前提條件。

媒介關係是指社會組織與廣播、電視、報紙、雜誌、網站等大眾傳播媒介機構以及與編輯、記者、節目主持人、論壇管理者、網站從業人員等媒介人士之間的關係。良好的媒介關係可以把組織機構需要輸出的信息最大限度地傳播出去，同時又從媒介方面獲取組織需要的信息。媒介關係是社會組織公共關係工作對象中最為敏感和重要的一部分。

有人曾這樣說：「企業同媒體共舞的關係就像追女朋友。」確定目標就是媒介關係定位，瞭解她的興趣愛好就是調研，取悅她的閨蜜就是處理與媒體的關係，閨蜜向她誇你好是公關，向她表白是廣告，一次英雄救美是事件行銷，她生氣後你道歉是危機公關，而情敵就是你的競爭對手。

(一) 媒介生態新圖譜

媒介作為社會的一個子系統，其構成要素之間、媒介與媒介之間、媒介與外部環境之間存在著密切的互動關係並保持著某種和諧。

1. 媒介生態系統

完整的媒介生態系統包括媒介生態因子（媒介各構成要素之間、媒介之間的相對平衡的結構狀態）和環境因素（社會文化、新媒體、經濟等外部環境因素與媒介關聯互動而達到的一種相對平衡的結構狀態）兩方面。媒介生態因子構成媒介微觀生態，是媒介各構成要素之間、媒介之間的相互作用所產生的平衡，這種平衡能夠使媒介的結構趨向完美的狀態。環境因素構成媒介宏觀生態是指政治、經濟、文化等生態因子與媒介的相互制約和相互影響，即人—媒介—社會—自然。

在宏觀的媒介環境中，媒介具有政治屬性，講導向；具有社會文化屬性，講互動；具有事業屬性，講使命；具有經濟屬性，講發展；具有技術屬性（媒介依賴技術發展），講支撐。在當前多變的媒介環境中，媒介呈現出以下特點：一是講導向（「高壓線」）至上與必須「活下去」（底線）的張力，一定程度上存在二律悖反；二是在新媒體倒逼下，集團化、公司化與多元化經營帶來的經營困境；三是專業主義正受到多重挑戰，事實至上與觀點剪裁甚至事實歪曲錯位；四是新聞娛樂化影響公共性；五是新媒體導致新聞從「單向性」新聞轉向「雙向對話」新聞。媒介環境的變化、市場因素和新媒體的雙重衝擊、國際媒體帶來的挑戰、信息公開化的大趨勢、受眾知曉權的增加，在多元的媒體壓力下處理危機是當前社會組織與企事業單位必須面對的必修課。

從微觀媒介生態系統分析，信息傳播一般經過信息發布者進行信息編碼，再通過傳播媒介傳遞給信息接受者，信息接受者收到後進行信息解碼。在傳遞過程中，可能會產生噪音與雜音。而媒介形態按照不同的標準劃分則有不同的種類：按歷史地位可分為傳統媒介和新媒介；按信

息載體可分為文字媒介、聲音媒介、影像媒介和多媒介；按技術形態可分為印刷媒介、化學媒介和電子媒介；按傳播領域可分為人際傳播、廣播傳播和文獻傳播；按媒介終端外部形態可分為書籍、報紙、雜誌、廣播、電視和互聯網。在媒體生態系統與社會經濟環境、政治環境、文化環境、自然環境、技術環境相互決定與相互交換中，當前中國媒介生態包括境內媒體輿論場和境外媒體輿論場。境內媒體輿論場又可分為：官方輿論場，包括黨報、黨刊、黨臺、黨網輿論場；民間輿論場，包括都市媒體輿論場、微博社會化媒體輿論場、群眾口頭輿論場。

在現實的媒介圖譜中，一般的社會組織有四種媒介化的存在。一是在官方媒介體系中的形象；二是在微博、微信等網路媒體上的形象；三是在服務對象或者業界中的評價形象；四是在社會現實中普通公眾認知的實體形象。但總體而言，四種形象都歸集於互聯網，特別是隨著在線支付與電子商務的普遍化運用，網民的評論、權威媒體的背書所體現的作用更加突出。

2. 輿論管理鏈式

中國輿論管理可分為三個層次。一是頂層，包括中央管理部門；二是中層，包括了黨報、黨刊、黨臺、黨網，國家通訊社，報業集團，省（市）的相關管理部門，重點網站，中央駐站媒體網站，市場化都市類媒體，社會化商業網站，境外駐站媒體機構等；三是底層媒體，包括行業駐站報刊、電臺、網站，區縣報刊、電臺、網站和部門報刊、電臺、網站等。這就形成了一個完整的輿論管理鏈式架構。當前，由於互聯網技術的飛速發展，網民使用與掌握新媒體、新技術的能力不斷提高，世界日益扁平化，信息跨界流通自由化，使原有的新聞管理邊界日益被打破。傳統媒體面臨新媒體轉型與經營利潤能力下降雙重夾擊，媒體分化正在形成。新聞從業人員在一定程度上面臨著專業追求與生存需求的矛盾，面臨著堅守傳統媒體精英主義和到新媒體發展的兩難選擇。原有的指令式管控方式，在互聯網等新媒體面前作用有限。如何適應新形勢，把握新規律，建立一套靈活管用的輿論調控機制，是當前各級輿論管理部門

的新課題。

3. 變與不變的媒體

隨著新老媒體的融合發展，出現集團化與分眾化、聯合化與垂直化、專業化與業餘化、競爭化與多元化、跨界化與同質化並存等情況。媒體的競爭從內容為王、應用為王向平臺為王和信任為王轉變。轉變中的中國媒體呈現兩極分化現象：一些媒體的專業度越來越高，渴望挖掘獨家新聞，隨時隨地挖掘信息，不斷努力提升產業、產品方面的專業知識，渴望與眾不同等；但是也出現了缺乏專業追求、唯市場化的媒體與網站，它們經常提出愚蠢問題，索要私人待遇和廣告投資，樂於與生產商建立私人關係等。

同時，新聞生產流程也得到了改變。在全媒體時代，媒體資源得到整合和優化，實行扁平化管理。例如，過去一個單位的兩家報紙有兩個新聞中心，現在優化為一個新聞中心；記者拍回來的照片實行內部採買製度，而不是小而全的管理。現在傳播的基本要素是誰說什麼、通過什麼管道、要達到什麼樣的效果。從事件的形成過程分析，具有其自身規律：一是網民一家之言，發起階段；二是網民參與，熱議階段；三是正面回應，公開階段；四是媒體關注，評價階段；五是繼續發酵，質疑或對抗階段；六是逐步回冷，平息階段。

儘管媒體面臨各種挑戰和變化，但不變的是其新聞原則：要對真實負責，要忠於公民，實質是用核實進行約束；記者必須獨立於報導對象；記者必須成為獨立的權力監督者；媒體必須成為公眾評論和妥協的論壇與廣場；記者必須讓重大事件變得有趣且與受眾息息相關；記者應該使新聞全面均衡；記者有責任按良心行事；公民對新聞也享有權利和承擔義務。

中國媒體有著明顯的地域差別。北京的媒體更加成熟獨立，重視全國及國際新聞，主動提出問題；上海的媒體則較為隨意，對於正式提問較為被動，重視私交，注重上海當地新聞；廣州的媒體以大眾市場為導向，對價格敏感，安排及風格多樣，較為實際。

4. 煩與不煩的記者

記者是什麼？記者不用上班打卡，那是因為我們沒有下班時間；記者可以自由支配自己的時間，除非我們能控制地震、洪水、突發案件發生的時間；記者社交面廣，我們的仇人也比別人多。如果重新選擇，因為不會別的，還會繼續當記者。

記者是「無冕之王」，也是專業人士；記者是「新聞民工」，記者也是普通人。記者身分複雜，人人可為，不斷質疑，不斷求證。記者是群居動物，「沒大沒小」；記者也是社會動物，用錢生存；記者還是感情動物，要講情義。記者有著文人追求，從事著「碼字」職業；也需自我調整，謀求轉型。記者為新聞狂，為生活忙。

針對記者的比喻，有「重大事件擴音器」「真人真事留聲機」「流言蜚語長舌婦」「逸聞趣事狗仔隊」。《新聞民工手記》這本書以獨特的視角，相對獨立的十八個章節真實記錄了記者群體與從業者的生活、工作狀態以及衍生的種種亂象，講述了形形色色的記者和數千種報紙、雜誌、電視、電臺、網站，也指出了一些記者在「無冕之王」光環的掩蓋下，從事著名目繁多的創收，把新聞報導和新聞輿論監督當成撈取「黑金」的手段。記者如何實現「嘉賓」型到「獵手」型、「秘書」型到「礦工」型、「作家」型到「廚師」型、「小販」型到「教師」型的轉變，路還很長。

國內的記者具有獨特性，其身分兼具政治人、自然人、社會人、經濟人、文化人、自由人、新媒體人和世界人。獨家報導和深度調查成為記者的最大追求，並且有其獨特的方法論：媒體就是把最有價值的信息免費分享給所有人，只有把有價值的信息定價賣給讀者，才能得名獲利。對於新聞記者而言，是該帶著放大鏡一擁而上，使新聞報導的戰爭和災難等苦難放大、變形；還是做一個冷靜的旁觀者，不動聲色，或者扭過頭去，把目光默默移開。在《戰地攝影師》這部紀錄片中，主角詹姆斯·納切威講：「作為攝影師，最難受的莫過於覺得自己一切名聲和利益，都是建立在別人的苦難上，這讓我每天掙扎煎熬。」

今天，作為「無冕之王」的記者的身分變得有些窘迫，多數記者被稱為「新聞民工」，現實中面臨多重壓力。據《陝西記者生存現狀調查》顯示，25%的記者感覺壓力非常大，60%的記者感覺壓力大，6.9%的記者感覺無壓力。工作條件優劣不一，媒體之間相差較大，73.2%的記者無車，工作時間與收入不成正比。51.3%的記者對收入不滿意，43.3%的記者收入一般。勞動用工關係複雜、社會保障不完善，60.7%的記者為聘用制。13%的記者每天工作超過12個小時，88%的記者每天工作超過8個小時，絕大多數記者都感到壓力大，相當一部分新聞從業人員在發稿量、發行量、收視率、點擊率連環考核中淪為弱者。

當前記者面臨的三大毒瘤分別是頻道版面網站外包、新聞敲詐和非法網路公關。記者的工作崗位類別是文字記者、攝影記者、廣播和電視記者以及網路記者；身分是本地、駐外、特派、特約、經宣和無證記者。越來越多的記者等級化、分類化和集團化。社會上有一種說法，記者可分為五等：一等記者很多都有自己的策劃廣告公司，可以利用自身的媒體資源搞承包；二等記者利用職務之便，搞很多內幕消息、炒股票；三等記者作為普通記者趕場子，給人家報導一下，拿上幾百元錢的「車馬費」；四等記者在領導已經定下的素材中再加點相關的內容，寫外稿；五等記者在單位內部寫通知、公告之類的本報訊。

5. 牛也不牛的網民

中國網民數量眾多，呈現用戶普及化、結構分層化和表達隨意化等特點，也呈現出年輕化、移動化、城鄉一體化和低收入化等特點。美國著名社會學家拉扎斯菲爾德在《人民的選擇》中講到：大眾傳媒的信息並不是直接流向一般受眾，而是經過意見領袖這一中間環節，即大眾傳媒—意見領袖——一般受眾。意見領袖是指影響他人的態度和行為的人。他們有很好的新聞信源與引爆輿論的能力，忠實的粉絲賦予意見領袖一呼百應的強大社會動員能力，使之成為網路熱點的啓動者與議程設定者。一旦意見領袖參與引發、引導、引爆網路輿論，傳統媒體與新媒體互動，網路熱點就形成了。現在的意見領袖有記者、律師、公共知識分子和演

員明星等，出現商業化、職業化和群體極化的特點。網站、廣告客戶爭相資助意見領袖，成為商業化現象，也出現「上下左右協商」的群體化和「微博綁架」的極端化現象，一些意見領袖擁有幾十萬粉絲，依託網站和廣告經營微博就可以衣食無憂，掙錢獲利。

三、海底撈「勾兌門」如何「配方」
—— 五條微博化解危機

2012年8月22日《城市信報》報導，該報記者進入青島奧帆中心心海廣場內的海底撈火鍋店「臥底」打工，發現三大問題：一是海底撈骨頭湯和飲料均為摻水，培訓師囑咐員工「一定不能這麼和客人說」；二是海底撈使用的筷子未放進消毒櫃；三是切好的肉被指沒有稱重，而是直接放到冷藏櫃裡。

海底撈「勾兌門」是傳統媒體記者「臥底」其中發現的問題，具有落點高、破壞力強等特點，有別於通過微博「@」名人後的普通擴散路徑，而是傳統媒體和新興媒體交織進行的路徑。海底撈迅速反應，通過5條微博把危機化於無形之中。

事發4小時後，海底撈發出的第一條微博的內容如下：

近日媒體報導的《記者臥底打工海底撈 骨頭湯和飲料是摻水的》一文中，反應了海底撈火鍋店存在的一些問題，我們真誠感謝媒體對我們的關注和監督，誠懇接受各界通過各種管道和方式對我們的監督和檢查。

我公司目前經營的門店近60家，基層服務人員一萬餘名，媒體報導中反應的一些問題確實可能在部分門店客觀存在，我們感謝媒體的報導為我們指出了問題，敲響了警鐘。我們會根據媒體反應的情況，全面進行整改，加強對員工的培訓，提高各項操作的規範性。同時，我公司就

顧客關心的食品安全問題特別說明如下：

第一，海底撈的白味湯鍋、檸檬水及酸梅湯均由合格資質證明的正規廠家給我們提供原材料，按照《中華人民共和國食品安全法》的要求進行索證、索票，操作均符合國家相關法律、法規，各個門店按照總公司標準統一規定的配比和比例進行配製。

第二，我公司按照國家添加劑公示的要求進行了公示及備案。

作為一個火鍋連鎖企業，海底撈秉承誠信經營的理念，以提升食品質量的穩定性和安全性為前提條件，提供安全、健康的菜品。我們熱情邀請和歡迎社會各界朋友參觀我們的物流基地和門店後廚，對我們的各項工作進行監督和檢查，幫助我們將海底撈做得更好！

在此微博中，海底撈第一時間表明態度：承認問題可能存在，但求理解；感謝媒體監督；強調安全。針對公眾情緒，海底撈承認骨頭湯不是現熬的並道歉，但仍避免「勾兌」這個媒體定調的負面詞。

海底撈在 8 月 23 日發表《海底撈就顧客和媒體等各界關心問題的說明》，就海底撈骨頭湯不是現熬的和海底撈為什麼不讓員工直接回答顧客詢問問題進行解釋說明，加「V」用戶評論的主流呈現認可態度、認可服務和接受解釋的現象。這時，活躍的海底撈微博客服暫時沉默了。隨後海底撈首席執行官張勇第一時間接連轉發 3 條官微聲明，其個人僅發 2 條微博：一是訴苦微博，謀求同情；二是擔責微博，坦承部分問題，承擔責任，照顧員工情緒，不過度承諾。許多加「V」認證微博用戶，包括海底撈同行迅速轉發微博，表示支持，由信任服務到信任質量，形成認可態度。

海底撈案例心得：一是海底撈積攢了深厚的信任資本，信則立。海底撈遠超行業水準的服務體驗，建立了很高的品牌忠誠，因此許多消費者包括意見領袖信任海底撈會做本分事。二是守本分，自然就有預案。以客戶為中心的標準化，尊重所有人，平等對話，這些就成為預案。三是張勇有擔當。四是緩急得當，快表態，緩給「真相」。五是如履薄冰，慎言慎行。使用中性詞「配製」，避免用負面詞「勾兌」，既不挑逗公眾

情緒，也避免誤讀和斷章取義，使媒體無機可乘。六是低調、細膩、善解人意，照顧消費者情緒、員工情緒，照顧媒體面子。

因此，在海底撈案例中，我們可以看到沒有好的媒介關係管理就不能有效地面對危機，坦承正直是最好的公關。

海底撈的危機公關儘管算不上什麼經典案例，但相比於多數危機公關的單位，夠得上國際平均及格線。傾聽客戶聲音，是品牌的機會。越來越多的用戶可以將原先只能私下通過電話、郵件抱怨投訴的情況公布於眾，如果企業沒有事前的危機公關預案，不能實時監控以及沒能擁有尊重每一個用戶的態度，很可能一個用戶會把小事弄大，其他具有相同遭遇或對此表示同情的用戶共同團結起來，形成一種潛在的合力，使小事件變成大危機。只有把顧客的投訴看成其對品牌的負面體驗而毫無保留地與品牌主交流，認真地消除客戶的負面體驗，修正自身的問題，才能及時發現危機源頭。因此，顧客的投訴是客戶給品牌主實施第二次銷售的良好機會，傾聽客戶的聲音，才是給品牌機會。產品服務是企業之本。火鍋企業還要專注於本質，比如肉的品質，注重加工細節，乃至食品安全。

在口碑互動微博危機管理中應建立「監、宣、立、控」的機制。一是監。監測當事人、證人以及職業揭醜者；監測競爭對手、媒體和 KOL（關鍵的意見領袖）；監測公眾情緒和態度；監測各方言論的反應；監測事件發展趨勢。二是宣。第一時間給態度，態度決定一切；先合情再合理，照顧公眾情緒；第一時間給真相，與謠言賽跑；盡量公開透明，防止被誤讀、誤解和被爆料、曝光；合適的人說合適的話；取得友好媒體和意見領袖的支持。三是立。信則立，預則立；建立信任關係，包括當事人和利益攸關人、媒體、意見領袖和公眾，維護企業形象；使用合適的微博發布信息和溝通，官微只發布正面和解決方案，寧可損失金錢，也要保住聲譽。四是控。控制情緒，傾聽後加以疏導；有擔當，平等對話，合情合理；控制對話範圍，隔離負面；控製議程，成為被信任的信源；同媒體和意見領袖之間產生共鳴，及時對微博上的謠言進行闢謠。

有了良好的媒介關係管理，哪怕是傳統媒體的故意發難，也可以借助高超的管理技巧，化危機於無形之中。

(一) 搞懂關係

人是社會關係的總和，社會是一切關係的總和。關係是反應事物及其特性之間相互聯繫的哲學範疇。關係的概念包括五個方面：一是事物之間相互作用、相互影響的狀態；二是人和人或人和事物之間的某種性質的聯繫；三是對有關事物的影響或重要性；四是泛指原因、條件等；五是關聯牽涉。

關係就是生產力，媒介關係更是關乎地方黨政部門、企事業單位良好形象的隱形按鈕。媒體公關是社會組織永遠的痛：有正面亮點需要放大時，媒體總是不配合，好事總出不了門，甚至好事變成了壞事；而稍微有一點風吹草動，媒體就會蜂擁而至，弄得手忙腳亂，最後壞事傳千里，搞得滿城風雨，自身形象受損，甚至造成更加嚴重的、難以挽回的後果。

社會組織與媒體的關係可以是：君子式關係，即望之儼然，及之也溫，聽其辭也厲的君子式關係；酒香也怕巷子深式的客戶關係；給錢就辦事的廣告互惠關係；該出手時就出手，風風火火闖九州式的朋友關係；防盜、防火、防記者的敵我關係。好的媒體關係應該是你中有我、我中有你的相互合作的朋友關係。

這種關係應同主流媒體保持「備而偶用」關係，同市場化媒體與商業化網站保持「偶用有備」關係，同記者保持「常用常備」關係，同博主、版主和「網路紅人」保持「常備常用」關係。

在媒介關係處理中，要瞭解媒體，熟悉媒體優勢，懂得媒體的運作流程，主動吸引媒體受眾；要懂得媒體關係是長遠投資和相互協作的關係，並非單純的買賣關係，也不是認識一兩個記者、一錘子買賣就能搞定的事情。

要對媒體優缺點進行精準分析。大眾媒體中，電視的優勢是可基本覆蓋全部人口，能提高影響力和創意；有威信，視聽感受強；強制灌輸；娛樂性強，刺激性強。電視的劣勢是製作費和廣告費昂貴；製作時間長；取消週期較長；廣告信息不可太複雜；電視頻道繁多，成本暴漲。付費電視的優勢是頻道選擇更多；受眾為中等收入階層；受眾可在任何時候，選擇自己所喜歡看的節目。付費電視的劣勢是缺少穩定的收視群體；缺乏收視率的調研。廣播的優勢是即時性；播放頻次高；適用於流動的人群；製作時間短；價格便宜；只有聽覺效果，想像空間較大。廣播的劣勢是缺乏視覺感受；優勢頻道的熱點時段需提前很長時間預定；受關注程度較低。報紙的優勢是可提供詳細資料；擁有大眾人群；具有區域性；週期短；具有威信和可靠；是消費者追尋資料的頻道；特別副刊專題，讓廣告商更有效地把適當的信息轉到目標人群。報紙的劣勢是報紙環境雜亂；有限的創意形式；彩色的版位昂貴；讀者率比較低。雜誌的優勢是可提供詳細資料；產品跟適合的軟文結合下，提高效果；雜誌的保存期長，時尚性強；目標人群準確；可樹立品牌形象；擁有忠實讀者群。雜誌的劣勢是緩慢的達到率；廣告頻次低；物料遞交時間長；受地區性限制。互聯網的優勢是可以有即時的效應；具有數據的支持；滿足時間緊張的群體；可提供有效的畫面及詳細的資料；製作費低，可有多樣的創意；可把用戶引導到指定網站；一對一，更親切。互聯網的劣勢是媒體較為複雜，目標客戶過於分散；內容要時常更新；第三方研究的不足；信息缺乏準確性。不同的媒體具有不同的優勢和劣勢，因此要學會分析和選擇媒體。

（二）抓好管理

　　媒體關係的建立和培養的重要原則是從日常做起，從基礎做起。以企業媒介關係管理為例，企業應制訂危機處理預案，制訂企業新聞宣傳計劃，瞭解媒體風格、特點和運作方式，組織各類公共關係活動，建立

記者檔案，確定新聞發布流程，安排採訪接待，明確日常媒體關係、負責人和溝通辦法，建立媒體輿情監控機制，從而為企業危機處理提前做好準備。

1. 明確原則

在處理媒體關係中，要堅持的基本原則是多一點雙向溝通，少一點單向溝通，強調合作共贏，充分尊重媒體、遵守政策法規，強調工作滿意宗旨、尊重公眾利益、對公眾負責、一視同仁不能「大小眼」。同時，要堅持以下原則：

一是非功利原則。積極履行社會責任。

二是時間性原則。時間加上媒體就是生命。

三是效率性原則。注重溝通質量與效率是必要的底線。

四是協同性原則。內部的整合十分必要，必須統一出口面對媒體，就是要用一種聲音說話。

五是安全性原則。原有的危機管理系統應該具備隨時啟動的功能，而媒體關係必須配合這個安全系統。

六是合法性原則。這是任何條件下都不能打破的死規矩。

七是持續性原則。具有前瞻的眼光、寬容的胸懷才能保持機構和部門的長足發展。

八是適度性原則。處理媒體關係不必斤斤計較，更不能睚眥必報，要學會動態與平衡相結合的形象與聲望管理技術。

2. 建立媒體檔案資料庫

這是指將相關媒體建檔，並動態更新，做到「養兵千日，用兵一時」。從高級層面看，要知道媒體組織沿革、風格、經營收入、架構分工、社會慶祝活動和年終晚會；從中級層面看，要知道新聞流程、記者路線分配以及瞭解跑線記者、編輯、分管領導和老總；從低級層面看，要有負責人，瞭解記者生日甚至家庭變故等細節。

3. 培養多層互動關係

培養多層互動關係應向行業部門多匯報，發揮集團新聞部門的擺渡

車作用，在地區新聞、管理部門和行業主管部門建立直通車，多匯報、多請示、多舉辦活動、多冠名，及時進行信息通報和危機管控。

一要分級維護。媒體可分為核心級、重要級、一般級和普通級；人員可分為社長、總編輯、主編、編輯、記者、資深言論人士、媒體顧問、新銳媒體先鋒和普通媒體內容記者。在媒體分類分級的基礎上，根據重點維護、點面兼顧、自上而下的原則建立日常維護系統。從人員分級上維護，建立 D 級貴賓維護系統，維護核心媒體的社長和總編輯；建立 C 級人士維護系統，維護重要媒體的社長、總編輯和主編；建立 B 級人士維護系統，維護重要媒體的編輯、記者、資深言論人士、媒體顧問和新銳媒體先鋒；建立 A 級普通維護系統，主要是對日常業務銜接較少的媒體記者以及普通業務聯繫內容記者的維護。根據對具體人員的等級分類，對於個人信息的瞭解掌握程度也有所不同，在 D 級貴賓維護和 C 級維護中，要瞭解人員的基本信息、工作信息、生活信息和特殊信息；在 B 級維護中，要瞭解人員的基本信息、工作信息和生活信息；在 A 級維護中，要瞭解人員的基本信息和工作信息。

二要滿足需求。所有的關係管理的根本問題在於需求的滿足。企業主動聯繫媒體，滿足其需求，同媒體加強日常溝通，維持關係，擴展深度和廣度以及頻次。根據媒體需求，企業可綜合使用多種手段，強化對媒體的維護以及與媒體的關係，在日常維護中通過電話、拜訪、郵件、簡訊、聚餐、旅遊、沙龍、聯誼和新媒體微博等形式加強溝通和交流。

三要有序推進。媒體關係體系的建設需要逐步分階段進行，不同階段設定不同的速度目標，在啟動、建設、完善和強化中逐步建立和維護媒體關係。

四是活動支撐。宣傳型活動、交際型活動、服務型活動、社會活動型活動和徵詢型活動等客戶活動需要媒體報導，媒體公關以及非正式公關活動不需要媒體報導。企業要開展建設型公關、維繫型公關、防禦型公關、進攻型公關和矯正型公關等不同形式的活動。活動包括媒體參觀、媒體研討會、媒體培訓、媒體沙龍和媒體聯誼等，邀請人員包括媒體記

者的親友團、高層親友團等全部人員。

4. 開展媒體活動

媒體活動有公益活動、新聞事件、體育賽事、冠名活動等，社會組織應根據自身情況參與其中。在公益活動中，企業可以採用進行公益捐款、冠名新聞獎、設立高校獎學金和舉辦慈善晚會等，注重活動的新聞價值。在體育賽事上，企業可以組建球隊或資助運動員出國從事比賽。在媒體活動開展時，企業應鎖住目標媒體及群體，爭取媒體支持，評估經費、人力和時間，創作具有娛樂性和新聞價值的展現表演，要有簡明扼要的主題，選擇效果好的地點，考慮時間因素，爭取領導出席，吸引媒體的報導，不要標新立異，但要有所斬獲。同時，企業要確保信息通達，及時通過集團手機報、報刊、網站、電子簡報、微博、微信和移動客戶端等通報媒體和相關人士，保持信息的暢通，從而使其詳細瞭解企業的最新動向和發展。

（三）優化提升

有大使館曾給媒介關係提出以下建議：讓總經理負責新聞界關係；勇於面對事實，不要躲躲閃閃；時刻考慮公眾利益，並且言行一致；主動給記者提供消息，在產生麻煩之前就成為記者的朋友；不要對記者守口如瓶，你不給他消息，他就會從你對手那裡獲得消息；對新聞界的答覆要快，因為這是個時效性很強的行業；在新聞界關係方面，別讓律師介入；不要說謊，要說真相；在公關宣傳上不要指望常勝不敗；記者既不是你的敵人也不是你的朋友，只是仲介；努力控製你力所能及的一切；記者不是千篇一律的人，他們各有特點，良莠不齊，要設法瞭解他們；特別謹慎地對待電視記者，只要有可能，寧肯進行電視實況轉播，也不要讓人家隨意編輯加工你的講話；要有人情味。

1. 建立媒體關係管理平臺

組織要設立媒介專員，其工作職責主要包括：一是負責網路數字媒

介平臺整合傳播規劃、執行與總結評估；二是負責移動互聯平臺整合互動行銷活動策劃、執行與總結評估；三是行業標杆品牌及競品媒介傳播研究，並提供建議；四是媒體關係與供應商數據庫建立維護；五是正面形象的策劃與輿論危機的管控。組織要設立公關部，專門負責和媒體合作，公關人員要具有專業技能，能有效地溝通媒體、引導輿論。

組織要建設主動發布平臺，做到能說話、會說話、說真話、不停地說話；要建設輿情監測與分析平臺，做到能預測、善分析，推動決策的制定，贏得支持；要建立應急輿論引導平臺，能夠及時刪除謠言、堵截流言、引領眾言，能夠說明事實、疏通民意、炒熱重點、跟進事件、揭露敵人、自圓其說。組織要建立媒體採訪申請表，建立記者與媒體信息數據庫，定期製作本地常見問題口徑手冊，明確突發事件口徑擬定與審批程序，完成每週輿情要報編輯和傳閱，完善並不斷測試和修訂應急預案。

總之，組織要建立網上網下、內外聯動、事前事後、攻守呼應、入情入理和疏堵結合的立體宣傳管理構架。

2. 掌握記者需求

媒體每一分鐘都在截稿，網站每一秒都在上傳新聞。組織必須踩準節點，掌控好速度，滿足每個網民、記者特別是大報記者需求的截稿線，既要滿足記者寫稿需求，又要滿足組織發稿需求。組織要掌握新聞發布時機，記清日期，一般星期六和星期天很少有人關注媒體，正面信息一般在星期一發布比較好，負面信息一般在星期五或週末發布比較好。組織要善用傳真、郵件、QQ群、微博、微信，不要讓記者找不到你；要在非上班時間找得著關鍵人物，掌握一定的媒體聯絡方式。組織要掌握跑線記者的習慣，讓記者完成組織的報導。待他們如專家，他們會視你為朋友；待他們為朋友，則他們會經常背叛你。面對記者，我們始終要記住記者永遠是記者，可比照對待朋友的方式，謹言慎行，以對待記者之道對待記者，要有禮有節，但絕不要把記者視同朋友，太過熟悉也容易產生摩擦。

組織不要只想利用記者，要主動與記者進行雙向溝通，不能只發布新聞而不接受詢問，只報喜不報憂，要容忍某些錯誤，不要想去利用記者。

　　組織不要把記者分為三六九等，對待所有來訪媒體，在公開形式上要做到公平對待，包括通知到會、宴請和態度；否則，媒體會還以顏色或不參加採訪活動。小報也有大新聞，在私下對待大媒體可厚愛一分，但對待小媒體也不能不屑一顧。組織不要分化、挑撥記者，應與所有記者和平相處。

　　組織不要「寵壞了」記者，對記者不好不行，對記者太好也不行，對記者要人性化款待，要配合、體諒記者，主動提供新聞及其他便利。

　　組織對涉及的曝光性的新聞，不要立刻向記者追要新聞來源。一般記者要遵循保護線人的採訪規則。組織對於記者報導新聞時採訪的對象或提供新聞線索的對象，可以暗中觀察，也可以向熟悉的記者詢問，不要進行秋後算帳，打壓新聞來源；可以私下暗示，防止記者的後續報導。

　　組織可隱瞞但不能欺騙記者，可說不知道但不能說謊。通常，回答「不知道」要比回答「沒有這回事」安全得多。「不知道」為中性詞，要比「沒有這回事」效果更好。即便是對說也不是不說也不是的問題，也要少用「無可奉告」。其中，記者最痛恨的是針對同一問題，不回答他卻回答其他記者。

　　組織不要誣賴記者，更不能打記者。當記者發表的言論對組織不利時，組織不能泛指記者寫錯了、記錯了或誤會了。如受訪者指名道姓說是某一位記者寫錯、記錯或是誤會，而記者又是無辜的話，有時記者就會提出抗議。在當事方認錯並道歉的情況下，新聞頂多報導兩天，第三天記者與媒體都會忘記。如果概不認錯，只會引起各方聲討，一直持續報導，對組織產生的危害更嚴重。受訪者不反省，一味責怪記者，是毫無用處的。

　　組織的被採訪對象不要在記者面前罵人，包括競爭對手、上級、下屬、同事、其他記者或其他人，可評論或批評他人的言行，但不能謾罵，

更不能與記者吵架。吵架是不好的溝通方式，與記者溝通時不宜採用；否則，會讓記者認為你缺乏風度、修養，擴大不良影響，製造新的事端。

3. 主動與意見領袖互動

組織可以通過線下或線上活動、私信、QQ群、微信活動的參與和實地採訪等認識意見領袖，建立與意見領袖的關係，學會利用並進行管控，向意見領袖釋放信息、徵求意見，為信息溝通打開管道。蒙牛乳業面對產品質量問題，曾在2013年9月14日發微博：感謝網友們的關注、批評。過去幾年，蒙牛乳業出現了數起產品質量事件，引發了網民的批評，對此我們深感愧疚。為了更好地傾聽網民意見，讓網民更好地瞭解蒙牛，我們誠邀網民參加9月22日至23日在呼和浩特舉辦的「蒙牛開放日」第二期活動，我們將安排一系列實地考察和高層座談，通過這種方式傾聽到您最真實的批評建議，幫助我們查找自身問題，改進工作。

4. 積極利用外國媒體

企業應學會利用境外媒體資源做好公關，在境外媒體上發布公司消息、重大活動、產品發布和科學研究突破等事件新聞，發布包括產品概念、公司文化和管理風格在內的企業特寫，發布產品介紹、消費者教育方面的整版組文或編輯式廣告。企業一般可通過公司新聞發布會、教育性研討會、各種慶典和儀式、小型媒體吹風會、行業年會、總裁一對一訪問、新產品上市發布會和公眾演講等管道獲得境外媒體的關注和報導。在與境外媒體打交道時，企業要做好事前準備工作，要明確企業和產品的定位，細分目標受眾，識別受眾所關心的事項，制定統一的關鍵信息，制定溝通戰略、策略、預算和年度計劃，培訓發言人，落實第三方、專家和顧問等外圍資源。同時，企業要注意必須遵守企業有關規定；嚴格遵守企業規定的核心信息；服務於企業或產品的定位的同時又關注目標；所有的媒體活動必須貫徹事先擬定的關鍵信息，保持縱向連貫、橫向統一；管理層必須親力親為，參與指導。

5. 力控輿論危機

社會組織應建好平臺，建立官方網站、博客、微博、微信；抓住重

點環節、重視重點媒體、重點記者和重點意見領袖，以重大突發危機事件為重點，不斷整合和優化傳播管道；加強線上、線下的交流和互動，加強輿情的監測和輿論的引導，時刻保持在場、在線；在面臨危機和處理問題時，通過例行會和例外會加強主動溝通，善於化危為機。組織要堅持以下十條原則：一是不能慢，既要反應敏捷，又要以快制快；二是不能怕，既要直面矛盾，又要沉著應對；三是不能瞞，既要尊重事實，又要公之於眾；四是不能推，既要協同作戰，又要通力合作；五是不能躲，既要坦然相見，又要以誠相待；六是不能假，既要實事求是，又要有錯必糾；七是不能壓，既要平等互信，又要合作共贏；八是不能和，既要堅持原則，又要不和稀泥；九是不能狠，既要加強對話，又要講究技巧；十是不能拖，既要雷厲風行，又要速戰速決。

6. 推行網路整合行銷

網路整合行銷（Network Integrated Marketing）是以消費者為核心重組企業和市場行為，以實現與消費者的雙向溝通，建立產品與消費者長期密切關係，能夠對各種網路行銷工具和手段的系統化結合，根據環境進行即時動態修正，以使交換雙方在交互中實現價值增值的行銷理念與方法。網路整合行銷把各個獨立的行銷綜合成一個整體，以產生協同效應。獨立的行銷包括廣告行銷、直銷、促銷、人員推銷、包裝行銷、事件行銷、贊助行銷和客戶服務行銷等。

企業在網路整合傳播中，應建立網路資源庫，覆蓋各層次網民的重點、熱點網路平臺資源，通過熱點話題、視頻、博客和新聞與產品或服務對接，獲得網民的關注；尋找具有傳播力最強的意見領袖，通過意見領袖對產品或服務的體驗，發表感受、話題或者經驗，與網民進行互動，進行個性化行銷傳播、活動行銷傳播、冠名贊助傳播、專刊專欄傳播和版面廣告傳播；篩選最適合話題傳播的土壤，不斷擴大影響力，贏得顧客的注意；全程監控網路輿情，跟蹤話題傳播發展態勢，及時反饋意見，促進企業發展。

網路整合行銷要經歷網站建設階段和網路推廣階段，建立不同的網

路平臺,從而達到網路整合行銷。企業要建立垂直化的管理體系,既要有輿情監測,又要有用戶數據的流向和內容的推送。在媒體膨脹、信息爆炸和受眾注意力稀缺下,網路整合行銷要堅持趣味原則(Interesting),避免泛娛樂化的假面;堅持進程利益原則(Interests),給顧客提供信息、諮詢、功能或服務,使顧客獲得心理滿足或榮譽,帶來實際物質或金錢利益;堅持互動原則(Interaction),未來的品牌將是半成品,一半由消費者體驗、參與來確定;堅持個性原則(Individuality),因為個性,所以精準,因為個性,所以誘人。

麥肯錫諮詢公司在社會化媒體中全力做好產品和服務,自證言行,防止被劫持;運用媒體和意見領袖傳播,用好產品、好服務、好內容,引發免費媒體自發傳播;建立信任和品牌忠誠度,樹立品牌,打造媒體影響力,注重提升在媒體中的知名度;加強輿情監測,做好客戶服務,反饋服務信息,及時消除顧客的抱怨;建立用戶零距離支撐系統和資源支撐體系,注重關係行銷、網路服務和開放創新,現實商業世界中線下目標客戶群、互聯網世界中客戶分布相對應的圈子和社區以及企業內部世界在內的「三個世界」的互動;推進數字化消費者的社交服務雲端構想,鼓勵員工參與信息分享。奧美公司社交媒體中強調用戶合理使用微博,當個人在微博上指點江山時,即使註明只代表個人觀點,別人也會將其觀點與公司形象直接掛勾。如果員工在不恰當的時間將公司客戶公布於眾,將面臨被炒魷魚。因此,員工在使用社交媒體時,要對客戶信息進行保密,尤其是還未發布的作品;運用個人紳士風度,文明發言;避免上班時間在社交網路上進行交流。

【本章小結】

英國詩人雪萊曾經說:「微笑是親近別人的媒介。」媒介一旦不微笑,後果就很嚴重。當前的媒介關係管理中,存在著以下問題:媒體太多,找不到重點,系統性差;軟文太多,正面聲音發不出;通稿無特點,效

果差；媒體關係僵化，對立情緒嚴重；好的不報，壞的報；等等。而良好的媒介關係能積極配合傳遞良好信息，多報喜、少報憂，不落井下石，公正客觀，滅火及時。一個強大、穩定、緊密的媒體關係網路有助於社會組織在競爭優勢中進行有利定位，脫穎而出，樹立自身品牌地位；在傳媒界塑造良好聲譽，更好地掌握媒體動態，提前知曉言論影響，進行危機預警並及時處理，降低負面風險。

第六章　講故事的人

——巧傳播提振正能量

在信息化時代，具有說服力的國家就是擁有力量的國家。

約瑟夫·奈

【「萌詞」釋義】

　　2012 年 12 月 8 日，諾貝爾文學獎獲得者、中國作家莫言在瑞典文學院發表了主題為「講故事的人」的演講。40 分鐘的演講通過網路直播後引來各方熱議。莫言在演講中說道：「我是一個講故事的人。因為講故事我獲得了諾貝爾文學獎。我獲獎後發生了很多精彩的故事，這些故事，讓我堅信真理和正義是存在的。今後的歲月裡，我將繼續講我的故事。」作為第一個中國籍諾貝爾文學獎獲得者，莫言的作品受到國內學者、網友的熱議，而他這句「我是一個講故事的人」也順理成章地開始走紅網路。

【切入故事】

草民進警局 苦與累並行

　　重慶——全球媒體高強度聚焦之地。重慶警方——社會輿論焦點中的焦點。而渝中區，作為重慶母城，渝中警方的一舉一動，更成為境內外媒體與網友窺探重慶社會動向的指標。

　　如何在網友時有發帖抱怨社會治安變化，甚至質疑警方工作的意見徵候下，通過點對點、面對面、心連心的傳播，實現社會輿論的正向傳播，進而提升市民對警方的認同度與美譽度？

　　2013 年 8 月 26 日 18 時 3 分，網友「cc 殘餘」在天涯論壇重慶版發帖《草民進警局 苦與累並行（多圖）》。3 天時間，網友點擊逾萬次，回應評論 400 餘條，對此次活動大加讚譽。在網友主體多元、意見多變、情緒多面的網路輿論場域，如此高分貝點讚的秘密何在？

　　1. 用圖說話

　　在前 318 樓的回覆中，樓主共用 44 張圖片還原現場。圖片包括單反相機拍攝的圖片，也有手機與其他智能終端抓取的圖片。拍攝現場包括

集體合影、開會分工的場景，更多的是巡警現場、出警一線的工作照。拍攝對象既有作為主體的警察，也有被邀請的網友，還有被執法的對象。拍攝時間則為全天。樓主同時還上傳了一組警方巡邏解放碑周圍的居民區的相片。

2. 警務故事

之一：某大廈邊停車位，一輛車被擦刮，肇事者跑了。

之二：在某地下城，一小妹妹報案，試衣時蘋果手機丟失，警方接警5分鐘趕到現場。

之三：接到分局110指揮平臺警令，南坪某人報案說其兒子出沒於解放碑，智力有問題，如有發現，請幫忙將其兒子控製起來，交由報案人帶回家。

之四：某路段發生民工討薪不成集體堵路事件，請某地某隊（包括交巡警）以最快時間趕往現場維護（後來告訴大家，這是一個現場演練的警情測試）。

之五：日月光廣場一店鋪店員報警，說商場保安不讓其進入商場。警方到後瞭解情況，原來是商場有規定，到了晚上九點半，為了安全，商場所有電梯關閉。後來在警察的調解下解決好了此事。

3. 溝通無阻

網友「丿泠溪」稱：「這個活動一看就是搞的什麼110宣傳活動，想不到都宣傳到天涯來了。還搞得有圖有真相的，看到還有妹子，也就多翻了2篇，還算不錯，雖然是宣傳也算可以看的了。我看到以前的110活動，一般就是找個大點的地方，整個桌子，放點槍支警械什麼的，喊些群眾進來看一下就完了。倒是這個渝中警方搞些跟著警察巡邏，看起來到還有點意思些。」網友「苦中求樂2012」稱：「不管是在生活中也好，還是在工作中也罷，溝通，有了良好的溝通，辦起事來就暢行無阻。然而，許多問題都是由溝通不當或缺少溝通而引起的。」

4. 互動互粉

網友「孤懸在」發帖《渝中成功「作秀」，警花靚影曝光》，稱：

「這種活動還是有必要,拉近了網友與警察的距離,公安局也不是那麼神祕……初衷也許就是讓網友們感受下警營生活,接警啊,出警啊,調解糾紛啊什麼的。人和人之間只要有溝通,相互體諒,換位思考,就沒什麼問題的,說老實話,現在人都不好將就……」不少網友發帖:「這個活動太有意義了。既體驗了警察叔叔辛苦的工作,也瞭解了這種特殊工種的勞累。還有機會嗎,樓主?能否給個提示去體驗下?少年時的夢想啊。」「平安渝中」在線及時回應,9月份將開展歡迎廣大網友參加的「圓夢警隊」相關係列活動。

5. 拍掌拍磚

網友「草泥哥01」稱:「原來重慶警方也有像TVB(香港電視廣播有限公司,下同)作品裡面演的香港警局的公共關係科,經常與民眾做接觸、溝通。好像TVB裡演的有不少人就是因為去警方辦公地參觀,立志考警校。@平安渝中是否能考慮,多吸引高中生、初中生去警局或是警校參觀?」「平安渝中」回應:「呵呵,老師的建議,小花收到,接下來的活動會適量邀請中學生來體驗!」針對有網友說:「這炒作得太膩了,反胃!」樓主稱:「請問我要給誰炒呢?我的原則是尊重事實!」其他參與活動的網友發帖:「是不是炒作下次你去體驗一把就曉得了……和警察同吃、同巡邏、同出警。你非要說是炒作,那也是真實的炒作,正面的炒作。」還有網友回帖聲援:「樓主淡定,不管是什麼樣的帖子都會出現這樣的人的。在他們的眼中,什麼都是炒作,所有人對他都不好,社會總是陰暗的,政府都是壞的,醫院都是害人的,學校都是不好的。所以碰到這種人,只有兩個字——無視……」

6. 總結陳詞

樓主總結,體會有如下五點:一是警察確實辛苦。在巡邏的過程中,我們走到瞭解放碑周圍的居民區,當他們如數家珍地跟我們介紹社區的時候,他們說作為社區民警每天至少下社區兩次,自己的轄區閉著眼睛都可以走完。我們驚呆了。二是警務裝備跟不上時代的需求。我們看到的出警巡邏,在接警的過程中一般是一個警官開車,一個警官通過對講

機接收報案信息，用小本子一一記下，再通過私人電話進行電話回訪核對！就此而言，我個人感覺，這些完全可以用信息化、可視化終端來解決，報警110，轉至分局，系統生成，半自動化回訪，GPS自動定位，全程視頻出警等。三是參與的出警速度還是比傳說中的要快。建議警方後續在出警不及時時，一定要給報案者一個說法，比如警力不足、路上堵車等因此而耽擱了，多溝通，本來作為報案者的心態就是很急，感覺時間過得很快，警察應該在這些細節上多為報案者擔待一些。四是面對犯罪，不管強弱，要依法一致對待。不能因為他是強者，我們就退步；不能因為他是弱者，我們就法外開恩。當然，照顧弱者是最基本的人道，但是應該從其他方面入手給予適當的幫助。作為執法者，首先要站在法制的制高點來處理一切問題，法律大於一切，也不能為了所謂的追求和諧而降低對法律的執行。五是妥善處理涉警網路輿情。大陽溝最近有人網上發帖說自己被打，派出所不作為，派出所偏向事發KTV。理智一點的網友會等真相，不理智的網友會罵警察。雖然「平安渝中」真誠、實事求是的回覆得到大多數網友的認同，但如何杜絕為了自己而不顧事實真相的發帖，甚至造謠，事實、真相究竟離我們還有多遠？我們的法制如何體現？還需要在實踐中不斷探索。

相關活動此前已被新華網、大渝網以《渝中：網友圓夢警隊 感受「群眾身邊110」》《渝中公安「圓夢警隊」活動 網友體驗110接處警》等為題進行了報導，網友蓋樓激情還在繼續。關於警察們的故事也還在通過網路傳播並向現實社會延伸。

網友參與、多圖呈現、出警故事、警民互動、虛實相生的交互式、動態式、體驗式融合傳播，沒有居高臨下、照搬照抄的空洞說教，沒有語言生硬、形式刻板的模式套路，沒有過度包裝、拔苗助長的虛假宣傳，用三方視角、網友語言、互動體驗的「小清新」，奏響了警民和諧的大合唱，刻畫出了普通警察有血有肉的好身影。

在涉渝、涉警輿情一度最為集中的天涯社區重慶版，搜索「平安渝中」，還可看到警方借助網路平臺，充分尊重網友主體地位，及時解決網

友訴求，妥善處理突發事件的很多成功案例。例如，「平安渝中發布4‧15大坪事件最新調查情況」「渝中區上清寺搶奪案告破 平安渝中感謝您！」「號外！號外！＠平安渝中 邀你一起參與菜園壩地區專項整治戰役……」「平安渝中感謝各方支持 共同解決人民大禮堂『蜂鳴陀螺』擾民事件……」「『平安渝中 圓夢警隊』之『我在流動警務車當天班』主題活動歡迎你……」「參加『平安渝中 圓夢警隊』活動所聞：一視同仁，公安車輛違規照罰……」「初次體驗——『平安渝中 圓夢警隊』真實揭露警官蜀黍們一天……」

據重慶市公安局政治部宣傳處負責同志介紹，為適應全媒體時代涉警網路輿情高發態勢，重慶公安系統紛紛入駐天涯社區與微博平臺，打造官方政務帳號、微博、微信矩陣。重慶警方在做好輿情監測，及時搜集打撈沉沒的聲音，及時回應網友質疑與通報重大突發事件處置情況的同時，還主動策劃實施了以「圓夢警隊」為主題、以吸納網友參與為主體、以互動體驗為手段的系列網路正面宣傳活動。

經過一年多的實踐，目前涉警網路宣傳初步實現了網友參與的主動化、警民互動的無縫化、新老媒體的融合化、線上線下處置的一體化、正能量集聚的最大化，重慶警方增強了主動性，掌握了主動權，打好了主動仗。

【故事啟示】

有人的地方就有江湖，有網友的地方定會有喧囂。網路不應是壞消息的天堂，而應是正能量的主場。關鍵在於你是否有與網共舞的雄心，在互聯網的藍海中揚帆弄潮；你是否降低了重心，以普通網友、三方視角來觀察問題；你是否契合了民心，說老百姓喜歡聽的話，辦老百姓急需辦的事，讓老百姓發自內心深處的認同；你是否找準了靶心，既有網友點擊率、回帖率的網路流量，更有社會的認同度與美譽度的正能量。

一、離譜廣告牌如何靠譜？
——巧傳播概說

某小公司生產的辣醬上市前想做宣傳，租不起市區廣告牌，只能租郊外的廣告牌。租後，該公司馬上貼出啓事：招租，全年88萬元！天價租金讓媒體跟進關注，致使全城都知道了這個貴得離譜的廣告位。一個月後辣醬廣告登上去，網路發酵，媒體跟進，口碑傳播，市場迅速打開！啓示：價值放大的過程實際上是思維方式放大、放寬、放高的過程；傳播的效果取決於金點子般的思維方式與成功的運作模式。

新聞傳播的變革歷程如下：第一階段是新聞話題傳播為王，傳統公關和廣告投放為輔階段；第二階段是明確的新聞話題傳播定位，媒體需要第一時間搶占空白題材階段；第三階段是新聞傳播調動全媒體資源階段；第四階段是整合傳播，話題策劃為重中之重的巧傳播階段。

（一）從宣傳到傳播

在以傳統媒體為主的時代，高、大、全式的報導的宣傳效果是正向的。因為除了壟斷性媒體之外，人們難以接觸其他信息來源。但是，到了幾乎「人人都有微博」的全媒體時代，不接地氣的「紅光亮」式的宣傳，甚至有可能被當成反面教材來解讀。

傳播與宣傳是不盡相同的，儘管宣傳也是一種傳播。宣傳是一種專門為了服務特定議題的信息表現手法。傳播是人與人之間、人與社會之間，通過有意義的符號進行信息傳遞、信息接受或信息反饋活動的總稱。

宣傳時，受眾往往是消極的、被動的，傳播者往往站在教育者、強

勢者的立場上，居高臨下，對民眾指手畫腳式地進行「教育」。受眾的信息接受行為，帶有被動性、強迫性，他們被剝奪了拒絕某種信息的權利。作為一種泛化的觀念，傳播並不帶有任何強迫的意味，傳播者和受眾之間的角色關係是平等的，受眾的信息接受權利應受到尊重。傳播提供的是一種社會信息服務，而不是把受眾當成政治宣傳的接受對象。傳播者和受眾之間是一種信息產品的生產與消費關係。宣傳模式與傳播模式的比較如表6-1所示。

表6-1　　　　　　　　宣傳模式與傳播模式的比較

	宣傳模式	傳播模式
傳遞對象	點對面	點對點
傳遞方式	單向傳輸	雙向互動
傳播者與受眾的關係	權力關係	平等交流
信息符碼	主控符碼	普遍符碼
傳播效果	意識層面的被動接受	潛意識層面的主動同意

「明者因時而變，知者隨事而制。」形勢發生了變化，輿論引導的思路和手段也要相應調整。面對社會信息化、受眾個性化、新興媒體異軍突起、「人人都有麥克風」的輿論大變局，如果完全按照思維定勢和原來的運作方式來進行新聞宣傳，肯定行不通。只有打破思維定勢，著力推動理念創新、手段創新、基層工作創新，加快推進傳統媒體和新興媒體融合發展，充分運用新技術、新應用，創新媒體傳播方式，才能占領信息傳播的制高點、掌握輿論引導的主動權。

具體而言，從宣傳為主到傳播為主的傳播理念嬗變可以概括為：從教化為主到服務為本，從信息封閉到信息公開，從單向流動到交互傳播，從以內為主到內外並重。從組織到動員，從回應到發布，從宣傳到傳播，從借勢到造勢，從塑造到口碑，從服從到跟從。新聞傳播是一個從事實到事實的過程，而宣傳則是一個從觀念到事實再到觀念的過程。

正如約瑟夫·奈所說，「在信息化時代，具有說服力的國家就是擁有力量的國家」。

（二）走進巧傳播

巧傳播是指用最新、最有效的平臺與方法來實現傳播與公關價值的最大化，標誌著傳播與公關進入了3.0時代。巧傳播是跨界與融合下的新商業模式。其打通了公關、廣告、行銷、新聞傳播等領域的界限，使傳播主體善於根據具體情景，充分運用新科技和社會媒體（Social Media），將軟硬實力資源巧妙結合，進而提高傳播效率，實現傳播效果最大化。基於事實、符合人性、肩負責任、傳播真善美的巧傳播趨勢不可阻擋。

2013年1月27日，知名媒體人楊瀾在其個人認證的新浪微博發文：在達沃斯論壇的「中國軟實力」討論中做主講人之一，我認為中國的對外形象靠撒錢，靠官方的聲音，靠宣揚歷史的輝煌和當代的成就，往往起不到好效果，甚至有反效果。更重要的是誠實面對自己的不足，展示普通人的喜怒哀樂：一個農民工辛勤工作，讓孩子受更好教育的故事比擺幾個明星在廣告牌上更有說服力。

在上萬條轉發與評論中，網民稱：我們需要更平凡而真實的中國。只有講人性、人情，才能達到心靈溝通的境界。越是細微的、平凡的才越真實，也越深入人心。敢於展示自己的不足，並努力地完善前進，這才是發人深省的亮點。在塑造國家形象時，內容第一，傳播第二。用美國專家西蒙・安浩的話說，國家形象的提升80%靠創造性工作、15%靠系統性協作，傳播的貢獻率只有5%。關鍵是要讓世界瞭解一個客觀全面的中國，既要講「北上廣」，也要講「老少邊」；既要讓人家看面子，也要讓人家看到裡子。多些實際的人文關懷，比唱空調好！從小事，從普通的人生，看到世界的真實以及面對真實後的改良，才是務實的存在價值。一個國家對外的話語方式能夠真正做到「素言」，需要拿出很大的勇氣去改變自己多年形成的語言習慣和話語生態。

巧傳播就是要進一步增強讀者意識，樹立從受眾出發，從接受出發的接受美學意識，打通新聞的生產、流通與接受三個層面。因為一個作

品，即使印成書，讀者沒有閱讀之前，也只是半成品。

為此，要多些對話，少些對抗；多些說話，少些說教；多些平等交流，少些居高臨下；多些真實體會，少些不痛不癢；多些深入實際，少些閉門造車；多些「小清新」，少些「高大上」；多些精準「滴灌」，少些面上「漫灌」；多些「賣萌」，少些「賣唱」；既要「叫好」，更要「叫座」。要把想傳播的信息、想表達的觀點融入娓娓道來的筆觸中、融入巧妙的謀篇敘事中，讓報導活起來、亮起來、跳起來，更富吸引力和感染力，擴大影響力和覆蓋面，得到內容更好看、讀者更愛看的效果。

（三）巧傳播如何接地氣

2013年，習近平總書記在全國宣傳思想工作會議上指出：要加強國家話語體系建設，增強在國際上的話語權，要精心做好對外宣傳工作，創新對外宣傳方式，著力打造融通中外的新概念、新範疇、新表述，講好中國故事，傳播好中國聲音。這些表明了黨和政府都在力圖使中國的國家傳播適應數字傳播趨勢、建構新傳播範式的努力。

巧傳播是一門大學問，需要學習書本知識，更需要累積實踐經驗；需要科學的方法，更需要高超的藝術。

2013年2月6日晚，央視《新聞聯播》裡的一個「光屁股小孩」在網上意外走紅。這個生動有趣的鏡頭，拍攝於李克強到內蒙古看望棚戶區居民的過程中。當時，李克強來到一戶棚戶區居民家中，瞭解他們生活中的困難。這戶人家的大人與李克強交談時，後面炕上光屁股睡覺的小孩從被窩裡鑽出來，先是躲進炕頭的衣櫃裡，隨後又爬出櫃子鑽進被窩。可愛瞬間被鏡頭捕捉，並被展現出來。網友笑言「光屁股小男孩搶鏡李克強引熱議，看的是百姓原生態生活」。

網民「麥田邊的人」稱：「領導人走訪不開道，不封路，看的都是老百姓的原生態生活，以這樣的作風去落實文件上的一字一句，中國將大有希望！」

網民「我在叢中笑0000」稱：「我覺得這是昨天（6日）新聞聯播裡最感人的一幕。編導並沒有刻意掩蓋什麼，反而是專門放大了光屁股娃娃。新聞聯播真的活潑一些了。」

輿論點評：到基層走訪，就是要走進真實的環境，那裡可能有不太美味的飯菜，有不太乾淨的床鋪，有淘氣頑皮的小孩……但民眾的困難和期盼，就蘊藏在這些細節中。如果刪除所有看似不「美觀」的元素，把民眾像道具一樣安放在官員身邊，走基層還有多少價值？

細節成就真實，意外的畫面，成就了新聞的真實和精彩，更加突顯了政治溝通的誠意和善意。

2014年1月30日，農曆大年三十，李克強給「光腚娃」的家回了新年的第一封信。

對國家領導人來說，「走基層」是政治生涯中非常普遍的標準動作。但如何利用恰當的時機，傳播「非常規」的自選動作，「光腚娃」算是一次新的嘗試。

京潤珍珠董事長周樹立就「全媒體時代如何讓巧傳播落地」方面建議：一要強勢覆蓋全國電視媒體，搶占頻道稀缺資源，塑造強勢品牌形象；二要善用互聯網，巧借互聯網造成影響力；三要強化廣告落地，貼合管道的發展執行，產品賣到哪裡廣告就打到哪裡。

有公關專家點評，行銷就是企業本身！為了真正吸引消費者，對他們來說，「宣傳式」廣告正變得越來越落後於潮流，企業必須在傳統的行銷組織業務範圍之外做更多事情。最終，消費者不再將行銷與產品割裂開來——行銷就是產品。消費者不再將行銷與自己的店內或網上體驗割裂開來——行銷就是體驗。互動體驗衍生消費觀念蛻變，在這個消費者參與的時代，行銷就是企業本身。消費蛻變、觀念轉換以及消費者自身的取捨，使得今天中國的品牌塑造方式和傳播策略也面臨新一輪的進化。品牌要改變與消費者的溝通方式，不僅要變得更加人格化，同時也需要更強調與消費者的互動和體驗。此外，品牌文化和內涵的塑造、價值驅動和負責任的社會形象對於消費者而言也變得更加重要。

二、城管救人為何未被污名化？
——巧傳播之路徑探微

有段時間網上流傳著這樣一張圖——《清明上河圖之城管來了》，還有好事者作文：「忽聞人驚呼：『城管來了！』頓時馬驚人慌，只見驟然飛急水，忽地起洪波……」這張圖曾經讓許多城管人員感覺「很受傷」，從這張圖也能看出社會公眾對城管的刻板印象。

城管形象從原來的「做壞了是錯，做好了也是錯」，到如今的「做不做，都是錯」。城管似乎掉進了「塔西佗陷阱」。古羅馬歷史學家塔西佗認為：當失去公信力時，無論說真話還是假話，做好事還是壞事，都會被認為是說假話、做壞事。

為了取證方便，江蘇常州市城市管理行政執法支隊天寧大隊隊員蔣佚凡於 2014 年 4 月 20 日在個人微博上發布了穿城管制服佩戴谷歌眼鏡的照片，這個看起來很「潮」的取證「神器」，隨即引起網友關注。

蔣佚凡在接受採訪時稱：「我是省吃儉用好久才買回來的，也不能說我是『土豪』吧，而且現代社會，省吃儉用買個一萬元的東西，不能算是奢侈品吧。我還沒看微博上的評論，但大家會來質疑什麼，我心裡有數。」

媒體評論稱，城管的自我約束並不必然需要谷歌眼鏡，而對城管執法行為的監督也只需一部手機就夠了。城管隊員過分強調谷歌眼鏡的妙用，預設的語境前提仍是城管被妖魔化。

而重慶榮昌城管在河中救人，卻並未被妖魔化，而是給污名化的城管來了一次正名。

（一）基本情況

2013年11月14日14：21，網民「谷若小雨」在百度貼吧榮昌吧發帖《老人掉河，榮昌一城管跳水救人》。該帖子稱，老人掉下護城河，一位榮昌的城管跳進河裡把老人救了上來。之後，那位年輕的城管悄悄地就走了。該網民同時說：「大家多多轉播呀，傳播榮昌城管的正能量！」該帖子同時配發了7張圖片，完整地呈現了城管救人到離開的場景。該事件隨即成為網民積極討論的焦點，引起了輿論的強烈關注。

榮昌區相關部門在監測到此帖後，立即向榮昌區市政局瞭解實際情況。同時，該區新聞辦在該網民發帖後的1小時就在官方微博主動發聲，微博標籤定義為「正能量」，對榮昌區市政局城管人員鄧源飛救人的過程做了說明。該條微博發出後，隨著輿情不斷發展，榮昌區新聞辦在整個事件中積極主動，緊緊把握輿論方向。各級媒體，包括網路媒體、傳統媒體的多層、多點匯聚交織，使該事件最終贏得輿論的廣泛讚譽。思考該事件的輿論引導過程，猶如輿論水面投下一顆石子後，輿論水波越傳越遠。宣傳部門要利用好多種傳播力量和傳播方式的聚合輻射，把控好水波效應主流方向的連續擴大，從而在「層層漣漪」的傳播面中收穫最大化的宣傳效應，有力弘揚社會正能量。

（二）主要做法

1.「水面」捕捉原點，正能量因子發酵為強大輿論場

一是及時捕捉正能量因子，提煉正面宣傳關鍵要素。榮昌區新聞辦在發現城管救人的網路輿情後，及時甄別、研判、引導，準確快速地做出了判斷。從該事件中捕捉到正能量因子，提取正面信息，救人與當下弘揚正能量的社會主流旋律高度吻合。同時，在前段時間輿論為城管與小販激烈衝突等負面輿情爭執不休，城管這一群體有被輿論妖魔化的傾向的社會認知下，榮昌城管救人事件的輿論放大，對傳播城管良好形象

無疑具有積極正面作用。

二是準確切割負面輿情，強化正面主流聲音。救人事件中，網民提到「圍觀的人很多但是沒有人救」以及圍繞老人跳河的原因，可能引發關於社會道德、社會福利保障等質疑和討論，輿論極有可能把關注點轉移到其他方面，從而引發對地方政府的不滿，或演變為負面輿情。針對榮昌城管救人事件當中這些負面點，榮昌區新聞辦準確切割，防範負面輿情發生，著重強調正能量，從城管救人的過程與效果切入，加強議程設置，強化正面宣傳效應。

三是主動搶占先機，發揮「主場優勢」。救人者的城管身分存在的社會焦慮，稍有不慎，就可能招致輿論反感。榮昌區新聞辦官方微博在與市政局溝通瞭解情況後，「搶領旗幟」，積極主動發聲，對整個事件訂下正面基調，搶占時機，占領道義與表達的制高點，確保導向正確，不出偏差，傳播主流價值觀和積極正面聲音。

2.「波紋」多層輻射，傳統媒體和新媒體交織渲染放大輿論影響

一是官微助力宣傳，連續發聲引輿論關注。榮昌區新聞辦官方微博在11月14日發出第一條有關鄧源飛的微博後，迅速得到了網民的關注，尤其是被重慶市新聞辦官方微博轉發後，人氣急遽上升。短時間內，該條微博閱讀人數達3.5萬人，合計轉發和評論150人（次）。榮昌官微對事件的進展繼續保持緊密關注，在11月15日再次發表微博，徵集現場目擊者網友，力圖通過網民「每人一個麥克風」「每個人都是新聞發言人」的交叉多點傳播效果，最大程度提高網路關注度。傳統媒體的報導也在11月15日紛紛刊出，線上線下輿論場有機聯動，榮昌城管救人事件也達到輿情關注高峰值。

二是重慶市內外多家傳統媒體與新媒體聯動融合。在榮昌城管救人事件中，重慶市內外傳統媒體與新媒體在互相融合的大趨勢下，表現出高效配合、各盡所能的聯動局面。11月15日，《重慶晚報》刊發《網友配圖發帖：一定要找到這名城管》，《重慶晨報》刊發《城管跳河救起落水老人 做人工呼吸等來120才離開》，引起輿論的強烈關注。《晶報》

《濱海時報》《新快報》《浙中新報》等重慶市外媒體也積極進行正面輿論引導，正面聲音通過「波紋」擴散得更廣更遠。國內主流商業網站、傳媒網站、認證微博也積極響應，紛紛轉載相關報導，實現不同形式媒體資源的優化配置，互相協調、密切配合，形成了難以估量的媒體合力輿論引導強效。據不完全統計，人民網、新華網、光明網、騰訊網、環球網、鳳凰網、搜狐網、中國經濟網等刊發報導，形成輿論宣傳潮。同時，《華商報》《陝西都市快報》《重慶時報》等傳統媒體也第一時間運用微博發聲，表達觀點，實現宣傳效應的疊加效果，擴大影響面。

三是中央級媒體緊密跟進，與網路輿論形成社會合力。央視新聞頻道11月17日在新聞直播間播出《城管勇救落水老人 網友發帖尋找》的新聞報導後，榮昌城管救人事件又被推向新一輪的輿論高潮。網民通過論壇、微博、手機，分享、討論、傳播央視報導視頻，尤其是重慶本地網民活躍度高，普遍對此「點讚」。中央級媒體與網路輿論溝通，消除雜音，互相影響，成為一個良好的互動和補充，形成立體化社會合力效應。

3.「水波」同頻共振，兩個輿論場實現高效「共鳴點」和最大「公約數」

一是官微和網民良性互動，實現「雙向發布」，形成了官方輿論場和民間輿論場高度契合、和諧統一。榮昌官微注重政務微博的輿論把控功能，引導網民發言討論，贏得了網民的高度讚譽，網民或轉發，或回應稱讚，形成「同奏時代主旋律，聚合發展正能量」的良好互動形式。

二是網路唱「好聲音」，營造良好輿論氛圍。論壇、社區、微博客發布多篇正面解讀的網路評論，媒體和網路上一些有影響力人士發表見解，加強了正面宣傳力量，推動主流網路聲音與網民聚合，營造形成全國性網路熱點。

三是基層民意反饋良好，期待發揚「正能量」。對榮昌區多個基層輿情探測點的民意調查顯示，群眾對此事認可度非常高，認為極大地弘揚了正能量。有群眾反應：「黨和政府必須高調宣傳這個事跡，讓社會充滿正能量。」官方輿論傳遞主流聲音和民間輿論反應民情民聲有機統一起來，兩個輿論場高效重合，實現「同頻共振」。

4.「波浪」強效疊加，正能量落地為身邊好人

一是參評「重慶好人」，強化正能量落地。相關部門積極抓住網路輿論熱潮，推選鄧源飛參評「重慶好人」。鄧源飛成功入選第 18 期「重慶好人榜」見義勇為好人評選，同時入圍 2014 年新年第一期「中國好人榜」候選名單，並成功榮登「中國好人榜」。

二是宣傳身邊好人，挖掘先進典型宣傳。相關部門抓住「城管救人」典型事件，樹立典型人物，充分發揮報紙、電視、網路及新媒體作用，多層次、多角度、不遺餘力地強化宣傳，進一步擴大社會道德模範影響。

三是挖掘更多好人，發揚社會道德風尚。相關部門對湧現出來的好人好事及時進行正面宣傳，營造良好的社會氛圍，形成爭做好人好事的良好社會風尚。

（三）幾點啟示

1. 及時研判輿情態勢是巧傳播的前提

要引導好輿論、奪取傳播先機，就必須做到「知己知彼，百戰不殆」，做到實體情況清楚、輿情趨勢清楚、媒體報導清楚。宣傳部門特別是要保持高度的輿情敏感性，對網路輿情進行判別、篩選、研判，及時、全面、有效地掌握輿情動態，根據具體情況加以合理處置。榮昌城管救人事件緣起於網民的一個帖子，如果按照常規網路輿情處置方式，可能事件就此消散，僅停留在榮昌區內口耳相傳的初級傳播階段。榮昌區新聞辦面對網路輿情保持宣傳敏感，及時發現輿情熱點，抽取輿情要素，挖掘輿情敏感話題，研判輿情態勢，及時發聲，促進多種宣傳方式的合力，最終把事件推動成為一個較有影響力的網路熱點正面輿情。

2. 合理設置議程，主動巧妙發聲是巧傳播的基礎

營造積極向上社會輿論氛圍，必須加強議程設置，要學會及時發聲、有效發聲。首先，官方要積極主動發聲。榮昌區新聞辦在線下調查後，主動、準確、客觀地在「黃金一小時」左右主動發聲，掌握輿論主動權，凝聚人心。其次，要採取多媒體形式發聲。宣傳正能量事件應利用中央

級、市內外傳統媒體，網路新媒體等多種媒體結合的形式，線上線下多種聲音的匯集，強化輿論宣傳，掌握輿論引導的話語權、主導權。最後，要加強網路聲音的傳播。「網上來網上去」，微博緊密跟進，網評引導輿論，主流網站轉載媒體報導，網路發聲充分考慮網路媒體傳播的廣泛性，更容易滿足網民的信息需求，為網民所接受。

3. 權威媒體站臺是巧傳播的關鍵

無論是網路輿論還是社會輿論，對美好、善良、正面的事物總是追求積極向上的主流價值觀和道德感。宣傳正能量事件，除了在網路上主動積極引導，還必須尋求更加權威、更有影響力的傳播管道，以期增加事件的信任度，加強輿論影響的厚度和深度。《重慶晚報》刊發相關報導後，引發全國各路媒體轉載評論。中央電視臺作為官方性質的上級權威媒體，在新聞頻道播出該事件後更是引發全國輿論關注。事實上，傳統媒體和上級權威媒體等介入，以客觀、準確、主流的聲音，不僅擴散了正面宣傳能量，更是擠壓了負面傳播空間。

4. 講策略、重細節是巧傳播的保障

政府部門如何正確認識、應對和引導媒體，對處理好突發公共事件至關重要。一是要保持統一口徑。在事件初始，榮昌區網信辦主動積極進行「第一要義」的定位，在應對不同層級媒體時都保持高度統一的口徑，所有報導主體事實都協調一致。二是要準確客觀。媒體如果沒有獲得準確、詳盡、客觀的數字和事實就加以報導，一旦為公眾關注聚焦，往往把事件推向負面，損害政府公信力。具體到城管如何救人的詳盡過程，榮昌區網信辦為媒體採訪、調查提供真相和問題的來源，運用新聞語言，為媒體提供需求要點，從而增加說服力，贏得受眾支持。三是要及時跟蹤輿情。在媒體陸續參與報導後，榮昌區網信辦及時收集所有媒體對該事件的新聞報導，分析報導內容和傾向。隨時監控網路輿情動態，及時進行輿論引導。

三、對牛彈琴究竟是誰之錯？

——巧傳播之離合

「對牛彈琴」出自漢代牟融的《理惑論》：「公明儀為牛彈清角之操，伏食如故。非牛不聞，不合其耳也。轉為蚊虻之聲，孤犢之鳴，即掉尾奮耳，蹀躞而聽。」

譯文是：公明儀給牛彈奏古雅的清角調琴曲，牛依然埋頭吃草。牛並非沒有聽見，而是這種曲調不適合它聽。於是公明儀用琴模仿蚊子、牛虻的叫聲以及小牛犢尋找母牛的哞哞。牛立刻搖著尾巴，豎起耳朵，走來走去地聽起來了。

當我們全面地瞭解這個故事，會發現該故事有兩個階段：首先是樂師公明儀彈「清角之操」時，牛不理會；其次是彈「蚊虻之聲，孤犢之鳴」時，牛立刻停止了吃草，搖著尾巴，豎起耳朵聽起來。

為什麼陽春白雪的「清角之操」對牛不管用，到底是彈琴者和牛誰出了問題？從彈琴者和牛兩個單獨的角色來說，誰都沒有問題。彈琴者希望給予牛一種音樂的教化和感動，牛希望的是安靜地吃嫩草一直吃到飽。兩者毫不相干，沒有產生交集，自然沒有共鳴。如果從彈琴者和牛兩個作為統一體的角色來說，誰都有問題。彈琴者不知道牛的需求，牛聽不懂的彈琴者的用心。如果非要從中挑出一個過錯者，那麼「對牛彈琴」，不是牛的錯，而是彈琴者的錯，因為彈琴者是一廂情願的，牛則是被動的！

為什麼牛開始對彈琴者的「下里巴人」的音調情有獨鐘？到底是彈琴者和牛誰發生了轉變？其實，彈琴者和牛交流開始於兩方面的轉變——彈琴者開始關注牛的煩惱和感情，牛也從嫩草轉而關注於煩人的牛虻叫聲和摯愛的牛犢哞哞聲。

巧傳播是分水嶺，我們是那位對著牛彈奏著「清角之操」還是「蚊虻之聲，孤犢之鳴」的彈琴者？

不管怎樣，如果我們不站在牛的角度去傳播，再好的辭藻也都是「浮雲」。我們不能只埋怨「對牛彈琴，牛不入耳」，而更重要的是檢討自己有沒有「對牛彈牛琴」。我們不能只喜「陽春白雪」，不彈「下里巴人」，而是要根據實際情況，彈出聽眾願意聽、聽得懂的琴聲。這才是做好巧宣傳的離合之術。

（一）巧傳播之油門——實現傳播效果最大化

如何整合傳播，達到最大的宣傳效果，關鍵要增加到達率與轉化率。

1. 新聞傳播為主，傳統公關和廣告投放為輔

品牌行銷，靠的是公共關係。新聞整合傳播能集成廣告和公關兩者的優勢，在傳播效率上高於廣告，在受眾分布上高於公關，是兩者最佳的融合。新聞整合傳播適合將傳播的內容（可以是產品的故事、產品的精神、產品的特色）融合在新聞中，投放到大眾之間，吸引盡可能多的注意力，並使之成為大眾討論的話題，從而形成一種自動傳播。用新聞話題來創造新聞話題，效果往往事半功倍。選擇有反差，有爭議的話題往往會形成眼球效應。

2. 搶占「第一」和「空白」

如何讓自己的品牌搶眼，占據消費者青睞與媒體重點宣傳的位置？媒體需要「第一」和「空白」的新話題，這是非常關鍵的因素。湖南衛視就是靠「首個娛樂頻道」定位，推行娛樂主打與造星計劃，實現了地方電視臺的狂飆獨進。其曾經主打的「爸爸去哪兒」，實現了集家庭倫理、孩子教育、旅遊推介、文化鑑別、網路遊戲、品牌展示等一體化的行銷。

3. 總體調動，整合推進

巧傳播必須打「總體戰」，其不僅要調動全系統的力量，更要調動每個人的生活和精神狀態，使其最優化。這包括系統的、長期性的、規模

性的媒體公關推廣、創意活動、新老媒體的集成運用、線上線下的整合、重視對手的力量、積極與對手溝通、調動媒體傳播與民眾親身傳播能量。

4. 製造「張力」與「衝突」

巧傳播光靠一個懸念是不夠的，在主題策劃後，對互動形式的設計和進一步深入持續話題的探討，是能夠支撐整個傳播的張力的關鍵所在。其話題要素有話題爭論、衝擊性與新鮮感、傳奇故事、政治人物、美女與性、價格、名人口水戰等要素。美國洛杉磯有一家餐廳突然爆紅——進店吃飯，沒收手機，就可以打 8 折優惠。在手機不離身的今天，此種創意，與「世界上最遙遠的距離是我們面對面，而你卻在玩手機」，與「吃飯之前先照相發微博、微信」的潮流背道而馳，但其更加突出用餐時的現實社交性，從而吸引了大量顧客。

5. 多維度媒體整合

多維度媒體整合就是將戶外廣告、廣播、電視、報紙、網路、手機報、意見領袖微博、公眾微信帳號、移動客戶端與境外媒體一網打盡，各展所長，形成點多、線長、面廣、立體與動態的多維集成優勢。在一些重大活動或重要項目啟動、重大科技攻關展示中，可以形成多屏聯動、多波共振的鏈式與圈式傳播圖景，從而實現 1+1+1>3 的效果。

6. 話題保證底線——真實，否則將一夜崩潰

新聞傳播的最根本的底線是真實。不真實的新聞，有如美麗的罌粟花，好看但有劇毒。我們可以利用潛在的、可以發揮的新聞話題，而非憑空捏造的話題來進行傳播。雖然虛假新聞並不一定會影響到話題的傳播效力，卻一定會影響對話題傳播的質量，使傳播者產生信譽危機，甚至觸犯法律。比如劉鐵男面對羅昌平記者的實名舉報，由新聞發言人進行不實回應，就成為笑柄。

7. 新聞故事化傳播

就企業而言，其可以講品牌創始人創業的故事，講品牌特色的故事，兩種宣傳都注入了品牌的精神價值和品牌精神，不僅僅讓人記住品牌，而且要讓人能想起這個品牌是什麼。比如新東方公司推出紀念公司成立 20 週年的電影《中國合夥人》，對其成長經歷進行電影化的呈現。而俞敏

洪的每一次演講與集結成書，都會成為其品牌傳播的又一推手。馬雲、馬化騰等無不利用內部郵件、公開演講、個人出書等方式，講述自己的與帶有自己基因的企業的故事。就黨政部門而言，新聞的故事化傳播就是要善於挖掘小人物的大情懷，通過底層敘事，來獲得普遍認同。

8. 用夢想和精神傳播

企業要用夢想和精神的概念來提高企業的「立意」，讓消費者自然而然地接受品牌的「精神理念」，從而能夠更加自然和喜悅地接受這個產品。星巴克從銷售咖啡轉變成了你的鄰居，成為白領生活的代言。喬布斯作為蘋果公司的「教父」，更多的是其給公司植入了一種永遠創新、引領時代、為客戶著想的精神。

9. 持續不懈，滴水穿石

再火爆的話題，也只能擁有 2～3 天的能量，而它在一週內將基本消失。巧傳播需要持續性，不能放棄，否則將很快淹沒在茫茫的信息海洋中。巧傳播是一場不能懈怠的馬拉鬆比賽。

（二）巧傳播之煞車——防止「燒香引出鬼來」

在新聞實踐中，我們也發現，正面典型宣傳報導呈現負面效應，出現「燒香引出鬼來」的事情並不鮮見。正面報導的負面效應，在新聞傳播中的具體表現可謂是林林總總，千差萬別。有的新聞報導目的是力求引導受眾向「東」，但是受眾接受後的實際效果卻是向「西」，新聞媒體正面報導的動機與受眾的實際接受效果完全背道而馳。有的正面報導存在這樣那樣的問題，正面報導被受眾接受後，這一正面報導非但沒有對社會生活產生積極作用，反而帶來不良的影響。有的受眾因為對某一媒體的正面報導有不同看法，進而對這一媒體產生不良印象。還有的負面效應是本身的宣傳目的達到了，但卻對其他方面的主題產生了負面效應，這可以說是「得於此而失於彼」。

正面報導出現這樣那樣的負面效應，涉及新聞媒體和受眾兩方面的因素。造成正面報導負面效應的「病因」多半在議題設置與表達形式上。

1. 事實不實

報導失實是造成正面報導負面效應的最常見的因素。有些正面報導捕風捉影，張冠李戴，強扭角度，造成基本事實、人名、數字等方面的不真實。一些正面報導為了達到轟動效應，力求吸引眼球，往往人為拔高，將話說得滿滿當當，假作真來真亦假，語不驚人死不休，一味追求轟動效應，只能弄巧成拙，走向事物的反面。

2. 內容不當

在正面報導的內容中含有一些不宜報導、不能報導的內容。比如在一些人物報導中，不恰當地含有暴露個人隱私的內容，在進行軍事報導中洩露了軍事機密，在案件追蹤報導中出現了具體犯罪細節與偵辦手段的描寫等，都屬於報導內容的不當。這些不當內容的出現，都會帶來這樣那樣的負面效果。比如，某地級黨報出現「距國家暗訪組來某地檢查只有98天」的相關新聞。

3. 圖片或視頻選用不當

某地報導人大代表與政協委員「積極建言謀發展，履職為民促跨越」，細心的網民發現，新聞所配的圖片是人大代表在麻將桌上「開展工作」。有的人大代表參加義務植樹活動時，所配的圖片全部穿上鞋套。有的法院報導審理案件時，比如情婦與官員一同出庭，官員沒有穿囚衣，而情婦卻穿著囚衣受審。某地書記參與全民大掃除，但旁邊卻出現記者拍照的圖片。某地報導抗洪救災視頻，出現的視頻場面是衝鋒舟上只有官兵而無百姓的擺拍鏡頭。

4. 不符合辯證法

這是指只考慮到一點，不及其餘，陷入片面性的泥潭之中。比如，在正面報導某法院提高辦案效率、工作成績突出時，如果只是片面地報導該法院結案數量增加，就可能給受眾造成社會不安定的感覺。

5. 報導內容錯誤

這是指將本為「負面」的東西，當成「正面」加以宣傳，造成了混淆是非、顛倒黑白的客觀社會效果。一些「偽科學」的報導，就是例證。

6. 過猶不及

有的報導小題大做，在宣傳規模的大小、宣傳時間的長短、宣傳的比例結構以及宣傳報導的火候掌握等方面超出了度。有的報導形式上出現差錯，如某報在標題出現了某企業新聞通稿的字樣。傳播學理論中的韋伯定律認為，在一定的範圍內，外界刺激一有增加，感覺便隨之增加；一旦達到某個飽和點之後，外部刺激即使呈幾何級數增加，感覺反而會遲鈍。

7. 不合時宜

這是指沒有琢磨是快發還是慢發，是此時發還是彼時發的問題，不能選擇恰當的報導時間達到報導的最佳效果。

（三）巧傳播之離合——找到最佳聯動點

巧傳播是一項系統工程，需要把握好時機、節點，巧妙占領表達、傳播與道義的制高點，形成傳播的集成效應。

1. 主體多元

這是指改變以官方或部門、企業信息源為主的單一結構，建立傳播主體多元化的傳播體系，實現政府與社會、內部與外部在對外傳播方面的良性互動，特別要適應社會化媒體時代趨勢，讓員工成為粉絲，讓粉絲成為用戶。

2. 受眾為本

這是指尊重受眾的主體地位，精準分析與區分傳播目標群體，根據其文化、價值觀念、傳播理念、接受習慣等方面的不同特點，綜合、巧妙地使用軟硬實力資源，有針對性地提供有料、有趣、有用的信息內容，從而獲得事半功倍的傳播效果。

3. 平臺集成

這是指既要利用黨報、黨刊、黨臺、黨網，還要善於利用市場化媒體；既要利用商業化網站，還要利用社會化媒體；既要利用本地媒體，還要利用外地媒體；既要利用境內媒體，還要巧妙地利用境外媒體。總之，要推動新媒體的應用，促進媒介融合、平臺集成。

4. 內容柔性

這是指將硬內容和軟內容巧妙結合，相得益彰。硬內容主要是再現經濟、軍事以及科技等物質文明，或展示企業的科研能力與創新能力。軟內容主要呈現一國、一地、一組織在文化、價值觀、體制等方面所擁有的精神文明。軟內容應在意見的自由市場中發揮更為突出的作用。我們要盡可能地挖掘和傳播具有創新性的價值觀念，增強內容在軟價值層面的競爭力，進而獲取受眾情感上的共鳴。在對外宣傳時，我們要注重與國際通行的認知、規範體系接軌，採取客觀、公正、平衡的報導方式，熟練使用現代話語詮釋傳統價值觀，從而在設置媒體議題、引導國際輿論上提高內容的公信力。

5. 環境優化

這是指因地制宜地將硬環境和軟環境有機結合起來，創造有利於對外傳播的巧環境。所謂硬環境，主要涉及基礎設施、硬體技術等物質性環境。所謂軟環境，主要指與對外傳播體制和機制有關的製度環境。僅僅依靠傳播手段的更新、媒體規模的擴大是不夠的，更為重要的是形成有助於國家影響力提升的傳播製度，採取合乎國際傳播規律與原則的策略、方法，以保證信息傳播正效應的最大化。

【本章小結】

巧傳播是基於傳播基礎上的改進，是長江後江推前浪，前浪死在沙灘上的超越。巧傳播讓長江後浪推前浪，前浪在不斷地換花樣。如何換花樣？這需要我們從理念上實現從宣傳到傳播，從傳播到巧傳播的轉換，要善於換頻道。在方法上，我們要做到油門、離合、煞車同步。因為好的宣傳，就做得不像宣傳。有痕跡的宣傳，總會讓人別扭，甚至會出現「燒香引出鬼來」的負效應。

第七章　不改初衷真英雄

——危機管理之方向

　　一個人，即使駕著的是一隻脆弱的小舟，但只要舵掌握在他的手中，他就不會任憑波濤的擺布，而有選擇方向的主見。

歌德

【「萌詞」釋義】

　　古龍的《大地飛鷹》寫道：「不擇手段是人傑，不改初衷是英雄。」古龍分別拿人傑和英雄指代書中的班察巴那和卜鷹。意思是人傑和英雄不同，人傑無所不為，英雄不改初心。《道士下山》將其改為「不擇手段非豪傑，不改初衷真英雄」。陳凱歌在接受採訪談到電影《道士下山》中豪傑和英雄、不擇手段和不改初衷時稱，不擇手段，指的是在道路上不流俗、不從眾，獨樹一幟的人才，不是無惡不作、貪婪無恥的人；不改初衷，指的是不忘初心，堅持原則，也絕非是獨善其身。豪傑和英雄，之所以存在，是他們對社會大眾有所貢獻，有所犧牲。在危機管理中，初衷是指方向，手段則是指方法。有道是：「方向不對，努力白費；方法一對，事半功倍。」

【切入故事】

棄礦　九寨　澡堂

　　2014 年 12 月 11 日，新浪微博出現《渝北銅鑼山礦坑任性變「九寨」不收門票 約嗎?》一文，4 張美圖加上一段博文：「渝北區石船鎮銅鑼山上有 39 個採石留下的礦坑，現在成了湖泊，風景非常漂亮堪比九寨溝。昨日，晚報記者現場走訪了幾個礦湖，湖水湛藍幽深，山林蔥鬱茂盛，的確是主城內一片藏在山巔的美景。據悉，該地方沒有被開發，不收門票，要自駕最好選 SUV（運動型多用途汽車）。」石船礦山美景引來不少「驢友」、攀岩愛好者和攝影愛好者的追捧。

　　2015 年 7 月 21 日，《重慶晚報》以《重慶「九寨」成大澡堂 髒了太可惜》為題，報導近期氣溫不斷升高，尤其是朋友圈中一則《重慶周邊游泳納涼好地方》帖子傳播開來後，前來納涼避暑的遊客一波接一波，每天都有三四百人前往礦坑游泳。朋友圈所發帖子及配的湛藍湖面，讓

不少人感嘆：「湖水太美了！」「一開始是周邊居民，然後是前來銅鑼山避暑的主城市民，然後是慕名而來的各方遊客，這個『遊』，是指游泳的『游』。」當地居民如此形容。

記者將礦坑存在的安全隱患以及遭受的污染破壞，向石船鎮政府值班室進行了反應。工作人員表示，將通知安全和綜治部門前往現場查看，擬進行安全勸導和警示。政府將配合礦區正在進行的開發進行綜合治理，避免美景悲歌。

2015年7月23日，央廣網以《重慶廢棄礦坑先變「九寨」再變澡堂》為題，圖文並茂報導：《重慶晚報》刊發的《任性礦坑變九寨》，揭秘該美景後，引來不少「驢友」、攀岩愛好者和攝影愛好者的追捧。石船鎮政府人員說，這些遊客的到來已給環境帶來一定影響，但人流量不算大，影響尚處於可控範圍之內。但隨著近期氣溫不斷升高，前來納涼避暑的遊客絡繹不絕。7月22日下午，《重慶晚報》記者前往游泳人數最多的11號礦坑。礦坑標誌牌附近路面已停滿了車。幾名從沙坪壩驅車趕來的遊客，看見湛藍的湖水，已開始尖叫：「太安逸了！快給我拍幾張。」礦坑靠山一側有處高六七米的「懸崖」。一個接一個的遊客，選擇從「懸崖」上一躍而入，濺起水花。上岸後，「跳水」的遊客身上青一塊紫一塊，但一個勁地叫：「真爽！」記者發現，不少來此游泳的人，更多的是為拍出可以在朋友圈炫耀的美圖。現場不少遊客都帶了塑料袋，但主要是用來裝衣物的，離開時很少有遊客帶走垃圾。地上和礦坑內隨處可見塑料袋、菸頭等垃圾。當地居民說，11號礦坑湖面積有10多畝（6,000多平方米），礦坑內部並非坡形，而是懸崖式。雖然水足夠清澈，但離開湖邊1米左右，大多都是深不見底。當地居民估計最深處超過40米，平均深度也有20多米。在缺乏保護的情況下，存在嚴重安全隱患。

傳統媒體的報導經網路轉載後，不僅沒有帶來遊客的減少，反而是更多遊客慕名而來。

2015年7月26日是個週末，下午5時，筆者有幸與渝北區宣傳部、石船鎮黨委、石船鎮政府以及礦坑所在村村委會相關人員，實地見證了

媒體報導的壯觀景象。

停車長達幾千米，帳篷毗湖而搭，湖面高臺跳水，湖內遊人如織，而礦坑旁邊的小餐廳用餐的全是剛從湖內「洗澡」上來的遊客。村委會一班人大倒苦水，因為他們派出的4個勸說人員把嗓子都喊啞了，也無濟於事，設立的警示牌被遊客扔在地上，設置的路面障礙物被遊客破壞，垃圾遍地，湖水水質明顯變壞……

如何來破解這個由於一篇帖子、幾篇報導引發的遊客暴增，特別是如何保護遊客的生命安全，減輕環境被污染和破壞，成為最為迫切與最棘手的問題。

解決問題首先要發現問題，發現問題後必須科學地分析問題，然後有針對性地提出解決之道，要善於將原則轉變為具體的操作，並收到預期效果。

從表象上看是人多，而人之所以多，是車多，車之所以多，是媒體惹的禍！

如何來破解這道難題呢？

(一) 軟硬兼施，充分體現人文關懷

我們觀察發現，前往礦坑的遊客大多為自駕遊，堵住源頭，才能真正減少遊客湧入。為此，石船鎮聯合公安、交通等部門，在景區沿線路段設置禁停標誌，並安排執法人員現場執法，對違規違法者嚴處重罰，車輛亂停亂放現象得到遏制，交通隱患大大減少，遊客攔截率達80%以上。對於一些不聽勸阻、屢屢在景區做出危險動作的「頑固」人士，管理人員則引入輿論監督，通過媒體曝光予以震懾。由石船鎮綜安辦、駐村幹部、派出所、應急分隊、村社幹部、村社網格員等相關人員組成志願小分隊，在礦坑周邊開展實時巡邏，通過小喇叭、警示標語等形式，對跳水、潛水、攀岩等各種危險行為者進行說服和勸阻，曉之以理動之以情，讓遊客心悅誠服。志願小分隊調動周邊群眾積極性，自發開展收撿垃圾行動，維護環境衛生，以之感化「頑固」遊客。

(二) 疏堵結合，有效釋放遊樂需求

幾個尚未開發打造的礦坑徹底「火」了，一方面是因為銅鑼山地帶

空氣清新、礦坑湖面湛藍（網傳含有礦物質）、交通便利（離城區約半小時車程），另一方面是因為重慶主城人口眾多，旅遊休閒需求旺盛，城區近郊產品供應不足，供需矛盾突出。大批市民慕名而來，因安全、環保等因素被勸阻在礦坑之外，若需求不被釋放、情緒未被疏導，雙方極易發生衝突。石船鎮是傳統農業大鎮，農產品及旅遊資源豐富，明月山伏季水果帶全市有名。為此，我們在發放的勸告宣傳單中，正面印製《關於禁止在銅鑼山礦山公園內遊玩游泳的通告》，背面則以行業協會的名義邀請市民前往葡萄基地採摘新鮮葡萄和品嘗農家土菜，當地鄉村旅遊甚至迎來了小高潮。遊客表示：「雖然水沒耍成，但自採自摘也很有意思，葡萄品質好，不虛此行。」整個疏導過程也很順暢，未發生衝突事件。

（三）防控並舉，滅輿情之「火」於未燃

撲滅輿情之「火」，須改變頭疼醫頭的傳統處置方式，從監測、預判下手，提前介入，打早方能打小、打了。《重慶「九寨」成了大澡堂 垃圾遍地存在嚴重安全隱患》的報導出來後，我們預判，石船礦坑可能會人滿為患，遊客一系列危險行為對人身安全構成嚴重威脅。深入現場後，我們發現場面異常火爆，令人觸目驚心：遊客們輪番跳水，有的從六七米高的懸石邊跳入湖中，相互比高度，周圍還有人吶喊吆喝，而湖底情況不明，湖深幾米到數十米不等，極有可能造成人員傷亡；水的顏色也隨著人為破壞開始變得渾濁。媒體形成的問題還是要利用媒體來解決，我們及時邀請相關媒體深入實地採訪，在《臨空都市報》《渝北時報》分別推出《重慶「九寨」成澡堂 三四百人冒著生命危險「下餃子」》《重慶「小九寨」遭遇大困擾》等數篇報導，向遊客印發《關於禁止在銅鑼山礦山公園內遊玩游泳的通告》並將內容在渝北電視臺播放，講明利害關係和礦坑實際，引導遊客不予前往，把景區熱度降下來。否則等到一旦出現人員傷亡事故，謾罵、維權、指責聲一片，勢必被動，不能任由輿情之「火」蔓延。

【故事啟示】

媒體是把雙刃劍，既有成人之美，也有殺人之害。棄礦、九寨、澡

堂,這三個詞語的轉換,媒體在裡面發揮了重要的作用。如何處理好這個可能存在的隱患?在實際操作中,我們堅持了疏堵結合,以疏為主的理念。疏,就是一要利用媒體的力量來講清可能存在的危害性,減少輿論的圍觀;二要利用媒體的力量,在現場進行輿論曝光,讓這些開著小車而來的人們有一種被輿論監督的壓力感;三要利用公告與友情提醒等方式,讓遊客來了後,雖然不能游泳,但還有水果可採摘的選擇。堵,就是要在線下堵住源頭,包括車輛、挑頭人員等。

堅持「疏堵結合,以疏為主」的方向選擇,實現了「線下實體安」,不產生新的安全事故與生態破壞;「線上輿情穩」,沒有形成新的輿論災害與次生災害,未形成新的、持續的炒作。我們將渝北電視臺、《渝北時報》《臨空都市報》等區內媒體和華龍網、大渝網等網路媒體以及「渝北發布」微信、微博結合起來,構建了「多維一體」的宣傳格局。在節奏的把控上,我們沒有一味地狂轟濫炸,而是卡好時間點,緩緩推出系列報導,如同講故事一般,娓娓道來,讓關注者易於接受,沒有形成垂直的心理落差。

一、三大態度
——同情、抗壓、願景

初衷就是最初的願望和心意。不忘初衷就是不要忘記最初的願望和心意。有道是:「不忘初衷,方得始終。」意思就是說,一個人做事情,始終如一地保持當初的信念,最後就一定能得到成功。

初衷就是理念。「理者,物之固然,事之所以然也」。理念是「固然」與「應然」的結合。

在全媒體時代,危機管理中最重要的理念又是什麼呢?事實層面的

真相、情感層面的態度、價值層面的信任，一個都不能少。

有這樣一個算式：如果將英文 26 個字母由 A 到 Z 分別依次編上 1 到 26 的分數，知識（Knowledge）只能得到 96 分，努力工作（Hard Work）只能得到 98 分，只有態度（Attitude）才是 100 分，可見態度決定一切。

態度關鍵要具有同理心。商界領袖李嘉誠在汕頭大學 2015 年畢業典禮上演講時說：「同理心是一股無可量度的威力，是世界上最值得投資的『儲備貨幣』，它的規模、它的流通、它的價值，在人心之中是實在、全面和絕對的。」

什麼是同理心？

我們先聽一個似乎老掉牙的家喻戶曉的故事。

一把堅實的大鎖掛在大門上，一根鐵杆費了九牛二虎之力，還是無法將它撬開。無奈，鐵杆只好請小巧玲瓏的鑰匙來試試，只見弱不禁風的鑰匙輕輕地鑽進鎖孔，輕巧地一轉身，大鎖就「啪」的一聲打開了。

粗大的鐵杆不解地問：「論身體你沒有我大，論體力你更是比不上我，為什麼你就輕而易舉地就把它打開了呢？」

小巧的鑰匙說：「因為我最瞭解它的心。」

其實，每個人的心就像上了鎖的大門，即便你力大如牛，如果沒有同理心，仍然打不開別人緊鎖的心門。

同理心（Empathy）是一個心理學概念，最早由人本主義大師卡爾‧羅杰斯提出。學者們通常是這樣來定義和描述同理心的：同理心是在人際交往過程中，能夠體會他人的情緒和想法、理解他人的立場和感受並站在他人的角度思考和處理問題的能力。同理心包括兩個部分：一是認知同理心（Cognitive Empathy），又稱心靈內化（Mentalizing）或心智理論（Theory of Mind），是一種辨別他人心智狀態的能力。二是情感同理心（Affective Empathy），是一種以正確的情感回應他人情感狀態的能力。

同理心古今中外，由來已久。英國有句諺語：「要想知道別人的鞋子合不合腳，穿上別人的鞋子走一英里。」

正如 2,000 多年前的孔子所言：「己所不欲，勿施於人。」具有同理

心的人能夠做到「推己及人」。一方面，自己不喜歡的東西或不願意接受的待遇，千萬不要施加給別人；另一方面，應根據自己的喜好推及他人喜歡的東西或願意接受的待遇，並盡量與他人分享這些事物和待遇。

其實，同理心就是人們在日常生活中經常提到的人同此心、心同此理，設身處地、將心比心的做法。一言以蔽之：「居廟堂之高則憂其民，處江湖之遠則憂其君」。

無論在危機管理中面臨什麼樣的問題，只要設身處地、將心比心地盡量瞭解並重視他人的想法，就能更容易地找到解決方案。尤其是在發生嚴重衝突或誤解時，當事人如果能把自己放到對方的處境中想一想，也許就可以瞭解到對方的立場和初衷，進而求同存異、消除誤解了。

只要做到下面6點，就是一個有同理心的人：

第一，我怎樣對待別人，別人就怎樣對待我——我替他人著想，他人才會替我著想。

第二，想要得到他人的理解，就要首先理解他人——只有將心比心，才會被人理解。

第三，別人眼中的自己才是真正存在的自己——要學會以別人的角度來看問題，並據此改進自己在他人眼中的形象。

第四，只能修正自己，不能修正別人——想成功地與人相處，想讓別人尊重自己的想法，唯一的方法就是先改變自己。

第五，真誠坦白的人才是值得信任的人——要不設防地、以自己最真實的一面示人。

第六，真情流露的人才能得到真情回報——要拋棄面具，真誠對待每一個人。我怎樣對待別人，別人就怎樣對待我。

同情心不等於同理心。同理心比同情心程度更深，因而更難達到。同理心在危機管理特別是人際關係的溝通中發揮的作用也更大。

同情心是認知到別人的痛苦，從而引起惻隱之心。同理心是能夠感同身受，設身處地為他人著想，實際感受到他人的痛苦。當聽到他人遭遇不幸時，有同情心的人會說：「我真的替你感到難過。」有同理心的人

卻會這樣說：「我也遇到過這樣的事，我知道這是什麼樣的感覺。」同理心是牽涉兩個人的互動過程，必須認真地傾聽，並且善於通過「感情成分」和「隱含成分」來瞭解、接納對方真實的感覺，這是一種認同他人體驗的態度。

態度的「態」字就是「心大一點」。態度是世界上最神奇的力量，它棲息於思想深處，左右著我們的思維和判斷，控製著我們的情感與行動。正確的態度是成功的催化劑，錯誤的態度是失敗的一劑毒藥。面對危機，用什麼樣的態度來對待，就有什麼樣的可能性來現實。積極的態度可以使我們轉危為機，能衝破「不可能」的銅牆鐵壁，實現在超常情況下的正常發揮，甚至超常發揮，從而到達人生的頂峰，盡享成功的快樂和美好。而消極的態度使我們一生陷於困難與不幸之中。正所謂「積極的態度像太陽，照到哪裡哪裡亮；消極的態度像月亮，初一十五不一樣」。因為我們不消滅危機，危機就會消滅我們。

（一）同情力

同情力是一種能設身處地體驗他人處境，從而達到感受和理解他人情感的能力。同情力就是本位主義＋換位主義＝全位主義。本位主義是典型的「屁股決定腦袋」，考慮問題時以自我或小團體為中心，無論利弊得失都站在局部的立場上，而不顧整體利益的，對他部、他地、他人漠不關心的思想作風或行為態度和心理狀態。換位主義就是己所不欲，勿施於人，將心比心，以心換心，能將自己的內心世界，如情感體驗、思維方式等與對方聯繫起來，遇到問題時多站在別人的角度看問題，設身處地地為別人著想，從而與對方在情感上得到溝通，找到情感共鳴點、利益交匯點，形成溝通的最大公約數，為增進理解奠定基礎。換位主義既是一種理解，也是一種關愛。說到底，換位主義就是要做到以責人之心責己，以寬己之心寬人。全位主義就是既要考慮自己，也要考慮別人；既要自己活，也讓別人活。正如魯迅先生所言，面子是中國精神的總綱。

而季羨林老先生則講，考慮別人比考慮自己多一點，就是好人。在面對輿論危機時，與全位主義相對立的是把網民當下級，把媒體當敵人，最後是越弄越麻煩，致使危機惡化。因為不會寬容人的人，是不配受到別人的寬容的。

正確處置輿情案例：重慶某法院「黑名單」事件

事件回顧：2013年7月4日，《法制晚報》報導《重慶某法院設禁入「黑名單」——系國內法院首次出現 專家稱此舉可能導致審判不公 當事人舉報到最高院》。辭職飛行員趙某因要加班費敗訴後，對重慶某法院的終審判決不滿，向最高法院申訴。2013年7月1日上午，按照重慶某法院的通知，趙某在律師陪同下到法院參與案件調解。但法警對他的身分證進行掃描後拒絕他進入法院。同時，電腦上顯示出他的名字，上面還標著紅框，註釋是「黑名單來訪人員」，理由是「鬧訪」。2013年7月3日，趙某已經通過郵件和電話，分別向最高人民法院和中央第五巡視組舉報。《法制晚報》的報導被相關網站轉載，重慶某法院一時處於輿論的風口浪尖。

危機應對：2013年7月4日20:57，涉事人趙某發微博稱：「今天下午，重慶某法院黃某某副院長就『黑名單事件』登門向我道歉，黃副院長坦率、真誠、不迴避問題。重慶某法院明確表示，將高度重視本案，確保公平公正。我接受並讚賞重慶某法院不迴避問題、知錯就改的勇氣和行為。」

稍後，其繼續回應稱：今天和黃副院長一起來的還有某某。感謝重慶某法院的誠意。人無完人，誰都可能犯錯誤。但人民法院只要有認真做事的精神、知錯就改的勇氣，何愁得不到公信力呢？我已刪掉所有「黑名單」微博。

錯誤處置輿情案例：四川某鎮黨委書記「威脅我就是威脅黨」

事件回顧：2014年1月6日晚，達州電視臺曝出，達川區一夫妻投資70餘萬元在該區罐子鄉建成了石料廢渣回收處理廠，因沒有石料廢渣原材料，工廠無法正常投產。當農婦找到該鄉黨委書記羅某時，羅某爆

出雷語：「誰簽字找誰。我是市上下來的，你把記者叫來幹什麼，我認識的記者比你認識的多。」「感覺是你來威脅我，本來想給你解決，（因）你說法不對，不給你解決，你威脅共產黨！」其語出驚人的程度，不愧為「新年雷語第一炮」。「威脅我就是威脅黨」也迅速走紅網路，引發輿論關注。

危機應對：2014 年 1 月 7 日 20:44，達川區人民政府新聞辦官方微博發布消息：經初步調查，網曝達川區罐子鄉黨委書記羅某「威脅我就是威脅黨」等不當言論屬實，羅某已被相關部門停職，接受調查。而評論認為，「威脅我就是威脅黨」一事，不能對相關官員停職了事，而應積極反思現實土壤與製度設置。首要一點便是當官員們雷語頻現時，重塑官員價值觀應提上議程。畢竟，官員雷語頻現，不僅是一種價值錯位，也會給社會、給公眾以負面影響，更會減損政府部門的公信力。

講同理心，就是進入並瞭解他人的內心世界，並將這種瞭解傳達給他人的一種技術與能力。正如老子《道德經》所言：「聖人常無心，以百姓之心為心。善者，吾善之；不善者，吾亦善之，德善。信者，吾信之；不信者，吾亦信之，德信。」要做到「白天要懂夜的黑」，不能出現「白天和黑夜只交替沒交換，無法想像對方的世界，我們仍堅持各自等在原地，把彼此站成兩個世界」。我們應把「對方的世界」「兩個世界」融合打通為「同一個世界，同一個夢想」。

（二）抗壓力

危機來臨，打破了慣常的節奏與舒適，帶來了方方面面、裡裡外外、大大小小的輿論壓力。「彷徨」與「無助」成為危機管理者時常面臨的高頻狀態。很多時候，危機來臨，能否派出合適的人，用出合適的錢，在合適的位置，做出合適的決策，並且能夠得到合適的結果，這是非常需要智慧的一件事情。危機來臨，總是謠言與其相伴。很多時候，危機管理的過程，就是真相與謠言競跑的過程。最短時間、最佳方式、最好效

果是危機管理抗壓力的精髓。

正確處置輿情案例：網傳某區官員集體嫖娼事件

事件回放：2011年7月，天涯論壇出現某區官員北京嫖娼被抓的不實傳言。網稱某區某局與某鎮的8名官員美其名曰到北京去考察，結果去考察小姐去了，全部被抓了。對於這樣一個富有衝擊力的帖文來說，網民紛紛拍磚灌水。8名官員、北京、集體嫖娼、被抓，這些敏感熱點元素的集聚，具有相當大的殺傷力。稍有不慎，將會釀成全球輿論關注的熱點事件。

危機應對：相關單位第一時間發現輿情，並在核實相關真實情況後，得知網傳信息並非真實情況。某局以普通網民身分發帖稱：春節以來，所有官員均在崗工作，目前無一人脫崗。某鎮發表嚴正聲明稱：所有幹部職工均在崗工作，將保留向發帖人法律訴訟的權利。在這兩個關鍵性、證據性正面信息填充後，相關部門再通過社區申訴等手段，採取限制回覆與刪帖的辦法，使得輿情得以平息，讓真相跑在了謠言前面。

錯誤處置輿情案例：「女同學」不是官員不雅照的免責擋箭牌

事件回放：2014年5月20日，江蘇鹽城建湖縣一網友發帖稱：該縣住建局一名幹部在歌廳摟抱小姐。帖子還附有幾張兩人摟抱在一起的照片。照片中，一間豪華裝修的KTV房間內，一名身穿黑色衣服的中年男子在摟抱一位女子，非常不雅。照片中摟抱女子的人系焦某，為建湖縣住建局建設工程質量檢測中心負責人。焦某回應稱：春節前有外地的同學回家，然後就喊幾位同學聚聚，一高興就喝了點酒，然後去KTV唱歌時有了不雅的舉動。「我抱的是我女同學，不是什麼小姐。」

危機應對：2014年5月23日，建湖縣紀委發布消息稱：經調查核實，焦某構成嚴重違紀，決定給予開除黨籍處分，並撤銷其檢測中心副主任職務。「女同學」一詞迅速走紅。必要時刻，紀委迅速介入、果斷處理，還原事件真相於群眾。從焦某在面對輿論譴責時，「我抱的是我女同學，不是什麼小姐」的回覆中，也能深刻地感受到官員對於應對輿情技巧和方法的欠缺。誠實是面對輿情時必須做到的原則，網民不是傻瓜，

他們的懷疑精神和偵察能力是不可限量的。面對這樣龐大的一個群體，狡辯和撒謊都會被瞬間揭穿。焦某的辯解，將自己置於不誠實的輿論場之中，擴大了民眾的對抗情緒，輿論不斷升級。本來是想為自己的過錯開脫，卻不想又因為自己的「雷語」第二次引爆輿論，可謂是搬起石頭砸自己的腳。

講抗壓，就是面對危機，要扛得住，以激活正能量，激發抗壓力；就是要突出停、看、聽、挺四個字。危機來了，就是停一停、看一看、聽一聽、挺一挺，要停下來思考，誰能看清世界左右的人，誰才能左右這個世界，要聽一聽不同的聲音，包括對方的聲音、反對者的聲音以及自己內心最真實的聲音。同時，還要有「打落門牙和血吞」的「挺經」。

(三) 願景力

金一南教授講：危機管理不是追求最佳效果，而是避免最壞結局；不是企圖解決問題，而是控製事態。在危機管理中，願景力要實現三個層次的目標：一是要防微杜漸，預防危機的發生；二是要減少危機損失；三是要轉危為機，讓危機成為部門形象與企業品牌提升的契機。問題是時代的聲音，危機是自身的疫苗。正如馬雲所講，凡是有抱怨的地方，就會有機會。有時候，我們需要一種斬斷自己退路的勇氣，以及「不撞南牆不回頭——搭梯」和「到了黃河心不死——修橋」的決心，用結果說話。在危機管理過程中，必須實現過程論與效果論的統一，因為沒有人會關心你付出過多少努力，撐得累不累，摔得痛不痛，他們只會看你最後站在什麼位置，然後羨慕或鄙夷。

正確處置輿情案例：花季少女強奸致死，適度發布巧引輿論

事件回放：2014 年 7 月 9 日，在天涯社區、新浪微博、新浪博客等，出現「重慶××區 20 歲花季少女被中鐵某局領導輪奸致死，家屬被毆。求關注」的帖文。發帖人稱自己的一個同學楊某，被中鐵某局的領導 3 人輪奸致死，慘不忍睹！帖文配有死者生前照片與死者家屬現場維權被毆

打的圖片9張。該帖子稱目前各個消息均被政府壓下來，我們十幾位同學能做的也只有求擴散，求關注，希望政府嚴懲凶手，還有打人的也該治安拘留。

兩天左右的時間，天涯雜談該帖的網民點擊量達3.7萬餘人（次），回覆達到128條。天涯社區客戶端也做到了同步推送。在新浪微博客上，也有不少媒體人士對此關注，並挖出了初步核實的信息：死者楊某，死前還差兩天才滿20歲，大學學的空乘專業，2014年應屆畢業生，家住重慶市××區。死亡地點：重慶××酒店。涉案人：中鐵某局某領導、項目部經理等人。家屬稱瞭解案情時遭遇不明人員威脅和毆打。

國企領導、美女大學生、醉酒、輪奸、致死、家屬被毆打、公安機關不作為等輿情熱點因子的疊加，很快就會點燃整個輿論，成為輿論聚焦的熱點話題。網民稱：「看到這種事情我感到十分憤怒！在中央抓貪腐對這些貪官施以這麼大的壓力時，還有這麼幾個少數人在蠢蠢慾動，破壞社會和諧環境！我能做的就是在中央紀委監察部替你舉報這件事，希望能幫到你們！希望所有老百姓行動起來，不要給這些官員一絲機會！只要犯了錯，不管大小，全都一辦到底！」

危機應對：對此，屬地警方直接在天涯社區與發帖人進行對話接觸，講清實情，由發帖人於2014年7月11日12:35，在後面回應與發布相關刪除帖，稱：「此事已經引起公安機關的高度重視了，犯罪分子三人均已被抓獲，現已進入司法程序。本人發的帖子也未經本人證實，與實際情況有出入。本人也是道聽途說，請大家諒解！對受害家屬深感歉意。」

同時，加V認證的政務帳號，分別在新浪微博於2014年7月11日17:03，在天涯社區於2014年7月11日17:09，發布警情通報。

相關信息發布後，迅速澄清了事實，有效地回應了輿論關切，較好地平息了輿論發酵。該輿情處置之所以能成功，案情決定實情是關鍵，找準時機、找準平臺、巧妙回應是根本。發帖者本人提出的不實傳言的自述和官方帳號的正面回覆，前者起到了揚湯止沸的目的，後者則達到了釜底抽薪的目的，用事實還原真相，用行動表明打擊不法行為的態度。

同時，天涯社區在相關正面信息填充信息真空、還原事實真相後的及時限制回覆，也實現了輿論降溫的目的。

錯誤輿情處置案例：發帖嘆父親清廉遭人肉，「水木坑爹女」火了

事件回放：2014年7月11日19:00，一位名叫「pangjiaqiao」的網友，在曾因誕生「芙蓉姐姐」等網路名人名噪一時的水木社區職業生涯板塊發布了一篇名為《越長大越佩服我爸爸》的帖子。該網帖稱：「以前青春期時總是瞧不起我爸爸的為人處世，不夠圓滑，書生的酸腐，成天以自己是黨員要求自己也要求全家。長大以後，工作越久，見得越多，才明白爸爸一直在重要崗位卻一輩子從未貪腐是多麼可敬，也難以想像怎麼能在任何情況下都管得住自己的手。」

該帖還稱：「冬天回家還看到這個老頭天不亮就在社區鏟雪，比物業還早，夏天又種社區的花朵。還有四年老頭子就退休了，真希望他趕快待在我身邊。給我力量。」此帖發布後立即有網友回應「官二代你好」。

儘管「pangjiaqiao」否認稱「不是官二代，只是普通百姓家，僅僅崗位特別而已」，同時刪除了原帖，但還是引起熱議，被稱為「水木坑爹女」。有網友調侃「不作就不會死」，還有網友「建議紀委關注」。

網友挖舊帖曝光其個人信息。《還好爸爸媽媽給錢在南三環、北三環買了兩套房》這一舊帖被挖後，立刻招致了網友更激烈的質疑，其以往的其他發帖紀錄也迅速遭曝光。

水木社區整理的發帖紀錄顯示，「pangjiaqiao」為沈陽人，在北京有多套房，位於北三環、南三環等地，此外老家還有10套房。其父親為外地特殊崗位公務員。「pangjiaqiao」2014年還參與了北京的自住性商品房搖號。

這一事件也迅速擴散到了天涯、微博等社交媒體。僅在微博上，截至2014年7月14日22:00，「水木坑爹女」的標籤即引發1.1萬條討論，閱讀量達497.3萬條。而在百度中搜索該詞，顯示有700餘萬條結果。

危機應對：發帖者方某對南都記者表示，她家確實在北京的北三環、南三環擁有住房，但那是她與丈夫兩家家長共同購買的，「有買得早的(房)，主要是我老公投資，我當時還在上學」。方某拒絕透露北京房產的

面積、價格與數量，對網友所稱的「老家 10 套房」也未予置評。按照方某此前的發帖紀錄，她的月工資只有 5,000 元左右。在北京購置房產的資金來源，成為網友質疑的焦點之一。

對此，方某對南都記者回應：「我們家本來就理財。所有資金的增長和累積都是可以查到的」，並表示這是合法收入來源，「每一筆都有記錄，完全沒有問題」。

2013 年 11 月，方某曾在網帖中稱：「我們全家沒有學經濟的，全是草根，拿死工資」，並表示她家是「傻瓜買房法，平時大馬路上逛逛看到有新開盤的，便宜，就買。巔峰的時候 6 個月脫手就翻番呀……要不怎麼能靠工資在北京買得起房子」。

此外，方某父親的職位，也成為網友質疑的一大焦點。方某在帖子裡稱「爸爸一直在重要崗位，卻一輩子未貪腐」，這一點被網友認為是「矯情」。據水木社區網友搜索的結果，方某的父親供職於××省政協。

對此，方某予以否認：「當然不是，我父親是普通老百姓，我從來沒說過我父親是官。」

儘管方某否認網友搜索出來的人士是其父親，但有網友隨後晒出截圖，表示已向紀委舉報該官員。「我沒有想到變成這樣，也沒遇到這種情況。」方某表示，「我覺得沒有什麼好說的，清者自清。」

2014 年 7 月 16 日，「水木坑爹女」事件仍在發酵，事件當事人方某父親的身分和職位遭到網友的瘋狂檢索。媒體稱，其父親在××公司任職，並否認自己為官員。關於房產的數量，方某表示，北京僅有兩套住宅，還有貸款；老家並沒有 10 套房，自己的帖子曾遭曲解。

究竟是「女坑爹」還是「爹坑女」？「坑爹女」的故事引發其父遭人肉搜索，折射出反腐進入「微時代」。所謂「微時代」反腐，就是公眾善於從各種網路平臺的發言細節中發現涉嫌貪腐的蛛絲馬跡，並且窮追猛打，直至水落石出。與以往網路反腐所不同的是，「微時代」反腐中的網友已將腐敗現象作為共同的義憤，而非個人利益相關者的抗爭。在水木社區這個突出個人能力而非家庭背景的地方，網友呼籲地方檢察機關參

與調查。對「微時代」公眾自發參與到反腐行列，應積極引導和激勵。

願景是指願望看見的景色。講追求好願景就是指結合個人價值觀與組織目的，透過開發願景、瞄準願景、落實願景三部曲，建立團隊，邁向組織成功，促使組織力量得以極大化發揮。這包括核心信仰（Core Ideology）與未來前景（Envisioned Future）兩部分。要前行，你就得有準備。有危機，你就得有處置術。徽商曾經盛名一時。他們經常出門經營，走遍全國的各個角落。在他們身上，必備「一餅三繩」。餅，用於充饑；一繩用於捆綁行李，肩挑貨物；一繩用於攀岩渡橋應急使用；一繩用於不堪之際自盡。危機管理，一來要把自己該做的事情做好；其次要有好的心態，因為心態決定狀態。

二、三大原則
　　——攔平，撿順，說得脫、走得脫

　　線下決定線上，實情決定輿情。全媒體時代，除了態度層面的同理心外，思路決定出路、姿態決定狀態、格局決定結局。

　　原則是指言行依據的準則。所謂原則性，主要是指危機管理的「三線」：底線、界線與戰線。底線是指媒體與公眾的信息需求底線和組織信息輸出底線。在整個社會領域的經濟發展過程中，我們無論遭遇怎樣的矛盾衝突，面對輿論時的重要規則，有兩點必須注意：一是千萬不要把媒體逼成聯盟，放大了事實。因為到目前為止，我們國家還沒有一部專門的新聞立法，媒體所操持的權利是一種道德優先權，集中表現在合理質疑權上。在這種情況下，我們不要與媒體打官司，即使打贏了，媒體做出了更正，可事件的負面報導已成百上千篇了，巨大的表達力量不對稱。二是一定不要把大火引向鄰居，摧毀了自身形象。在危機管理中，

要防止阿Q心態。阿Q挨了「假洋鬼子」的文明棍後，碰見了靜修庵的小尼姑，忍不住伸手去撫摸她的頭。小尼姑指責他「動手動腳」，而阿Q理直氣狀：「和尚動得，我動不得？」危機來臨時，很多組織或個人都希望拉更多人下水，以為這樣可以造成法不責眾的局面。精讀歷史就能發現，這絕無成功的個案。界線是指堅守公共利益，引領公眾。戰線是指要善於團結意見領袖、網上「網路紅人」與精英媒體，從還原事實真相、構建社會共識的角度，來澄清真相，重建信任。

正如習近平總書記所強調的，要善於運用底線思維的方法，凡事從壞處準備，努力爭取最好的結果，做到有備無患、遇事不慌，牢牢把握主動權。底線思維的實質是一種科學的思維方法。掌握這種思維方法就能做到認真評估決策處事的風險，估算可能出現的最壞情況，從而處變不驚、守住最後防線。

一要科學認知輿論影響。全媒體時代的危機管理絕不僅僅是宣傳部門、公關部門的事，而是一種高級的領導藝術，是一個地方與團隊負責人管理能力、領導藝術和工作水平的具體體現。在黨報、黨刊為主的傳統媒體時代，大家奉行「酒香不怕巷子深」的理念。當時面對媒體時的公式為：地方與單位包括企業的形象與聲譽＝貢獻+貢獻+……+貢獻。在市場化媒體、商業網站出現的初期，這個公式變化為：地方與單位包括企業的形象與聲譽＝(貢獻+貢獻+……+貢獻)×媒體報導。而在微博、微信廣泛應用的社會化媒體時代，這個公式又重新被演變為：地方與單位包括企業的形象與聲譽＝(貢獻+貢獻+……+貢獻)×媒體報導×網民評價指數。當媒體報導與網民評價指數為零，一切貢獻可能都會被抹殺；當媒體報導與網民評價指數為負數，做的貢獻越多，可能情況越糟糕；當媒體報導與網民評價指數為大於等於1時，往往會取得事半功倍的效果。

二要準確把握輿論危機壓力。在傳統媒體與門戶網站為主的網路1.0時代，輿論危機管理呈現14天規律：第1~3天，媒體報導地方或企業出現問題，地方或企業選擇沉默；第4~6天，地方或企業正式發布聲明，對事件進行解釋及採取措施；第7~9天，形成新的報導高潮，以批評為

主；第 10～12 天，媒體報導地方或企業就此事件的轉變；第 13～14 天，媒體將被新的故事吸引。而在社區與微博、微信為主的網路 2.0 時代，這樣的 14 天規律將不復存在。地方與單位或企業面臨著輿論危機的「八面埋伏」，危機出現後，一個「喜洋洋」將面臨六個「灰太狼」。第一個「灰太狼」是當事人，要說法、爭利益，是內容傳播；第二個「灰太狼」是親友團，給聲勢、狀氣勢，是廣度傳播；第三個「灰太狼」是圍觀團，看熱鬧、等結果，是擴散傳播；第四個「灰太狼」是成見團，搭便車、下暗手，是深度傳播；第五個「灰太狼」是媒體團，炒熱點、說觀點，是升級傳播；第六個「灰太狼」是陰謀團，伐對手、爭利益，是立體爆炸。輿論危機燃點更低、觸點更多、烈度更大、危害更甚。稍有不慎，就會引火燒身，甚至死無葬身之地。

　　三要把握好時、度、效。習近平總書記強調，做好輿論引導工作，一定要把握好時、度、效。把握好時、度、效，充分體現了輿論引導的科學性和藝術性。把握住「時」，解決好「說不說、什麼時候說」的問題。要堅持重在早、貴在快，特別是面對重大事件和突發事件，要快速反應、及時發聲，做到搶先一步、先聲奪人。但對於一些熱點問題，事實並沒有完全呈現，各方還有較大爭議，就需要適當地緩一緩、看一看，不能盲目做判斷、匆忙下結論。拿捏好「度」，解決好「說多少、說多久、怎麼說」的問題。求最大「效」，解決好「說了要管用」的問題。要避免否認、耍橫、狡辯、沉默、官腔、推諉、隱瞞、玩狠、造假、篡改和造謠等危機管理的毒藥。工作做了，不等於效果就好；內容正確，不等於影響就大。要真正產生廣泛影響、達到滿意效果，必須下一番苦功夫、細功夫、巧功夫。

　　危機管理，輿情應對，自古方法有三：或防、或壅、或決。「防民之口，甚於防川」，屬「危機」意識；「川壅而潰，傷人必多」，是「封堵」惡果；「決之使導，宣之使言」，乃「疏導」良策。不同的理念，不同的方法，不同的結果。必須堅持「線下決定線上，實情決定輿情」的理念，首先要在共時性的空間層面，解決好實體問題，橫向要「擺平」。要堅持

「時間是偉大的導師」的理念，要在歷時性的時間層面，解決好經得起檢驗的問題，縱向要「撿順」，因為正如馬克思所說：「時間就是能力等等發展的地盤。」又如恩格斯所說：「利用時間是一個極其高級的規律。」要堅持「凡事看結果，成敗論英雄」的理念。要在現時性的行進層面，解決好結果導向問題，動向上要「說得脫，走得脫」。要把目標變成結果，把想法變成現實。正如魯迅先生有言：「事實是毫無情面的東西，它能將空言打得粉碎。」

(一) 擱平——根上穩定才是搞定

輿論危機的病症，既有實體問題在線下發酵引發的媒體圍觀與網上輿論的持續高燒，也有網上引爆，致使實體風險難控、危機加劇，還有線上線下交織疊加，形成的輿論風暴。對輿論危機的管控，一定要對症下藥，有的放矢。

實情決定輿情，要研究把握輿情生成規律，要研究把握輿情應對規律。

思路決定出路，格局決定結局。要做到藥到病除，解決問題是根本。作為危機事件處置的重要一環，輿情應對與事件處置本身互為表裡。事件處理得好，輿情自會應聲平息；輿情應對得當，亦可促進事件處置。個別地方企業之所以陷入突發事件的輿論漩渦而難以自拔，多因事件處理不當或輿情應對失誤所致。但從因果關係來說，實情決定輿情，網下決定網上。如果沒有對事件的實質處置，僅空洞表態，輿情難以平息，甚至反彈升級，加大事件處置難度。網路與媒體既非問題的起點，亦非問題的終點，而應是相關部門緊實接棒、破解問題的「拐點」。相關部門必須注重輿情引導部門與實體處置部門之間的有效、合法與無縫銜接。只注重線上溝通技巧而忽視線下問題的解決，很可能陷入「技巧誤區」，最終致使問題複雜，拖累有關部門公信力與企業自身形象。

正確處置輿情案例：恒大「資不抵債」——驚魂 36 小時

事件回放：2012 年 6 月 21 日凌晨，做空機構香櫞在其網站公布了一份報告，指控恒大地產「已經資不抵債，公司一直在向投資人匯報虛假的信息」。當日恒大地產股價應聲下挫近兩成，恒大上演驚心動魄 36 小時。

危機應對：2012 年 6 月 21 日 12：30，恒大地產發布第一個簡短的澄清公告稱「指控失實」。當天 13：30，恒大地產董事局主席許家印緊急召開電話會議，駁斥香櫞的做法。恒大董事長許家印、總裁夏海鈞亦在當日召開的緊急電話會議上，稱香櫞的指責「荒唐」「完全是造謠」。恒大地產則在第二天午間發出詳細澄清公告，對香櫞的指控逐一進行反駁，並表示香櫞相關指控完全失實，公司正考慮對香櫞採取法律行動。恒大地產展開的第二輪反擊，發布了詳細的澄清公告，針對香櫞報告的虛假內容進行了逐條批駁。在發布詳細澄清公告的同時，恒大地產召開全球投資者大會，號召團結一致共同打擊做空機構。同時，許家印帶頭收購相關股票。

除了恒大方面發布公告之外，力挺恒大的還有眾多國際投行。有媒體統計，2012 年 6 月 22 日一共有 8 家投行發布報告力挺恒大，並稱香櫞的報告不足為信。花旗銀行認為香櫞的報告中絕大多數觀點是不實的，並且已不是新聞，因此呼籲大家深入觀察事情的本質。德意志銀行指出，香櫞的報告表面上看來理據充分，但其實是基於大量假設，明顯對恒大的基本業務有所誤解。摩根大通也指出，香櫞的報告中對於財務上的指控均不正確，而大部分的分析亦忽略了內地房地產行業的基本會計準則。

此輪與國際做空機構的商戰，恒大地產得到了中國香港與內地媒體，以及中國網友的全力支持。各大媒體普遍支持恒大在許家印的帶領下，徹底打擊惡意做空機構，捍衛東方企業尊嚴。數百萬網友在網路上表達了支持恒大地產打擊西方經濟掠奪行徑的聲音。

香港《新報》援引京華山一研究部主管彭偉新的觀點指出，現在的報告可以完全沒有管制，喜歡寫什麼便寫什麼，一定是有心人的所為。

對於這場商戰，SOHO 中國董事長潘石屹在微博評論道：「一場沒有硝菸的戰爭，將成為商戰中的經典案例，供商學院的學生和開發商學習。」

在恒大危機中，我們看到恒大地產在第一時間監測輿情，在第一時間恒大地產董事局主席許家印積極站出來應對，進行反擊，花旗銀行等第三方力量介入，網友、投資人士和行業專家等多元聲音交織，團結一切可以團結的力量，積極應對，迅速展開了反擊，並最終贏得勝利。恒大地產順利捍衛了公司的品牌形象和全體股東的利益。

錯誤處置輿情案例：重慶恒大雅苑「樓沉沉」事件

事件回放：2012 年 9 月 30 日，重慶恒大雅苑一期 14 棟樓房交樓，但當業主到接房現場卻發現項目存在嚴重問題：主體結構地基下沉、裝修未通過驗收、強制業主接房三大問題。在業主發布的圖片中，一條能容下成人手掌的裂縫橫在路面中間、樓房入戶處尚未裝修完畢、住宅入戶門檻石斷裂、陽臺衛生間積水等多處問題。本該喜氣洋洋地接房的業主，卻紛紛不滿表示退房並要求賠償。業主利用各大論壇、微博等自媒體，通過圖片視頻、文化衫等進行宣傳。媒體也爆料重慶恒大雅苑紙板門、塑料牆、擅自改規劃等問題。網友在天涯社區、貓撲、搜狐焦房網等發帖，用文字和照片關注此事。

2012 年 10 月 10 日，在重慶市九龍坡區政府、重慶恒大公司和業主三方商討無果的情況下，業主堵住馬路，事態持續升級。

危機應對：2012 年 10 月 10 日上午 10 時，恒大重慶片區董事長就雅苑質量事故與業主代表見面，並當面承認：在房子未取得任何驗收合格證即通知業主接房是存在蒙混過關的心理；樓盤在 2011 年就發生了品質問題，但未通知業主；接到監督部門的停工通知後，在無復工通知下又繼續加層；內部成員與施工單位勾結腐敗；裝修質量有價格詐欺。後期，相關部門與恒大重慶公司就恒大雅苑事件向業主進行了正式的回覆。

一樣的恒大，面臨不同層級的危機，卻有不一樣的結局。從道上看，實情決定輿情；從法上看，思路決定出路；從術上看，格局決定佈局；

從器上看，佈局決定結局。眼界有多寬，事業就會有多大，這就是寬度決定高度；意識有多新，事業就會有多大，這就是性格決定命運。胸懷、眼界及意識共同作用就決定了邊界。一個企業要成功，就必須不斷擴展自己的邊界，使自己能夠更多融合其他的理念和先進企業的文化，以更加嫻熟的技巧應對各種困難與危機。

擺平就是水平，就是要突出一個「度」字，在空間層面處理好線下實體問題。希波克拉底有句名言：「凡事如果過度，皆違背自然。」度，就是分寸、火候與底線，要拿捏好。因為自由過了頭，一切亂了套。我們要正確處理梁漱溟先生提出來的人類面臨有四大問題，順序錯不得，即首先要解決人和物之間的問題，接下來要解決人和人之間的問題，然後解決人與自然的關係問題，最後一定要解決人和自己內心之間的問題。我們要真正做到公允妥洽，平正通達。在解決人與人的關係時要突出感性，在解決人與事的關係問題時要突出理性，在解決人與自然的關係問題時要突出共性，在解決人與自我的關係時要突出悟性。正如瑪格麗特・撒切爾所言：「所有成長的秘訣在於自我克制，如果你學會了駕馭自己，你就有了一位最好的老師。」

（二）撿順——無數人事的變化孕育在時間的胚胎裡

時間是偉大的作者，她能寫出未來的結局。因為在時間的大鐘上，只有兩個字——現在。

危機不是一天形成的，其演變有一個時間刻度上的由量變到質變的轉化過程。「年」教給我們許多「日」不懂的東西，「危」教給我們許多「機」不知的道理。在危機的處置應對上，要深知，榮譽與真理都是時間的孩子，不是權威的孩子。昨天的成績，就有可能成為今天的負擔、明天的問題。因為真理不在權威那邊，而在時間那邊。我們要盡力解決人民提出的問題，而不是去解決提出問題的人民；盡力去解決歷史遺留問題，而不是去遺留歷史問題；必須正確處理昨天、今天與明天的關係，

方才能撫順。時間無情,卻也深情。它讓該死的死,該生的生;讓該詛咒的歸於毀滅,該讚美的鬱鬱蔥蔥。

正確處置輿情案例:輿論放大鏡下的「拆除」樣本

事件回放:2014年1月14日13:03,網易「時事速遞」欄目首發題為《重慶一政府辦公樓現「金頂」違建》的圖文信息,爆料江北區某部門辦公樓頂出現「土豪金」亭子、閣樓和溫室大棚花園。該圖文信息迅速被多家新聞網站轉發,引發全國各地網站關注。網路點擊關注量迅速超過100萬人(次),僅騰訊、網易的新聞回應就超過5,000餘條,微博轉發超過1,000多條(次)。

2014年1月14日夜間,華龍網發布新聞《網傳重慶一政府辦公樓「金頂」違建 系企業修建已開始拆除》代表重慶市回應此事。2014年1月15日,新浪、搜狐、網易等網路媒體陸續轉載報導華龍網的新聞報導,負面信息增速放緩,輿論漸趨平穩。

危機應對:相關部門於2014年1月14日13:29發現在網易「時事速遞」欄目出現的題為《重慶一政府辦公樓現「金頂」違建》圖文信息,一邊向上報送輿情,一邊向下核實情況。經核實,報導涉及樓棟為江北區國資委修建並所有,分為互不相通的A、B兩區,B區被市內一金融公司租用。「金頂」是塗有普通黃色塗料的休閒亭,為昆侖金融租賃公司在B區自行修建,面積約60平方米,市規劃局認定確是違章建築,並召開專項輿情應急聯席會議。

首先,立即拆除。相關部門當即成立違建拆除組,立即進場拆除違章建築。其次,管控現場。相關部門動用大樓保安拉設安全警戒線,張貼工程施工標示。最後,主動發聲。相關部門明確六個要點:一是認定相關構築物違章;二是說明系企業租用政府配套綜合樓的企業行為;三是說明「金頂」實為普通黃色塗料塗刷;四是說明面積約60平方米;五是明確表態責令企業立即整改;六是發布消息稱企業自行拆除。此外,相關部門確定了本區官方微博首發,華龍網推送的傳播管道。

在拆違組完成第一輪拆除工作後,相關部門發布了相關微博:「今日

中午，網上出現《重慶一政府辦公樓現『金頂』違建》的圖文信息。經江北區規劃分局查實，此樓為轄區一企業租用的政府配套綜合樓。該企業在樓頂自行修建了塗有普通黃色塗料的觀景亭及周邊構築，面積約60平方米，均系違法建築。區規劃部門已責令該企業立即整改。據證實，該企業已自行開展拆除工作。」

隨即，華龍網發布新聞《網傳重慶一政府辦公樓「金頂」違建 系企業修建已開始拆除》予以推送。

新浪、搜狐、網易等網站陸續轉載報導華龍網的新聞報導，負面信息增速放緩，網民情緒得到有效緩解。很快國內共有89家網站轉發了華龍網的新聞通稿，並且均放在首頁，徹底扭轉了原來網上輿論一邊倒的態勢，輿論開始趨於平穩。

江北區「金頂政府辦公樓」相關輿情應對處置，這是一起輿論放大鏡下的公共事件。在短短數小時時間裡，重慶市江北區「最權威的違章建築」成為無數網民熱議的焦點。該事件中包含了許多可以迅速傳播的流行元素：充滿視覺震撼的金頂亭子、頗具規模的閣樓小屋、若隱若現的溫室大棚花園，還有區政府眼皮子底下的長期違建等。夾雜著這些元素，讓原本簡單的違建行為升級為整個社會對政府行為的討伐和曝光，一度讓當地政府成為媒體炒作和網民熱議的焦點。江北區「金頂政府辦公樓」的網路輿情對各級黨政機關處置突發性網路輿情具有樣本意義。

錯誤處置輿情案例：安慶市委書記手拿廢棄日曆紙做講稿，卻喝30元一瓶的礦泉水？

事件回放：2014年7月11日17:00，微博網友「交警朱小志」（本名朱達志，系安慶市公安局交警支隊宣傳科的民警）發布了一張安慶市委書記虞愛華出席活動的照片。照片中，虞愛華手裡拿著一張廢棄的日曆紙做講稿，日曆紙背面的字跡隱約可見。該微博聲稱要「為這樣的領導叫一聲好」。

朱達志稱，該照片攝於7月10日第十三屆安徽省運動會倒計時100天啟動儀式暨市職工運動會開幕式現場。

據中安在線報導，安慶市委辦公室的一名工作人員介紹，當天的講話稿是演講頭天晚上虞愛華自己寫的，內容大約600字，日曆紙的背面是空白的，當時他就直接在日曆紙背面寫講話稿。

市委書記用舊日曆做講稿的圖片很快瘋傳網路，網友紛紛讚其節約的作風。

不過，剛經過一天的一片稱讚聲後，輿論很快出現了新的變化。

7月14日16:34，《新民周刊》首席記者楊江發表微博表示，安慶市委書記虞愛華講話照片中，其身後主席臺中放置了高檔礦泉水。「此水名『覓仙泉』，安徽造，玻璃瓶身，我辦公室有一大箱，價格嘛，每瓶30多元275毫升。」楊江微博稱，「安徽記者馬屁亂拍要害了領導了。」

而此前，虞愛華於2013年3月就任安慶市委書記，一年之後，開始推行「殯葬新政」，但由於不斷傳出有老人自殺的消息，虞愛華處於漩渦中，廣受爭議。

網民稱，「細節透露真實」「不知是哪個拍馬屁的想炒紅安慶市委書記，結果馬屁拍到大腿上了」「作秀請全套，編劇猜到了開頭，卻沒料到最終還是毀在了道具上……劇本不錯，下次嚴把道具關吧」……

危機應對：「凡做反常之舉，必有可疑之處。」媒體與網民在這種習慣性的質疑中，將安慶市委書記再次推向輿論的風口浪尖。如何應對媒體呢？這位宣傳系統出身的幹部打出了三張牌。

第一張牌，快速回應，即由安慶市人民政府新聞辦官方微博「安慶發布」正面回應。其官方微博這樣介紹安慶：經濟強市、文化強市、生態強市，一座有戲的城市。該官微於7月15日1:39發布相關信息進行正面回應。覓仙泉礦泉水系企業為宣傳免費提供。據運動會承辦委辦公室介紹，覓仙泉礦泉水有限公司為行銷企業產品，形成廣告效應，免費為運動會提供飲用水。此外，還有眾多市內外企業為宣傳、推廣其品牌和產品，免費為運動會提供產品和服務。

網民回應稱：一個600多萬人口的地市官微，居然用空洞的辯解來應對，不附上相應文件、公示信息等連結，真假。運動會贊助也是一個系

統工程，如果事先不公開、不公示，只有幾個人知道直接操作，本身就是違規！一瓶35元的礦泉水只有賣給政府當官的喝，到市場上去賣一下試試，老百姓保證離它很遠很遠！這就是官商勾結的鐵證！這種礦泉水在中國百分之九十九點九的人是不喝的……致安慶宣傳部的法盲：據《公益事業捐贈法》規定，有權接受捐贈的限定為特定的主體，即公益性社會團體和公益性非營利的事業單位。除此之外，公民、法人或其他組織都無權接受社會捐贈。貴地「衙門」有什麼義務幫這種天價水推廣品牌呢？對於公民，必須疑罪從無，對於官員和政府，必須疑罪從有，請嚴查利益輸送。地方政府的高檔消費都是企業贊助？還是會務費、招待費都是統帳？企業為什麼會贊助地方政府？拉動內需還是帶動地方經濟？

第二張牌，回應平衡。網上也出現力挺虞愛華書記的一些聲音。有網民稱：「作為本地企業，為做廣告而為運動會提供贊助，一場體育賽事有商業行為，難道不是很正常的嗎？世界杯、奧運會、青運會等難道不都是有企業贊助的嗎？真想不通為什麼有人拿這個亂做文章。」

「今天在網上看到說虞書記的，我作為安慶一百姓，想說說心裡話。虞書記來了安慶，有好有『壞』：好的是安慶睡醒了，各行各業都動起來了，書記真抓實幹，安慶起變化了；『壞』的是當官的不好當了，幹部們不敢『放肆了』，當然一定得罪了不少人，就捕風捉影，拿運動會的礦泉水說事。」

「希望央視新聞經過確切調查，不要盲目轉載報導。某些居心巨測之人卻將一些捕風捉影的特寫鏡頭，通過其掌握的媒體話語權，傳播到各大主流門戶，將官員的個人習慣解讀成作秀，將企業的商業贊助解讀成高價消費，並且加以炒作。對於每一個人來說，這都是不可接受的事情。」

「既節約了會議成本，又幫助本地企業做了廣告。明明是一舉兩得的好事情，為何一定把人往陰暗處想？某些別有用心的媒體和個人太無聊啦！」

第三張牌，邀請第三方媒體為其背書。7月16日，《東方早報》以

《「風暴眼」中的安慶主官虞愛華：爭先進位意識強，慢不得》進行報導，稱這位哲學系出身的皖籍官員，常常出口成章。在安慶，他就提出，堅持「四手」，即「動手早、出手快、下手重、聯手幹」，把事情幹好、幹快、幹成。他還說，抓發展「急不得」，但「慢不得」，更「等不得」。一位熟悉虞愛華的安徽當地官員說，在日曆上寫講稿還真不算是虞愛華作秀，「他之前長期在省委宣傳部工作，養成了自己動手的習慣，以他的性格，拋開秘書，自己手寫講稿一點都不奇怪」。虞愛華是一個「工作狂」。「星期六保證不休息、星期天休息不保證」，幹部幾乎都會復述他的這句話。安慶官員看虞愛華，十分「敬」裡面，有三分是「畏」。「知我者謂我心憂，不知我者謂我何求？」在這條微博中，安慶書記留下了這樣一句「天問」。

不要讓昨日的成績，成為今天的負擔、明天的問題。這就是要站在明天看今天，站在月球看地球，用歷史的眼光來看待問題，用實踐的標準來檢驗成果。縱向上要突出一個「時」，就是要準確把握時機、時間，精準發力，藥到病除。因為只有以達成目標為原則，不為困難所阻撓；以完成結果為標準，沒有理由和藉口，才能讓危機真正過去，轉機真正到來。

（三）說得脫，走得脫——絕對不會遭下爛藥

生活會猝不及防地給你打擊，不幸是一所最好的大學。應對危機，你必須「說得脫，走得脫」。此語出自四川茶館，舊社會人們將茶館作為解決爭端和糾紛之地，稱「吃講茶」或「茶館講理」。親朋鄰里之間若出現了糾紛，雙方約定到某茶館「評理」。凡上茶館調解糾紛者，由雙方當事人出面，請當地頭面人物調解，雙方參加辯論的對手經過一番唇槍舌劍之後，由調解人仲裁。所謂「一張桌子四只腳，說得脫來走得脫」。如果雙方各有不是，則各付一半茶錢；如是一方理虧，則要認輸賠禮，包付茶錢。

言語是心靈的圖畫，言辭是行動的影子。危機來了後，很多人往往急不擇言，要嘛不說話，要麼亂說話，要麼說錯話，致使危機加劇。魯迅先生有言：「急不擇言」的病源，並不在沒有想的工夫，而在有工夫的時候沒有想。馬雲曾講，領導就是說話，領導的魅力是說話算話。「說得脫」是講如何說話，抓好媒體處置工作；「走得脫」是講如何干事，抓好實體問題的處置。在做好實體處置的同時，必須同步啓動媒體處置，做好主動發聲的準備。因為可與言而不與之言，失人；不可與言而與之言，失言。危機管理的關鍵之關鍵，就是圍繞爭奪話語權來展開。蒙田講：「語言只是一種工具，通過它我們的意願和思想就得到交流，它是我們靈魂的解釋者。」海涅道：「言語之力，大到可以從墳墓喚醒死人，可以把生者活埋，把侏儒變成巨無霸，把巨無霸徹底打垮。」說得脫，走得脫，讓我們巧妙面對危機，化危為機。

正確處置輿情案例：「某外資企業員工跳樓」事件輿論引導

事件回放：2013年5月某日，國內某大型外資企業一員工跳樓。接到報警後，當地公安、消防、醫療急救等部門以及該公司相關人員迅速趕赴現場。大家一邊對跳樓人員展開勸解，一邊急用充氣墊施救。在鋪設充氣墊時，該員工吳某從樓頂當即跳下，不幸當場身亡。

事件發生當日17:23，新浪微博一普通用戶首發微博，稱「某市某企業又有人跳樓了」。隨後，新浪微博、騰訊微博、天涯論壇、貓撲論壇和百度貼吧等出現關於吳某跳樓墜亡的圖文、視頻信息，網友紛紛猜測跳樓原因，並對該企業的管理方式進行了押擊。

該突發事件涉及「某企業員工跳樓」輿論焦點問題，很容易引發媒體聚焦，進而炒作，使事態進一步擴大。因此，當地迅速啓動應急預案，認真開展事件調查，積極回應網媒關切，妥善處置事件善後，有效引導網路輿論，較好地控制了網路輿論態勢。

危機應對：當地公安、管委會及企業相關人員成立專項調查組，全面準確地掌握了事件經過，並配合事發公司積極進行善後處理。在掌握實情後，相關部門對網路新聞媒體、商業網站、論壇、貼吧、博客、微博

等進行動態監測與多維度研判分析，隨時掌控輿論走勢的基礎上，對接下來輿論關注進行預測，提前預判，確定對外信息發布口徑，做好積極應對準備。同時，相關部門慎重選擇第一落點，有節奏地通過多種途徑對外發布：一是在當地管委會官方網站正面回應；二是利用當地宣傳部門官方微博進行了發布；三是在市、區主流網站發布，澄清事實。

此次事件發生後，相關方立即進行全面調查，掌握實情，及時還原事件原貌，讓真相跑在謠言前邊，換來民眾的理解和支持，掌握了輿論引導主動權。

該外資企業員工跳樓事件為什麼沒有火起來？一是突發事件輿論引導宜疏不宜堵，應積極應對，正面引導；二是加強了媒體官方微博和政府官方微博的聯動，注意網路媒體與傳統媒體的互動；三是通過密切監測和科學研判，準確把握苗頭性、傾向性的輿情，及時研究對策，有針對性地進行重點引導；四是把握節奏、力度和時機，採取靈活多樣的信息公開方式。

錯誤處置輿情案例：國家能源局新聞發言人「闢謠」成「造謠」

事件回放：2012年12月6日，媒體人羅昌平連發三條微博，實名舉報時任國家發改委副主任、國家能源局局長劉鐵男涉嫌學歷造假、巨額騙貸和包養、威脅情婦等問題。而當時劉鐵男正出訪俄羅斯，出席中俄能源談判代表第九次會晤並簽署相關合作文件。2013年5月12日，新華網發布了「國家發展和改革委員會副主任劉鐵男涉嫌嚴重違紀，目前正接受組織調查」的消息。該消息很快就傳遍了互聯網，成為新聞、微博、論壇、博客等各大媒介的熱點事件。

危機應對：2012年12月6日下午，國家能源局新聞辦公室有關負責人通過《新京報》表示，舉報內容「純屬汙衊造謠」「目前劉鐵男已經得知此事，其本人目前正在國外訪問」「我們正在聯繫有關網路管理部門和公安部門，正在報案，並將採取正式的法律手段處理此事」。

當事人之一的倪日濤，隨後也通過《第一財經日報》回應稱，這「當然都是誹謗」，雖然他與劉鐵男相熟，而且劉鐵男的兒子也確曾在他

公司上班，但「我和他沒有業務往來，他也沒有批覆我任何項目，銀行貸款我都沒有貸到，貸到也是正常合法貸款」。倪日濤還否認往被舉報官員帳戶打過錢，「根本沒有這麼回事」。

要知道，在沒有確鑿證據的情況下，舉報者一般是不敢隨意採用實名舉報的。更何況，舉報者還是一位頗具知名度、對相關法律知識十分熟悉的財經專家。國家能源局在沒有對舉報情況進行核實，甚至連來龍去脈都沒有瞭解清楚的情況下，就以單位的名義正式對外「闢謠」，指責舉報者「純屬汙衊造謠」，並聲稱要「採取正式的法律手段處理此事」，除了處理事務極不冷靜之外，顯然超出了正常的工作範圍，違反了新聞發言人製度的基本原則。

國家能源局新聞發言人的快速「闢謠」，顯然是受了劉鐵男的指使，使其成了劉鐵男個人的輿情公關和應急工具。這樣的做法，不僅嚴重違背了新聞發言人製度的初衷，也嚴重傷害了政府的形象和新聞發言人製度的正面作用。

輿論認為，新聞發言人「家奴化」有損機關公信力，讓公權蒙羞，不但要道歉，還要追責。《北京晚報》評論文章認為，對外新聞發言已經變為「家奴」代言，雖然討得「老板」的歡心，但卻極大地傷害了政府公信力和國家公信力。網民「遠洋大使」說：「光道歉遠不夠，判個包庇罪差不多。必須同時重罰故意掩蓋罪行的幫兇，才能減少自打臉面這類醜聞的頻頻發生。」《人民日報》法人微博在肯定實名舉報為「正能量」的同時，也質問「新聞發言人本是公職，怎會淪為『家奴』，為個人背書？」《中國青年報》評論員曹林認為，現在一些部門的新聞發言人製度確實已經異化為阻礙輿論監督的門檻，很多記者都感覺有了新聞發言人之後，對一些部委的採訪比過去更不方便了。《南方都市報》評論認為，新聞發言人護主心切映照出製度難局，要讓新聞發言人遵循職責而不是向權力獻媚。新聞發言人製度需要改革，但顯而易見，改革必須超越這個單一的領域才可能取得真正的突破。

危機管理，就是要在動向上，做到說得脫與走得脫。有些說脫了沒

走脫，有些走脫了沒說脫，有些既沒說脫也沒走脫，要突出一個「效」字。因為說話周到比雄辯好，措詞適當比恭維好。正所謂「話須通俗方傳遠，語必關風始動人」。

三、六大關係
——六維全景

風險社會是人類知識增長與科技進步引起的不確定性造成的，是工業現代化發展模式引發的一種全球性社會危機。一方面，危機和無常是生活本身不可逃避的一面；另一方面，人類文明的發展史，就是一部抵抗危機、戰勝危機的歷史。

危機的出現與處置是「多因一果」「雙因多果」的產物。因為聯繫的觀點和發展的觀點是唯物辯證法的總觀點、總特徵。聯繫是普遍的、客觀的、多樣的。現代科學證明，任何事物都通過物質、能量、信息的交換和傳遞，與周圍事物處於廣泛的、普遍的聯繫中。列寧有句名言：「如果從事實的整體上、從它們的聯繫中去掌握事實，那麼，事實不僅是『頑強的東西』，而且是絕對確鑿的證據。如果不是從整體上、不是從聯繫中去掌握事實，如果事實是零碎的和隨意挑出來的，那麼它們就只能是一種兒戲，或者連兒戲也不如。」

（一）從哲學層面洞察危機：對於危機有系統的反思

一是分清現象與本質，把握危機的本質。危機與任何事物一樣，都是現象和本質的統一。本質是決定客觀事物具有各種表現的根本，是客觀事物內在的相對穩定的方面；現象是本質的表現形式，是通過經驗可

以認識到的客觀事物外部的特性和特徵，是客觀事物外在的、比較活動易變的方面。處置危機，必須要透過現象把握本質，從現象入手去認識本質，運用理性思維從現象尋找本質，從表面的危機尋找深層的危機。不僅要透過現象發現本質，而且必須不斷地認識危機的更深刻的本質。

二是分清形式與內容，把握危機的內容。內容是構成危機的各種要素的總和，形式是把內容諸要素結合起來的方式。內容決定形式，形式依賴且反作用於內容。在把握危機和處置危機中，必須首先著眼於事物的內容，依據事物的內容及其發展，使形式適合於內容並推進內容的發展。

三是分清局部與全局，把握危機的全局。危機不僅有表層與深層之分，而且有局部與全局之分。現實危機是充滿矛盾、普遍聯繫、永恆運動的。沒有局部，就沒有全局；不認識危機的局部，就無法認識危機的全局。離開全局只看局部，或者把局部當成全局，其結果無異於「盲人摸象」。如果我們在危機的處置中，只見其一、不見其二，只見樹林、不見森林，囿於已見、以偏概全，把局部的危機誇大為全局，就必然使自己的主觀脫離全局，從而脫離實際，或者頭腦發熱、忘乎所以，或者悲觀失望、喪失信心。

四是分清主流與支流，把握危機的主流。危機作為客觀存在的事物，存在於運動過程中。在此過程中，有主流，有支流；有占主要地位的方面，有占次要地位的方面。在開展對危機的判斷和處置工作時，既不能抓住支流不見主流，也不能只見主流而忽視支流，尤其是不能把主流當支流，或反過來把支流當主流。只有抓住影響危機的主要矛盾和矛盾的主要方面，才能把握危機的主流，找到解決問題的辦法。分不清危機的主流與支流，就把握不到危機的性質與趨勢，也就找不到解決危機的辦法。

五是分清偶然與必然，把握危機的必然。必然是由事物自身的本質或根據決定的，在變化中所具有的確定性聯繫。偶然則是事物發展過程中表現的非確定性聯繫。現實世界中的任何危機，都是偶然性與必然性的辯證統一。處置危機，要在「亂花漸欲迷人眼」與「一頭霧水」中，

擁有「霧裡看花」的本領，即借助一雙「慧眼」把紛擾看得清清楚楚、明明白白、真真切切。正如錢鐘書先生所言，天下就沒有偶然，那不過是化了妝的、戴了面具的必然。

六是分清可能與現實，把握危機的趨勢。可能與現實是危機演變過程中所經歷的兩種不同狀態之間關係的一對哲學範疇。可能性是指危機發展過程中的潛在階段或狀態。現實性則是指已經產生出來的事物或現象的當下的存在。現實性是由可能性發展而來的，是可能性的展開和實現。在具體危機處置中，不能把可能性與現實性等同起來，把僅僅是可能的東西當成現實存在的東西，在實際應對中應避免盲目樂觀情緒。同時，只要具備了條件，可能性就能夠轉化為現實性，因而在危機應對中應當避免悲觀失望、裹足不前的情緒，努力創造條件，促使有利的可能性轉化為現實，避免有害的可能性轉化為現實。

危機的處理，就必須把握事物的本質、內容、全局、主流、必然和趨勢，反對本本主義、主觀主義、教條主義、經驗主義、形式主義、官僚主義。真正做到一切從實際出發，掌握和運用客觀規律，在實際工作中不斷轉危為安、化危為機。

(二) 從實際操作層面導控危機：「六維超弦」的立體燭照

危機管理之以事發地為中心，構建起六維超弦理論，如圖 7-1 所示。

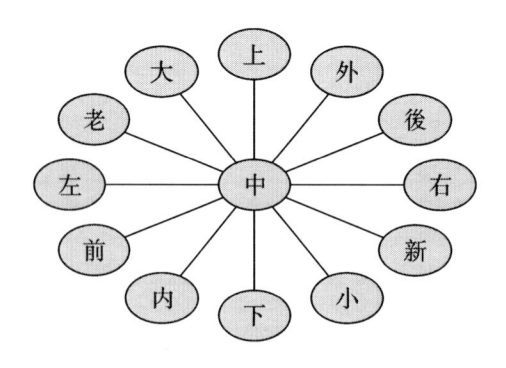

圖 7-1　危機管理之以事發地為中心的六維超弦理論

一是權力運行，上下相連。重大危機出現後，危機處置要以事發地或所在組織為中心，形成屬地部門為主、上級部門派人到現場指導、下級部門密切配合的無縫隙的危機應對機制。而作為事發地所在部門或單位，要調動所有資源，加強危機現場控製與善後事宜開展；同時必須上報信息，爭取上級的支持，並根據上級部門的指示或幫助，重心下移，掌控現場，有針對性地做好危機的應對與處置工作。

二是虛實並重，左右開弓。危機處置要成立高級別配置、條塊結合、能打硬仗的應急指揮領導小組。危機處置要堅持兩手抓，兩手都要硬，分實體處置與媒體輿論導控兩個方面同步推進。實體處置小組包括現場救援、醫療救治、道路暢通、事故調查、親屬安撫、通信保障、後勤供給、質量保證、退換賠償、法律顧問、生態保護等小組，切實做好實體危機控製。同時，成立包括關鍵管理者、公關專家、法律顧問、網路輿情、通信保障、市場行銷等在內的媒體導控組，負責做好輿情信息的收集研判、實體信息的掌控、記者動態的掌握、導控決策制定與信息發布、記者服務的實施等。在人力與精力的分布上，實體處置部門可占八成，媒體輿論導控部門可占兩成。但實體處置與媒體輿論導控部門存在相互聯繫與制約的共生關係，媒體輿論導控的兩成力量在關鍵時刻或發揮四兩撥千斤的作用。

三是相時而動，前後呼應。《左傳・隱公十一年》曰：「許無刑而伐之，服而舍之，度德而處之，量力而行之，相時而動，無累後人，可謂知禮矣。」相時而動，就是危機處置時，要觀察時機，針對具體情況採取行動。在危機發生前，我們要根據部門或行業特點，加強社會面輿情搜集。對可能出現的重大危機，要制定專門的工作預案，加強相關演練，做到有備無患。危機發生時，我們要善於根據具體情況的變化，在合適的時間做出合適的決策，派出合適的人員，調動合適的資源，取得最優或次優的效果。危機發生後，我們要對危機處置的前因後果、來龍去脈、成敗得失進行系統梳理與反思總結，從而優化預案、強化執行，防止和減少危機的發生。

四是有效溝通，內外並舉。有專家說：「危機處理的第一要務是溝通，第二要務是溝通，第三要務還是溝通。」危機來臨，溝通為先。危機溝通是指以溝通為手段、以解決危機為目的進行的一連串化解危機與避免危機的行為和過程。危機溝通有如人的血脈，如果溝通不暢，就如血管栓塞，會導致器官缺血壞死。第一，危機處置要做好與消費者或相關當事人的直接溝通。消費者或相關服務對象是危機的受害者或潛在受害者，也是從危機中恢復的潛在生力軍。相關人員要主動瞭解情況、承擔相應責任、暢通相關管道、及時跟蹤後續事項，使消費者或服務對象達到超乎預期的滿意。第二，危機處置要做好與上游供應商、下游經銷商以及資產提供的銀行與股東等利益相關人的溝通，以獲得對方理解、支持以及達成共識。第三，危機處置要做好內部溝通。這主要是指對包含企業領導層在內的全體員工的溝通，即通過主動通報情況、統一對外溝通管道、全員危機處理，積極爭取內部員工支持，避免謠言四處傳播，使員工將注意力集中於日常工作，保持對消費者和有關各方的積極態度。第四，危機處置要做好與第三方權威組織的溝通。危機爆發後，相關人員應按照管理權屬，盡快向有關政府部門和社會仲介組織如實報告危機發生的情況、損失以及對公眾的危害等，爭取第三方權威組織的幫助與支持；積極主動配合政府部門或仲介組織對事態的調查處理，並要求政府部門或仲介組織將調查結果公布於眾。第五，危機處置要做好媒體與網民的外部溝通。危機處置要正視媒體與網民的「雙刃劍」作用，用則為友，對抗則為敵，利用其積極作用，並制定與媒體的信息溝通策略，防止其對危機管理的消極作用，正確地處置好危機。正如石油大王洛克菲勒所說：「假如人際溝通能力也是同糖或咖啡一樣的商品的話，我願意付出比太陽底下任何東西都珍貴的價格購買這種能力。」

五是問題意識，除舊不新。問題是時代的聲音，危機來臨，有如穿越歷史的三峽，水域開闊卻暗流湧動，大河奔騰卻泥沙俱下。問題是事物的矛盾，危機是矛盾的事物。歷史無非就是問題的消亡和解決，現實也無非是問題的存在和發展。正如《士兵突擊》所言，生活就是一個問

第七章 不改初衷真英雄——危機管理之方向

題接著另一個問題。哪裡沒有解決的矛盾，哪裡就有問題。哪裡有問題，哪裡就會有危機。從辯證法的角度看待危機應對，其本身就是一個不斷發現問題、解決問題的過程。關鍵是要把問題放在現實語境中觀察，與實情對接、跟現實對表。處置危機，要按照「不迴避矛盾，不掩蓋問題」的要求，既要防止舊問題成為新問題，也要防止新問題成為舊問題；要防止不解決人民提出的問題，而去解決提出問題的人民等不良現象的發生；要勇於解決歷史遺留問題，而不為歷史遺留問題。

六是效果為王，大小相因。人生沒有如果，只有結果與後果。危機管理，效果說話。因為有危機並不可怕，重要的是想方設法將危機變為機遇。危機處置要態度誠懇，頭腦清醒，方法科學，才有可能贏得社會各界的信任和諒解，從而盡快擺脫危機，重新樹立良好的社會形象。危機處置要採取一切辦法和措施，調動一切資源和要素，創造一切條件，防止小事拖大、大事拖「炸」，盡全力做到大事化小，小事化了。

零維是一個無限小的點，沒有長、寬、高，只有時間。一維是平面的一條線或是一個線段。二維即前後、上下兩個方向，即只有面積沒有厚度的物體。三維是由長、寬、高組成的世界。四維就是在三維的空間裡能夠從一個地方瞬間移動到另一個地方，不易受到時間的束縛，因而可以使時間放慢或加快腳步。五維是由無數個四維空間根據某一軸線集合而成的。黑洞現象就是五維的表現。六維空間的存在是證實「超弦理論」的主要方面。其可以接納任何可能的形狀，而且都與其自身的世界相一致。危機管理的六維超弦理論，就是照顧了權力運行的上下、空間層面的虛實、時間層面的前後、溝通層面的內外、問題層面的新舊、效果層面的大小的辯證關係，從而實現了對危機管理的立體燭照。

四、重建信任

——核心要義

溝通心靈的橋是理解,連接心靈的路是信任。信任猶如一株生長緩慢的植物。信任不是指沒有誤會,而是總會給對方把誤會解釋清楚的機會。危機管理示人本相的就是要在紛繁複雜的表象中還原事實真相,在莫衷一是的眾說紛紜中重建社會信任。

信任是對話得以發生、持續並產生結果的前提,是交流的基礎和理解的源泉。危機管理就是要全力堆積信任籌碼,無論在何種情況下,都要讓對方覺得自己是可信的、負責任的。因為當我不信任你的時候,你在我面前的一切言行都是無效的。不要一味地糾纏所謂的真相,而是要站在重建信任的層面,通過自己的言行,構建起對內講大局利益、對當事人講共同利益、對社會輿論講公共利益的良好形象。要廣開言路,善於及時吸納各方有益的意見與建議,因為「人與人之間最大的信任就是關於進言的信任」(培根),而不能出現富蘭克林所說的「真話說一半常是彌天大謊」的負面形象。

如何重建信任呢?

(一) 思維層面:從點、線、面、網到球式

所謂系統,從哲學上說,是指由若干相互聯繫、相互作用的要素按一定方式組成的統一整體。系統性是事物的基本屬性,也是危機應對必須考量的核心範疇,與之直接相關的範疇則是要素和環境等。要素是指系統中被組織化的、相互作用和相互結合的因素;環境則是指在系統之

外並同系統相互聯繫和相互作用著的存在。系統思維就是在確認事物普遍聯繫的基礎上，具體提示對象的系統存在、系統關係及其規律的觀點和方法。其基本特徵有整體性、結構性、層次性和開放性等屬性，主要體現為點、線、面、網、球式思維的多元集成。

1. 點式思維，就事論事

如果管理者只看到了表面認識上的點，而沒有往深處去追究、探求其起源和本質，想的就是一個點，也就是拘於事務，不能觸類旁通，則只能就事論事。如果管理者用點式思維，肯定會不得其法，越想解決問題，越難解決問題。

2. 線式思維，遵循慣例

點發散後就形成下一級的線，是在兩點之間尋找一種邏輯關係，然後串成一條線，類似於定向思維，直來直去，由甲到乙，再由乙到甲。對線的認識，解決危機時，基礎是經驗，就是要認清範圍、類別、要求、要點、步驟、線索等。兩點之間，總會有某種關係存在的。找出了這種關係，問題的解決就有了機緣。

3. 面式思維，照顧空間

很多個兩個點之間，必然會組合成很多條線。這些線未必在同一個平面上。不在同一個平面上的這簇線，如何把握其間的關係呢？一種把握方式是將這些不在同一個平面上的線簇用面的概念進行區分，即在這一個面上的線簇表明了什麼，在那一個面上的線簇又表明了什麼。面式思維的應用重點關注總的範圍、總的類別以及所有的步驟與過程，實現了上一級是對下一級的歸納，下一級是對上一級的展開；檢查、核查、反思，通過建立系統觀和整體觀，確保橫到邊（無遺漏）、豎到底（講清楚）。

4. 網式思維，多維集成

事物的特性往往是多側面的，其側面之多，甚至到了難以窮盡的地步。如何才能對事物進行最精確的研究，並最終提綱挈領地解決問題呢？網式思維考慮的並不一定是同一個平面上的線條的關係，可能是跨平面

對各簇線條的關係進行追蹤，以普遍聯繫和辯證發展為思想武器，以信息網路為支撐平臺，從多點多面、多組多層、多角度多空間、多要素多系統的結構關係上反應事物、思考問題。其核心是連貫、完整、嚴密、科學、實用和易學。

5. 球式思維，融會貫通

球式思維是既能立足，又能跳出點、線、面、網的限制，能從歷時性與共時性兩個維度來進行聯想、創新，對集中發散的細節進行描繪與區分，從上下左右、四面八方去思考問題的思維方式。其核心就是「立起來」「動起來」思考。

以出租車車禍頻出為例，如果你只看到了單次出租車車禍，這就是「點」式思維。當你觀察到很多的出租車也「傷痕累累」，這是看到了一條線，這就是線式思維。當你考慮此時此地有哪些與出租車相關的要素時，想出了除了出租車之外，還有公共汽車、摩托車、私家車以及其他車輛。這時，你注重了空間層面的思考，這就是面式思維。當你從人、車、路三個變量來定性思考時，這就是網式思維。而當你想到提高初拿駕照准入門檻、加大出租車投入、提高出租車價格、限制牌號、不準貨車進城、加快建設人行天橋與紅綠燈設置、推廣行人文明過馬路等，都是與出租車相關聯的，這就是球式思維了。

（二）時間層面：早縫一針比晚縫九針要好

危機處置要善於打好提前仗，增強預見性。預見性是對事物未來走向的認知與把握，既要有「吃著碗裡的，看著鍋裡的，還惦記著外面菜地裡的」的遠見，也要有走一步、看兩步、想三步，立足當前、放眼未來的本領。

1. 沒有預見就沒有領導，沒有領導就沒有勝利

毛澤東在 1938 年發表了著名的《論持久戰》。他強調：「『凡事預則立，不預則廢』，沒有事先的計劃和準備，就不能獲得戰爭的勝利。」毛

澤東在中國共產黨第七次全國代表大會上強調：「坐在指揮臺上，如果什麼也看不見，就不能叫領導。坐在指揮臺上，只看見地平線上已經出現的大量的普遍的東西，那是平平常常的，也不能算領導。只有當還沒有出現大量的明顯的東西的時候，當桅杆剛剛露出的時候，就能看出這是要發展成為大量的普遍的東西，並能掌握住它，這才叫領導。」「盲目性是沒有預見的……而沒有預見就沒有領導，沒有領導就沒有勝利。因此，可以說沒有預見就沒有一切。」

2. 不怕跳，不怕鬧，就怕事前不知道

大風起於青萍之末，巨浪成於微瀾之間。預見性是對事物未來的認知和把握。未來不等於現實，但又離不開現實。因此，要正確預見未來，就必須對今天的現實有深刻的認識和瞭解。「山僧不解數甲子，一葉落知天下秋。」這就需要加強線下情報掌握與網上輿情信息的搜集與研判，運用大數據理論，善於從蛛絲馬跡與海量的數據中找到事物發展的徵兆，為下先手棋、打主動仗提供堅實的支撐。這就需要我們深入實際調查研究，瞭解今天各種事物存在的條件及其與各方面的聯繫、發展變化趨勢等，從中認識事物的本質，找出客觀規律性，為預見事物的未來提供可靠的依據。這就需要時刻注意學習新知識，接受新事物，不斷開闊視野，運用系統論、控製論、信息論、機率論、運籌學、管理學等新知識來分析與發現問題。

3. 要抓早、抓小，不能養癰遺患

毛澤東講：「馬克思主義者不是算命先生，未來的發展和變化，只應該也只能說出個大致的方向，不應該也不可能機械地規定時日。」在唯一不變的是變化、唯一確定的為不確定的時代，在計劃跟不上變化、變化引領著計劃的時代，我們要善於在問題中「發現未來」。第一次世界大戰的某戰役中，一位德國軍官通過望遠鏡看到一隻波斯貓。有人說這不過是一隻野貓，這位軍官卻分析道：「下級軍官絕不會有這樣名貴的貓，因此這附近必然有敵軍的一個指揮部。」結果，在暴風驟雨般的突襲之後，敵軍指揮部被德軍殲滅。看見不等於洞悉，只有經過深入思考，才能抓

住細節中蘊含的真相。所謂預見，就是從現實存在的事物出發，又不囿於現實存在的事物；是在洞察現存事物的本質和內在的必然性基礎上，對其未來走向的把握。這就要求我們做到耳聰目明、穩控局面。既要善於總結經驗、吸取教訓，經常對已獲得的感性認識進行篩選，進行去粗取精、去偽存真的辨析，從一般事物中概括出帶有普遍性的東西，作為提高預見性的參考；又要善於掌控局面，更加準確、科學地預見未來，更加有力、有效地處置突發危機，加強危機治理，把工作做得更好。

危機意識組成圖如圖 7-2 所示。

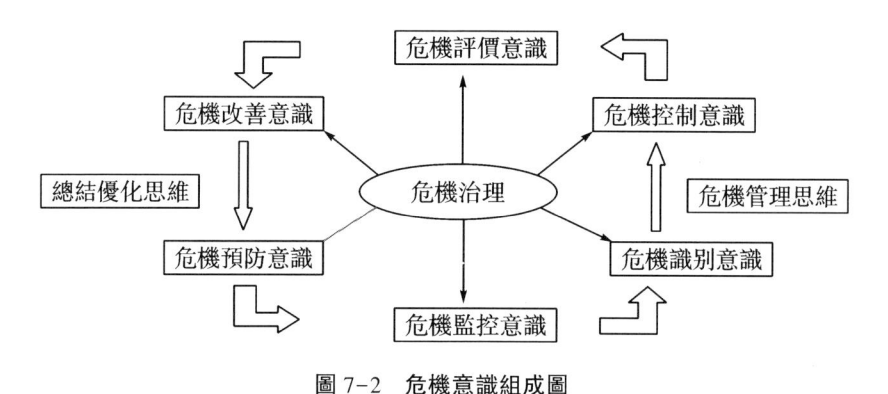

圖 7-2　危機意識組成圖

（三）從理念層面：善於在風雨中跳舞

風險是人類的宿命，危機是群體的症候。風險和危機是一種自然或社會現象。人類社會從誕生起就伴隨著各種風險與危機。從某種意義上說，人類的歷史也就是一部不斷戰勝各種風險與危機的歷史。危機如同生活中不期而遇的風雨。生活不是等著風雨過去，而是學會在風雨中跳舞。即便渾身濕透，也能領略生命的快意。

1. 由虛到實

實情決定輿情，原點決定終點。海因里希法則是指由美國著名安全工程師海因里希提出的「300：29：1」安全法則，即當一個企業有 300 個隱患或違章，必然要發生 29 起輕傷事故或故障，而在這 29 起輕傷事故

或故障當中，有一起重傷、死亡或重大事故。解決問題必須注重從事故原點出發的原則，找出風險與危機背後存在的某種隱患或觸發能量、耦合條件，找準具有初始性、突發性並與事故終點結果有直接因果關係的原點。把事情變複雜很簡單，把事情變簡單很複雜。我們需要把複雜的問題簡單化，以簡單方式解決看似複雜的問題。對於危機處理而言，我們在處理事故本身的同時，還要及時對同類問題的「事故徵兆」和「事故苗頭」進行排查處理，以此防止類似問題的重複發生，及時消除再次發生重大事故的隱患，把問題解決在萌芽狀態。對於企業而言，必須對質量或服務問題零容忍，出現問題要一查到底；必須將消費者擺在首要位置，第一時間解決問題而非推卸責任，不要認為認錯就是丟臉、損害形象；必須在危機時刻，保持信息與新聞發布的權威和透明；必須通過社會公益等活動，展現自身良好的形象。因為在工業思維時代，時間就是金錢、效率就是生命；在互聯網思維時代，連接就是金錢、信任就是生命。

2. 從守到攻

進攻是最好的防守，防守是最後的進攻。既然危機像死亡和納稅一樣不可避免，我們就要時刻做好準備，以應對「已知的未知」與「未知的未知」兩類不請自到的各種危機。面對危機，很多事都介於「不說憋屈」和「說了矯情」之間，但危機管理就是在開口與閉口之間選擇。在網路時代，事實不再局限於那些「已經發生的」「過去發生的」和「將要發生的」事件和現象。媒介技術進步和「公民記者」隊伍壯大，日益將「正在發生」的「事實」推向新聞前臺。依靠多人在線、自願協作方式提供多角度、多側面、多信源的「碎片化」報導，並在之後對之前的信息進行證實，這正是微博時代公民新聞的特點。應對輿論危機時，千萬不能狡辯、對抗、迴避、撒謊、逞強和隱瞞，而是要學會傾聽、示弱、主動、合作、公開和坦誠。我們既要利用傳統公關傳播範式，通過公關選擇媒體記者，然後通過媒體記者選擇大眾媒體向公眾發布信息，更要適應互聯網時代傳播模式是多通道、多路徑傳播的新形勢，選擇媒體記

者發布信息，媒體記者選擇大眾媒體發布信息，意見領袖通過自主選擇門戶網站、博客、微博、微信和論壇向公眾發布信息。其中，媒體記者和意見領袖兩者相互影響。

3. 從封到開

我們要從「新聞、舊聞、不聞」的理念轉變到「信息公開」的理念。因為管住了本地媒體，管不住中央和外地媒體；管住了境內媒體，管不住境外媒體；管住了傳統媒體，管不住網路媒體；沒有人能完全擋住網路以及最原始的信件和最基礎的人與人之間的口口相傳。要防止因應對不當引發輿情變異，由「事件新聞」變成「新聞事件」，由一次性災害變成多次次生災害的事件發生；要從一拖延、二隱瞞、三封網、四攔記者等致使危機更加嚴重的原有手段中解放出來，堅持「公開是例行，不公開是例外」，注意以網民接受的、符合國際化傳播規律的方式來發布信息，引導輿論；多講故事，少講道理，多傳播，少宣傳。

4. 從「堵」到「疏」

都江堰是公元前 250 年前後蜀郡太守李冰父子在前人鱉靈開鑿的基礎上組織修建的大型水利工程，由魚嘴、飛沙堰、寶瓶口三大工程組成，2,000 多年來一直發揮著防洪灌溉的作用，使成都平原成為水旱從人、沃野千里的「天府之國」，是全世界迄今為止，年代最久、唯一留存、以無壩引水為特徵的宏大水利工程。而其理念，就是以疏為主、疏堵結合的天人合一的理念。都江堰魚嘴分水堤、飛沙堰泄洪道、寶瓶口引水口相互配合，以疏為主，被譽為「世界水利文化的鼻祖」。而位於都江堰景區以北 5 千米處的紫坪鋪水庫樞紐工程，是岷江上游第一個水電站，當年在社會的一片爭議聲中才竣工驗收。都江堰水利工程是疏的代表，而紫坪鋪水庫卻是以堵為先，但孰優孰劣，在時間的長河面前高下自見。疏導、引導，從對抗思維到對話思維，應當是我們處理輿論危機的基本方式。傳播學鼻祖施拉姆曾經指出：「對於公眾危機，首先應該是信息公開。」

當記者來採訪企業時，一旦採訪遭拒絕，記者可以通過不同的方式

「回報」；通過「實話實說」般的「還原現場法」，披露被拒絕及失敗的全過程；從網上搜出相關的負面信息，「炒」以往醜聞的「回鍋肉」；放大「對立面」，實行缺席審判；通過言論文章，對其定性拔高。對網路上的負面報導要審慎刪帖，因為刪帖是沒有選項的選項，最好的危機公關是不刪帖，而是要疏中有堵，而這種堵是採取隔離的策略，在時間、現場、網路、受害人、責任人、原因、產品和信息上實行隔離。

5. 從慢到快

在螞蟻王國裡，總存在不少看似無所事事的「懶螞蟻」，它們不運糧、四處遊蕩。科學家經過觀察，發現事實並非如此，這些所謂的懶螞蟻有不少擔負著「危機雷達」的重大責任，正是由於它們的存在，螞蟻的危險預警和分工才得以解決。危機管理也一樣，只有注意了「危機雷達」的預警，在面對突發性事件時才能下先手棋，打好主動仗。當危機來臨之時，如何冷靜分析形勢，權衡各方利益格局，從而在複雜的利益與情感的博弈中做出最正確的決斷，這正是一種危機管理者必須培養的關鍵管理能力。任何一場重大的危機發生背後必然集結著利益謀取、媒體攻擊和輿論監督、道義譴責以及情緒對抗等衝突因子，如何對這些衝突進行有效的梳理，找到危機的核心之所在，是決定危機管理的成功與否的關鍵。面對危機，速度等於效益，危機管理要形成「競跑機制」，與時間賽跑，在事件的發軔、傳播、發酵、擴散、升級和爆發上搶時間；與媒體賽跑，現在的媒體不僅僅是報紙、電視等傳統媒體，還有微博、微信等新興媒體；與意見領袖賽跑。因此，危機管理要注重「兩個第一」，即第一時間和第一現場，在第一時間選擇適合的管道發出自己的聲音，應對輿情危機；做到「兩個馬上」，馬上上班和馬上處理。

6. 從快到好

危機管理要在第一時間告知專業的危機公關公司，借公關公司的力量進行危機的控製；要在第一時間告知全體員工，統一口徑，避免員工在面對採訪時不知所措；要在第一時間組織危機涉及部門迅速採取措施調查事件真相，新聞發言人發布信息，採取措施安撫公眾，組織律師對

受害者事件進行處理；要在第一時間把真相告知上級部門或者相關權威機構，進行公眾信心的樹立；要在第一時間疏導媒體，讓媒體沿著良性的方向進行危機的報導。危機管理要啟動問責機制，滿足網民與輿論的飽和心理預測，但要防止不分青紅皂白，不依法、依規、依程序，簡單強制、迫於壓力的「擠牙膏」式的問責。

【本章小結】

不改初衷真英雄，講的是危機管理的方向。跛足而不迷路者，快過健步如飛但誤入歧途的人。方向不對，努力白費；方法一對，事半功倍。危機來臨，首要的是方向問題，因為對於一艘沒有清晰航向的船來說，任何風都是逆風。為此，要有同情力、抗壓力、願景力的態度，有擱平、撿順、說得脫且走得脫的原則，有善於思辨的哲學思維與正確處理上中下、左中右、前中後、內中外、舊中新、大中小六大關係，然後堅持點、線、面、網、球的立體思維。危機管理，示人的本相就是要在紛繁複雜的表象中還原事實真相，在莫衷一是的眾說紛紜中重建社會信任。

第八章　不擇手段非豪杰

——危機管理之方法

不擇手段，完成最高道德。

馬丁·路德

【「萌詞」釋義】

「手段」的本意是指為達到某種目的採取的方法、措施，也指本領、能耐。「不擇手段」的「擇」是指挑選、選擇。不擇手段是指為了達到目的，什麼方法都使得出來。典故出處為梁啟超《袁世凱之解剖》：「為目的而不擇手段，雖目的甚正，猶且不可。」魯迅在《三閒集·通信》中講道：「要謀生，謀生之道，則不擇手段。」西方宗教革命家馬丁·路德說過：「不擇手段，完成最高道德。」手段是為目的的達成，正確的方法是成功的一半。在危機管理之中，應根據情況的變化，隨時調整應對策略，既要選擇手段，也要不擇手段，因為不擇手段本身就是一種手段。

【切入故事】

究竟先出哪張牌？

物價問題涉及民生、關係全局、影響穩定。鄧小平在20世紀80年代後期曾說：「物價改革非搞不可，要迎著風險，迎著困難上。」在深化改革的大背景下，面對物價這個異常敏感、牽一髮而動全身的話題，風險大、困難多，不改不行，改快了也不行。關於價格調整，媒體不報導不行，報導多了也不行。網上輿情民眾不議論不行，議論變味、走火也不行。物價改革是一個燙手的山芋，操作稍有不慎，就會成為輿論關切的熱點話題，並且極易導致群體異動。做好物價改革的輿情引導顯得十分迫切。

現實生活中，民眾對聽證會就是漲價會的輿論前置高度認同。而一些物價部門的「雷語」「雷行」，更讓輿論火上澆油。

2015年8月7日上午，鄭州市物價局召開「水價聽證會」，會場外戒備森嚴，眾多省級媒體記者被拒絕入內。參加聽證會的19名代表全部同意漲價，只是對調整方案的具體方式有不同意見。在聽證會結束後，鄭

州市物價局副局長朱孝忠在接受媒體採訪時，明確表示「漲價是政府的一項工作職能」，引起廣大網友的熱議。而多名代表也在會後匆匆離場，少有代表願意接受採訪。

媒體評論稱：「漲價是市場行為，調節價格才是政府職能。漲價不是老百姓不同意，而是老百姓要個公開合理的理由。而鄭州市物價局把聽證會開成閉門會、漲價會，老百姓接受不了。」

網民回應稱：「既然政府有漲價的職能，那麼降價必然也是政府的職能」「典型的形式主義與強權，該進醫院治治病了」「事關全市人民生活的大事，竟然拒絕這麼多的媒體介入，防媒體監督如防敵人。『一言堂』的漲價聽證會必將招致人民的反對」「這種聽證會毫無公信力，只能說明個別人的淺薄和粗暴」。

2015年9月16日上午9點，某市主城區城鎮居民用水階梯價聽證會召開。此前，該市物價局擬訂了該次主城區城鎮居民用水階梯價格方案，並通過官網、媒體向社會徵求意見，聽取各方對聽證方案的意見、建議。同時，該市物價局啟動聽證程序，徵集確定居民聽證會參加人及旁聽人，邀請媒體對聽證會進行報導。聽證會一直持續了5個多小時，中途午餐也是就地簡餐。37位聽證會參加人到會，35人進行了發言，同時部分市民旁聽了聽證會。與會代表提出了相關建議，包括提高一檔水量、水量設置應該考慮季節因素、出抬節水鼓勵政策、供水企業節約成本與給多人口家庭更多照顧等。

在階梯水價推行前的2012年，某市已經有按月推行階梯電價的做法。

隨著情況的變化，某市的階梯電價管理辦法將實行改革。擬實行由按月打表變成按年度打表的辦法徵收。從每月一標準到全年一標準，有利於綜合考量季節因素，削峰填谷，減少夏季高峰用電民眾的支出，從一定程度上減少民眾的實際負擔。

一個是階梯電價由以前的按月計價到按年計價，一個是階梯水價聽證後的結果即將公布，最終結果也許參照階梯電價的辦法，由聽證會的按月計徵到按年計徵。如何在電價階梯調整這個好消息與水價調整這個

敏感消息的發布中找到平衡點呢？

條條道路通羅馬。對這組信息的發布，其方法有以下幾種：

一是一鍋煮式。一鍋煮相當於吃火鍋，什麼菜都在一鍋裡面解決。此種做法就是由物價部門召集一次專題新聞發布會，對階梯電價實現由月到年計徵與階梯水價聽證會後吸納民眾意見，同樣比照階梯電價的方法計徵一起公布。

二是二面黃式。二面黃就是把豆腐打成小片，在油鍋中炸成兩面黃，之所以叫兩面黃是因為做這道菜之前要先把豆腐炸成金黃色。此種做法就是由物價部門在先前的一個時間公布階梯電價按年計徵的問題，然後等輿情熱度降低後，再來公布階梯水價按年計徵的消息；或者先公布階梯水價調整按年計徵的消息，再公布階梯電價按年調整的消息。

三是三明治式。三明治是一種典型的西方食品，其做法很簡單，主要以兩片麵包夾幾片肉和奶酪、各種調料製作而成，吃法方便，流行於西方各國。此種做法就是物價部門先公布階梯電價按年計徵的消息，然後在網上形成由月計徵到由年計徵的熱潮；趁勢推出階梯水價調整時，有代表建議考慮季節因素，實現由月度計徵到按年計徵的消息；在網上形成一定熱度後，再由物價部門擇機推出尊重民眾意見，實現由月度徵收到年度徵收的消息。

三種方法，各有優劣。如果從輿情的時間週期來看，一鍋煮式最優；如果從議程設置來看，三明治式最優。因為其達到了由「輿論牽著鼻子走」到「牽著輿論的鼻子走」的轉變；實現了政府議題、民眾議題、媒體議題的有效結合，避免了官民輿論場的撕裂和輿情的持續震盪。

最後該市的實際操作是週五發布階梯電價改革方案，隔一週的週五發布階梯水價改革方案。網上除了極少數習慣性「吐槽」外，沒有形成輿論炒作。

人生的意義不在於拿一手好牌，而在於打好一手壞牌。面對危機，要坦然面對。有這樣一個公式：

危機＝危險＋機會

危機−危險＝機會

危機如何成為轉機呢？

需要的是我們不擇手段地應對！

所謂的危機管理，就是要創造條件，減少危機的破壞性，增強危機的建設性，避免或減少危機的負面後果，並保證組織、相關人士等免於傷害。

危機管理由四個要素構成，即發現危機、孤立危機、處置危機與規避危機。所有的危機都蘊含成功的種子及失敗的根源，發掘、建立及得到潛在的成功機會，可算是危機管理的精髓，而不當的危機管理會使艱難的處境偏向更為惡化的地步。

在全媒體時代，危機管理要解決兩大問題：一是在眾聲喧嘩中如何讓黨和政府、地方部門、企業單位的聲音最響亮；二是在眾說紛紜中，如何讓自己的聲音最可信。「最響亮」解決「影響力」的問題，「最可信」解決「公信力」的問題。前者講「聽得到」，後者指「聽了信」。應對或管理危機有五個要點：一是減少、緩解危機；二是動員、準備資源以有效控制危機；三是回應社會與公眾的需求；四是危機後的恢復與重建；五是總結經驗，規避危機。

【故事啟示】

社會化媒體時代，危機管理靠人心，得人心者得天下；靠技術，沒有技術含量的危機管理，是永遠不可能得勝的危機管理；靠藝術，能夠在科學的真、道德的善與藝術的美的層面找到契合點；靠學術，既要有想法，也要有辦法，還要有說法，能把普遍的實踐認知上升到理性層面；有時還要靠點權術。《尹文子・大道下》有言：「奇者，權術是也；以權術用兵，萬物所不能敵。」

理論是灰色的，唯生命之樹常青。在全媒體時代的危機管理，是一門行進中的實踐的學問，也是一門遺憾的藝術。這既需要學院派式的理

論思考，又需要江湖派的實踐探索。因為危機管理就隔著一張紙，只有把紙外的東西弄通透了，你才會點石成金，收放自如；你才會無事心不空，有事心不亂，大事心不畏，小事心不慢。

胸有文墨懷若谷，腹有詩書氣自華。真正的高手，就是要熟知套路，勇於創新。套路，就是在長期實踐中累積的工具與方法。每個危機管理都應有基本的套路，但法無定法，也應該因人、因事、因時、因地而變。因為太陽每天都是新的，每次危機管理也是新的。

一、發現危機
—— 路見不平一聲吼

維特根斯坦是劍橋大學著名哲學家穆爾的學生。有一天，著名哲學家羅素問穆爾：「你最好的學生是誰？」穆爾毫不猶豫地說：「維特根斯坦。」「為什麼？」「因為在所有的學生中，只有他一個人在聽課時總是露出一副茫然的神色，而且總是有問不完的問題。」後來，維特根斯坦的名氣超過了羅素。

有人問：「羅素為什麼會落伍？」維特根斯坦說：「因為他沒有問題了。」

古人雲：「學起於思，思起於疑，疑解於問。」著名科學家愛因斯坦也說過：「提出一個問題往往比解決一個問題更重要，因為解決問題也許僅是數學上的或實驗上的技能而已，而提出新的問題、新的可能性，從新的角度去看舊問題，卻需要創造性的想像力，而且標誌著科學的真正進步。」

可見，問題意識對於一個人的成功是多麼的重要！因為危機管理的過程，就是不斷發現問題、提出問題、分析問題與解決問題的過程。

愛因斯坦曾說：「並不是我很聰明，而只是我和問題相處得比較久一點。」從某種角度上講，危機管理的首要之處就在於發現問題，因為沒有發現問題才是最大的問題。危機管理關鍵在於堅持以問題為牽引，找出「痛點」、瞄準「靶心」、消除「病竈」、減少「圍觀」，才能確保危機管理取得預期成效。

俗話說得好：「成績不說跑不了，問題不說不得了。」發現問題是一種能力，而且是一種超常發揮的能力。因為發現問題需要與眾不同的思考角度，需要於無聲處聽驚雷，從稀鬆平常、司空見慣處發現徵兆；需要從外界眾多的信息源中，在最短時間發現自己所需要的、有價值的目標信息。只有這樣才能夠從成績中發現問題，從例行中發現例外，看到事件背後的本源。

(一) 樹立正確的問題觀——淡漠問題是最大的問題

《管理百年》的作者斯圖爾特·克雷納說：「管理只有恆久的問題，沒有終結的答案。」實際上，工作就是不斷發現問題和解決問題的過程。有問題不可怕，可怕的是對待問題熟視無睹的態度。漠視問題是最大的問題，沒有憂患是最大的憂患。我們要樹立正確的問題觀，認識問題存在的客觀性。問題永遠會存在，每個地方、組織每個時期都有其特定的問題。老問題解決了，新問題又會出現。

問題是日常工作過程中，「應然」現象與「實然」現象間產生的偏差或失衡。以往，問題等於麻煩、壞事、困擾等令人不安、焦慮、煩擾的亂源。現在問題在狹義上的理解為現況與期望目標之間的差距，廣義上的理解則指一種現象的呈現，或者一種差距現象的呈現，或者一種反應出現實與預期差距的呈現，是一種指引，即達成預期目標必須加以修正的方向與行動指標。通過比較而產生的差距，就是問題。

成績與問題猶如一枚硬幣的兩面，永遠並存，如何正確地看待問題和解決問題至關緊要。問題是時代的聲音，是我們工作的指向。發現問

題是政治上的敏銳，分析問題是思想上的清醒，解決問題是實踐上的自覺。

人類認識世界、改造世界的過程，就是一個發現問題、解決問題的過程。毛澤東指出：「問題就是事物的矛盾。哪裡有沒有解決的矛盾，哪裡就有問題。」實踐發展永無止境，矛盾運動永不停息，舊的問題解決了，又會產生新的問題。問題是時代的聲音，每個時代總有屬於其自己的問題，只有樹立強烈的問題意識，才能實事求是地對待問題，才能找到引領時代進步的路標。

火起於幽微，災源於疏忽。以突發群體性事件為例，其演變一般遵循以下發展規律：先是有民意，即民眾對一些社會現象、社會政策、社會事件或一些項目施工的評說；然後演變成民憂，即民眾對一些與自己切身利益關聯的，或雖暫時不直接關聯，但會引發未來連鎖反應的事情引發憂慮；緊接著零星的民憂就會聚集成一定規模的民怨，即人民群眾對不恤民情的作為的怨言憤恨；而最終導致民怒，即民眾產生了實質性的對抗行為。

問題意識人人都有，所不同的是有強弱之分。問題意識較強的人，經常主動進行提問，努力進行工作改善；而問題意識較弱的人，通常是發發牢騷，或者乾脆閉口不語，很少提出建設性的問題。在現實工作中，有的人忽視問題，對矛盾熟視無睹，對問題視而不見，或盡量忘記它們的存在，不能見微知著、落葉知秋，一旦遇到問題，往往措手不及；有的人逃避問題，搞鴕鳥政策、選擇性失明，不斷拖延時間，等待問題自行消失，把一些本來應該及時解決的問題拖成了老大難問題；有的人自我麻痺，想把問題排除在意識之外，換得片刻解脫；有的人不注重解決問題，紙上談兵、誇誇其談，真正遇到棘手問題就捉襟見肘，在危機面前驚慌失措，錯過了危機阻隔的最佳時機，往往把小事拖大，大事拖炸。

問題本身不可怕，關鍵是對待問題的態度，必須克服各種對待問題的消極心態和認識誤區。對待問題的消極心態和認識誤區包括：一是迴

避問題。遇到問題繞道走。採取事不關己、高高掛起的不負責任態度，一味躲避問題不敢碰硬。二是掩蓋問題。報喜不報憂，欺下瞞上，弄虛作假，掩蔽矛盾，粉飾太平。三是袒護問題。信奉「家醜不可外揚」，沒有勇氣自己揭短亮醜，擔心丟人，損害形象，對問題諱疾忌醫，實則姑息縱容。四是懼怕問題。過分看待消極因素，被問題嚇倒，怕得罪人，喪失戰勝困難的信心。五是推卸問題。遇到問題「踢皮球」，推諉扯皮，推卸責任，上交矛盾，橫推責任，缺乏擔當精神。六是拖延問題。發現問題不及時處理，一等二看三拖延，得過且過混日子，作風拖拉，心存僥幸撞大運。七是應付問題。解決問題不求質量，應付檢查，敷衍湊合，只求過得去，不求過得硬，寧願打「補丁」，不願打基礎，治標不治本。八是輕看問題。標準不高，要求不嚴，對「小」問題不重視，麻痺大意，熟視無睹，見怪不怪，習以為常。九是厭倦問題。存在厭戰情緒，作風鬆懈疲沓，沒有樹立反覆抓、抓反覆的長期作戰思想。

必須克服這些錯誤認識，以積極的態度正視問題。問題既是挑戰也是機會，抓住問題，就抓住了機遇。要把解決問題當作改進工作的契機，借助問題完善機制，優化管理。要增強危機感和敢於暴露問題的膽識與勇氣，去主動地發現問題、提出問題；要勇於直面矛盾，敢於擔當，做到「我的問題我負責」，主動認領問題；要不找藉口找方法，堅信「只要精神不滑坡，辦法總比問題多」。只有提高認識，端正態度，才能為解決問題開闢前進的道路。

發現問題只是前提，能不能正確分析問題才見功力。現實世界的問題錯綜複雜，有來自內部的，也有來自外部的；有經濟領域的，也有政治領域、文化領域、社會領域的；有曾經經歷過的，也有從來沒有遇到過的。各種問題相互糾結，疊加連鎖。這就要求我們堅持用辯證唯物主義和歷史唯物主義方法，科學地分析問題、深入地研究問題，弄清問題性質，找到癥結所在。問題分析、研究得越透澈，解決起來就越有針對性。

增強問題意識，既要見思想，又要見行動。思想變為行動，重要的是把問題意識轉化為問題導向。這就要求危機管理必須堅持以解決問題為工作導向，瞄著問題去，追著問題走，從習以為常的現象中發現存在的傾向性、苗頭性、潛在性危機，想方設法地把問題化解在萌芽狀態，把問題解決在最小範圍之內。總之，危機管理能力，就是組織發現問題和解決問題的能力。

問題意識是一個組織與員工的責任心、敬業精神、主人翁意識的綜合體現。危機管理的核心能力則在於能否用正確的方法把問題解決掉。一個組織或個人面對問題和困難時所表現出來的態度和素質是其走向卓越或平庸的分水嶺。

可以說，有了問題意識，就會少出問題，不出大問題；沒有問題意識，肯定會多出問題，出大問題。

（二）發現問題——於無聲處聽驚雷

沒危機才是最大的危機，未發覺問題才是最大的問題。為何發現不了問題，找不到問題點？是不想找問題還是不會找問題，還是問題找上門來後自己沒有轍，或者即使發覺問題也不打算改善，被問題牽著鼻子走，任其發酵呢？發現問題，關鍵要有魯迅先生說的「心事浩茫連廣宇，於無聲處聽驚雷」的本領。發現問題，要對問題具有敏銳的洞察力，能夠發現已經出現的問題苗頭和尚未出現的問題隱患，進而及早地解決問題並預防問題的發生。

正如弗蘭西斯・培根所言：「如果你從肯定開始，必將以問題告終；如果你從問題開始，必將以肯定結束。」換句話說，當我們沒有問題的時候，問題就真正嚴重了。發現問題，揭開蓋子將問題暴露出來，這是個好消息，因為我們可以著手把問題解決，可以將之變成促進社會進步和提高自我本領的途徑。

有一個曲突徙薪的成語故事：

有位客人到某人家裡作客，看見主人家的竈上煙囪是直的，旁邊又有很多木材。客人告訴主人，煙囪要改曲，木材須移去，否則將來可能會有火災，主人聽了沒有做任何表示。不久主人家裡果然失火，四周的鄰居趕緊跑來救火，最後火被撲滅了，於是主人烹羊宰牛，宴請四鄰，以酬謝他們救火的功勞，但是並沒有請當初建議他將木材移走、煙囪改曲的人。

有人對主人說：「如果當初聽了那位先生的話，今天也不用準備宴席，而且沒有火災的損失，現在論功行賞，原先給你建議的人沒有被感謝，而救火的人卻是座上客，真是很奇怪的事呢！」主人頓時醒悟，趕緊去邀請當初給予建議的那個客人來吃酒。

最可怕的不是問題，而是不知道問題在哪裡。發現問題，往往比解決問題更重要。只有發現問題才能分析問題和解決問題。從某種意義上說，準確地發現和提出問題，往往等於問題解決了大半。

可以說樣說，能夠及時發現問題、勇於揭露問題，也是很大的成績。因為有了發現問題的能力，才能有不斷改進工作的基礎；有了揭露問題的勇氣，才能有不斷前進的動力。

多發現問題，就會少發生問題。如何在危機處置中多當「防疫站長」，少當「救火隊長」？我們既要發揮從體制內管道獲得結構化信息的能力，又要有在大數據、雲計算與物聯網時代背景下，捕捉社會上與網路上的非結構化的社情民意的能力。

1. 公開電話

對外公布的公開電話、服務熱線或行業投訴熱線，是行政機關、企業與社會組織感知危機脈動的第一道窗口，是發現自身問題的最直接的窗口。相關組織要建立公開電話的記錄、核查、交辦、辦結、回訪、督查等一體化機制，並善於從海量的熱線電話中尋找出規律性的問題，對普遍出現的問題要從製度上找原因，對反覆發生的問題要從規律上找原

因，找出解決問題的治本之策。

2. 來信來訪

來信來訪是服務對象對組織的信任。來信來訪集中反應了社會各個群體的利益訴求、行為模式和心理狀態。馬雲曾言：「機會就在有人抱怨的地方。當很多人都在抱怨時，機會就出現了——處理不滿、解決問題。但如果你跟其他人一樣抱怨，那你也就沒什麼希望了。所以當我聽到別人埋怨時，我就會很興奮，因為我看到了機會。」政府也好、企業也好，都要建立完善的來信來訪機制，做好對來信來訪案件的跟蹤處理工作，做好案件的歸類歸檔，善於從個案中總結出規律性的東西，使其成為自身科學決策、完善政策、改善服務的第一手材料。

3. 風險識別

存在於人們周圍的風險是多種多樣的，既有當前的也有潛在於未來的，既有內部的也有外部的，既有靜態的也有動態的等。風險識別是指用感知、判斷或歸類的方式從錯綜複雜的環境中找出自身所面臨的主要風險，並對其進行系統的歸類、鑑別的過程。

風險識別的程序主要分「三步走」。

一是篩選，即按一定的程序將具有潛在風險的產品、過程、事件、現象和人員進行分類選擇的風險識別過程。

二是監測，即在風險出現後，對事件、過程、現象、後果進行觀測、記錄和分析的過程。

三是診斷，即對風險及損失的前兆、風險後果與各種原因進行評價與判斷，找出主要原因並進行仔細檢查的過程。

風險識別方法可以分為宏觀領域中的決策分析（可行性分析、投入產出分析等）和微觀領域的具體分析（風險排查分析、資產負債分析、損失清單分析等）。下面介紹幾種風險識別的主要方法：

（1）生產流程分析法（流程圖法）。生產流程又叫工藝流程或加工流程，是指在生產工藝中，從原料投入到成品產出，通過一定的設備按順

序連續地進行加工的過程。該種方法強調根據不同的流程，對每一階段和環節，逐個進行調查分析，找出風險存在的原因。

（2）風險專家調查列舉法。該種方法是由風險管理專家對企業、單位可能面臨的風險逐一列出，並根據不同的標準進行分類的方法。專家涉及的面應盡可能廣泛些，有一定的代表性。一般的分類標準為直接或間接風險、財務或非財務風險、政治性或經濟性風險等。

（3）資產財務狀況分析法。該種方法是根據企業的資產負債表及損益表、財產目錄等財務資料，風險管理人員經過實際的調查研究，對企業財務狀況進行分析，發現其潛在風險的方法。

（4）分解分析法。該種方法是指將一複雜的事物分解為多個比較簡單的事物，將大系統分解為具體的組成要素，從中分析可能存在的風險及潛在損失的威脅的方法。

（5）風險排查法。該種方法是通過風險隱患集中排查，全面、準確掌握風險隱患的種類、數量和狀況，建立分級、分類管理製度和風險隱患臺帳，落實綜合防範和處置措施，完善監控體系，明確整改要求，實行動態管理，建立協調配合、高效聯動的機制，從源頭上預防和減少突發事件的發生的方法。

風險識別的總要求是做到三個「百分之百」。一是百分之百排查到位，對風險隱患實地查看，認真分析評估，不漏一起；二是百分之百建檔管理，掌握風險隱患的種類、數量等基本情況，健全分級、分類管理製度和風險隱患臺帳；三是百分之百落實整治，明確責任部門、責任人，落實綜合防範和處置措施，實行動態管理，完善監控體系，健全風險隱患排查監管長效機制，最大限度地減少突發事件及其造成的損失，保障公眾生命財產安全，維護社會和諧穩定。

風險隱患排查登記表和隱患排查情況統計表分別如表 8-1 和表 8-2 所示。

表 8-1　　　　　　　　　　　風險隱患排查登記表

風險隱患名稱		地點		行政監管部門	
主體責任單位		責任人		聯繫電話	
風險隱患基本情況	從前已知的風險隱患（　） 本次新排查的風險隱患（　）			
風險隱患具體內容					
風險隱患形成原因					
風險隱患的可控性	可控（　）　基本可控（　）　不可控（　）				
可能造成的危害級別分類	特別重大（　）　重大（　）　較大（　）　一般（　）				
可能引發的次生危害					
採取的防範措施及整改期限					
防範措施落實情況	已完成（　）　整改中（　）　尚未行動（　）				
應對該風險隱患的應急資源和應急能力儲備等情況					

表 8-2　　　　　　　　　　　隱患排查情況統計表

序號	風險隱患名稱	風險隱患所在地	可控性	級別	是否整改	主體責任單位	責任人	聯繫電話	行業監管部門

　　風險識別還有其他方法，如環境分析、保險調查、事故分析等。在識別風險時，應該交互使用各種方法。

4. 競爭情報

競爭情報簡稱CI，即「Competitive Intelligence」，也有人稱之為BI，即「Business Intelligence」。競爭情報是指關於競爭環境、競爭對手和競爭策略的信息和研究，既是一種過程，也是一種產品。

競爭情報包括了對競爭信息的收集和分析，指人們用合乎職業倫理的方式收集、分析、傳播有關經營環境與競爭者及組織本身的準確、相關、具體、及時、前瞻性、可操作的情報。競爭情報按載體及形式劃分的信息源及情報獲取方法主要有以下六種：

（1）公開資料。

（2）電子信息源。

（3）企業內部信息源。

（4）第三方信息源（人際網路）。

（5）口頭及實物信息（包括會展信息源）。

（6）廣告。

產品是指由此形成的情報和謀略，包括A級、B級、C級、D級四類情報。

① A級：關於事實和過程的情報。

② B級：關於趨勢、動向的情報。

③ C級：歸納事實、過程、趨勢、動向的情報。

④ D級：反應和認識事實、過程、趨勢、動向、一般現象和規律的情報。

從A級到D級，保密級別、價值、離散性和獲取難度遞減。

競爭情報應堅持準確性、全面性與及時性三大原則，具有以下三大核心功能：

（1）預警系統功能（監測、跟蹤、預期、發現）。

（2）決策支持功能（競爭方式、生產決策、新市場、技術研發）。

（3）學習系統功能（借鑑、比較、管理方法和工具、避免僵化）。

當前，要積極運用大數據、雲計算、物聯網技術，著力提升競爭情

報的感知、研判、分析能力，從海量的人流、物流、信息流、資金流中及時發現線索，真正使競爭情報活起來、強起來。

信息是社會的神經中樞。在信息社會裡，人們處理所需信息的能力變得越來越重要，它成為每一個人獲得競爭優勢的關鍵。未來的競爭完全可以理解為信息收集、運用、處理能力的競爭。只有掌握了足夠多的信息，特別是當你有而你的競爭對手沒有的重要信息時，你的競爭對手就開始發慌了。有時候甚至信息是可以明碼標價的。誰的信息更新、更快、更準確和更全面，誰就佔有更大優勢。

5. 輿論監督

輿論監督主要指人民群眾或新聞從業人員通過新聞媒體和各種宣傳工具對社會環境進行監測，發揮社會雷達作用，對社會行政管理機構或企事業單位進行的監督與批評的基本功能。

壞消息天然就是好新聞。白岩松曾言：「新聞從業者是社會這艘大船上的瞭望者。好的記者都是啄木鳥，而不是天天讓人開心的喜鵲。記者要像啄木鳥那樣，通過叼出樹上的一個又一個害蟲，既給自己提供食物，也讓樹木和森林保持健康。」當局者迷，旁觀者清。媒體或局外人站在第三方立場來發現企業或組織機體上存在的問題。企業和組織從壞消息中找出自身的風險，從某種意義上，就是規避風險。

以上是從體制內管道可以獲得的結構化信息，而更多的是需要從非結構化的管道中獲得有用的信息。

6. 輿情監測

輿情監測是對社情動態、輿論動向、民眾心聲、社會問題的一種及時和長期的關注、篩選、總結、梳理與預警，是對網下實體社會或網上虛擬社會上公眾的言論和觀點進行搜集和預測的行為。這些言論和觀點主要為對現實生活中某些熱點、焦點問題所持的有較強影響力、傾向性的言論和觀點。

輿情監測主要分三種：一是對社情民意的搜集，就是注意從民眾日常言談中發現問題，感知社會的脈動。這可以通過設立民意監測點、搜

集話題、專題座談、專家訪談等方式發現。二是對傳統媒體中一些傾向性問題的梳理，從中發現前瞻性的問題。三是對網路輿情的匯集。在網路輿情監控系統、人工搜索或社交圈等平臺，通過對網路各類信息匯集、分類、整合、篩選等技術處理，再形成對網路熱點、動態、網民意見等實時意見集成。輿情監控系統通過對熱點問題和重點領域比較集中的網站信息，如網頁、論壇、貼吧、微博、微信、客戶端、公眾號等，進行24小時監控，隨時監測最新的信息。輿情監控系統對信息進行初步的過濾和預處理；對熱點問題和重要領域實時監控，對熱點問題進行研判分析、聚類分析和摘要分析，並將監控的結果，分別推送到不同的職能部門，供制定對策使用。

輿情監測的難點主要有以下三個方面：

一是速度快不快。獲得信息越早，給應對和處置留下的餘地就越大，而輿情特別是網路輿情的發展往往是爆發式的，機會稍縱即逝。這要求我們注意信息引起社會反響的週期性、時效性等時間尺度方面的特徵，同時分析不同輿論之間在不同時間週期的變化和相互作用關係。

二是廣度全不全。對於社會輿情，如果聽見風就是雨，容易「攻其一點，不及其餘」，又因信息量大，致使很多重要信息可能被忽略。這要求我們要對輿論的意見代表性進行科學的甄別和分析，要注意分析某種意見是多數人的意見還是少數強勢意見，要捕捉少數強勢意見對受眾的影響及在其影響下受眾意見的變化，這樣才能真實反應社會的聲音。現在，對於微信群、QQ群等私密化圈群以及微短片等殺傷力極強的敏感信息，輿情監測人員很難在第一落點、第一時間獲得，這已經成為當前輿情監測的阿基里斯的腳踝。

三是精度準不準。海量信息條件下，如何準確地掌握問題的核心，而不為紛擾所困，是得出正確判斷的關鍵。這要求我們要善於發現一些苗頭，能夠使信息使用者及時判斷輿情走向，通過及時的調控和引導，減少社會震盪、保障群眾利益、維護社會正義。

輿情監測的思路：輿情系統要從互聯網浩如煙海的數據中挖掘信息、

判斷趨勢、提高效率，不斷增強關聯輿情信息的分析和預測，把服務的重點從單純的收集有效數據向對輿情的深入研判拓展，從注重「靜態收集」向注重「動態跟蹤」拓展，從致力於「反應問題」向致力於「解決問題」拓展，使輿情產品「更快」（預警快）、「更高」（站位高）、「更強」（建議強）。輿情處置不僅要還原社會真實的意見構成，還要找到輿論場的各方意識、各自訴求的交集點與最大公約數，澄清可能存在的誤傳誤讀，重構社會共識。

因此，要建立一套以技術為基礎、以人工分析為保障、以專家診斷和實驗診斷為依託的立體平臺建設，才可能探索出輿情預警的較為科學的體系，真正達到預警的目的。

7. 網路問政

網路問政就是政府通過互聯網平臺，建立「三微一端」、電子信箱、問政平臺等，主動聽取民眾的聲音。網路問政就是：對內，建立內部閉環式的處置流程，線上聽民意，線下解民憂，及時在線回應網民訴求；對外，接受包括服務對象在內的網民評價。這種對內閉環運行、對外開放評價的網路問政，達到瞭解民情、聽民憂、匯民智的目的，體現了以解決老百姓問題為宗旨，「讓信息多跑路，讓民眾少跑路」，真正解民困、紓民憂的理念，網路問政成為密切聯繫群眾的新橋樑，是集中民智、促進科學民主決策、妥善解決群眾訴求、快速化解矛盾糾紛的新管道，成為政府創新工作理念、與群眾溝通互動的新平臺。

在基層的實踐中，有的地方「網路問政直通車」已形成了一套完善的製度。例如，群眾發的每一個帖子，都必須責任到人；民意上網後，可在 20 分鐘內，一對一地向相關部門網路發言人傳達；各單位網路輿情的處置情況，納入年度效能建設工作目標責任制考核；群眾意見涉及部門必須在 24 小時內受理，5 個工作日內辦結，在規定時間內沒辦理將「亮紅燈」；群眾反應較多、涉及多個部門的帖子，網路問政平臺派出專人實地前期瞭解；對各單位辦理答覆的帖子，根據民意採納和反應落實等情況，派專人進行追蹤，對辦理不及時、處置不到位的公開曝光。

有的地方還引入了淘寶網和「點讚」的評價模式，對處置與回覆情況進行反饋，真正讓政府機關成為「店小二」，服務好不好，不再通過體制內單向度循環式的評價決定，而由被服務的群眾說了算。這種評價機制，真正對中國傳統社會的「官民關係」造成顛覆：政府和百姓之間的關係逐漸向服務者和被服務者的關係轉變。

（三）臺帳管理——製度累積與源頭規範

任何重大事故都是有端倪可尋的，其發生都是經過萌芽、發展到發生這樣一個過程。如果每次事故的隱患或苗頭都能受到重視，那麼每一次事故都可以避免。

必須基於自身實際，建立一套務實管用、運轉高效的管理機制，要解決有人辦事、有錢辦事、有法辦事、有章辦事等問題。建立以問題臺帳為導向的內部問題流程管理。

一套問題臺帳管理系統，可以幫助員工提高工作效率、釐清事務頭緒、及時查出問題、掌握工作大局。

問題臺帳管理的基本要求是注重實用、內容完整、簡明扼要。問題臺帳管理的具體要求是工作任務量化，責任單位明確，時間節點具體，操作簡單容易。可以說，問題臺帳是一套全員增效的系統工具。

問題臺帳運作程序如下：

（1）臺帳建立。各部門根據提供的臺帳模板建立相應的本部門工作問題臺帳，全面推行問題臺帳管理。

（2）臺帳督查。相關人員按職責分工對問題臺帳相關事項實行跟蹤督辦，日交辦、週督辦、月提醒、季度檢查、半年點評、年終總結。對問題臺帳涉及的重要工作、重點工程、重點項目，相關人員要適時組織相關部門開展專項督查，及時公開督查結果。

（3）臺帳反饋。對常規問題，相關人員按職責分工對臺帳相關工作進展情況按天、按週、按月進行動態登記、交辦督辦。對重大問題，相

關人員要及時交辦處理，防止事件升級。對做得好的予以表揚，對做的差的予以批評。

如何確保問題臺帳的正常運轉，並保證其取得實實在在的效果呢？

一要勇於盯，正視問題是解決問題的前提。問題本身不可怕，關鍵是對待問題的態度。必須真正做到「我的問題我負責」，主動認領問題，不找藉口找方法，堅信「只要精神不滑坡，辦法總比問題多」。

二要盯得上，發現問題是解決問題的基礎。高高在上、走馬觀花、蜻蜓點水，是發現不了實質性問題的。要從習以為常的現象中發現「不正常」，從司空見慣的事情中尋找「看不慣」，從一樣中看到不一樣，高標準嚴要求，才能發現問題，否則對問題就會麻木不仁，置若罔聞。

三要盯得全，完整把握問題是正確研判的依據。排查問題要做到橫到邊、縱到底、全覆蓋、不遺漏，防止冷門死角，尤其是「結合部」存在盲區。進行「拉網式」深挖細查，確保質量，不走過場；要避免只看見問題的顯露部分，而沒有看清問題的隱藏部分，被冰山一角所迷惑。彼得・杜拉克說過：「一知半解有時比全然不知更為可怕。」必須防止盲人摸象、以偏概全、妄作判斷。對問題既要有一葉知秋的敏銳洞察力，又要防止一葉障目、只見樹木不見森林。要廣泛發動群眾，全員參與全方位排查安全風險，形成自下而上人人查問題，自上而下人人盯問題的局面。

四要盯得準，精確分析問題是解決問題的要害。要在全面排查問題的基礎上，通過對問題進行細緻深入的梳理、診斷、分析、研究，把握問題的實質，認清問題的要害，準確定位定性，為解決問題找準方向。要防止讓假問題干擾、分散注意力，既要深入分析，抓住本質；又要系統分析，歸類建檔；還要突出重點，把握要害；更要盯住源頭，挖掘問題背後的問題，找準問題的根源。

五要盯得住，過程控製是問題管理的關鍵。要形成自控互控、聯防聯控的網路，確保問題始終處於受控狀態和範圍；要盯住關鍵，對容易發生問題的「危險源」設立安全警戒線。對那些容易「砸鍋惹禍」的安

全風險問題，要看死、盯牢、不失控，做到可控、能控、在控，控製問題的發生、發展，防止小隱患釀成大災難。

六要盯得緊，提高執行力是解決問題的核心。毛澤東指出：對主要工作不但一定要「抓」，而且一定要「抓緊」。什麼東西只有抓得很緊，毫不放鬆，才能抓住。抓而不緊，等於不抓。伸著巴掌，當然什麼也抓不住。就是把手握起來，但不是握緊，樣子像抓，還是抓不住東西。我們有些同志，也抓主要工作，但是抓而不緊，所以工作還是不能做好。不抓不行，抓而不緊也不行。必須防止「只心動不行動」的現象，對問題要緊盯不放、窮追不捨。要制訂整改方案和推進計劃，明確解決項目、標準、措施、時間進度和責任人。在此基礎上，要認真執行計劃，分階段推進，抓好落實；對整改計劃的執行情況進行跟蹤督辦，防止中途擱淺、拖延或走樣。

七要盯到底，徹底解決問題是最終的目標。盯問題最終是要用正確的方式解決問題。要追根問底，實行問題整改「掛牌督辦」和「銷號制」，做到件件有著落，事事有回音。要組織好對問題的銷號驗收，實行閉環管理。要善始善終，善做善成。要加強結果考核，獎優罰劣，為解決問題提供動力。要建立問責製度，緊盯不落實的事，追究不落實的人，推動問題的解決。

八要盯反覆，鞏固整治成果需要打持久戰。盯反覆、反覆盯，防止已解決的問題出現「回潮」，真正把標準變成習慣，讓習慣符合標準。要結合新的形勢和新要求，在更高的起點上查找存在的問題，在鞏固成果的基礎上進一步擴大成果，進而實現循環往復，常抓不懈，持續改進，動態達標。

九要盯長遠，探索把握問題規律是治本之策。老子的《道德經》有雲：「為之於未有，治之於未亂。」既要緊盯眼前抓整改，又要著眼長遠建機制，既要著力治標又要注重治本。要「用製度理事，用機制管人」，在常態化、長效化下功夫；建立安全預警機制和制定應急預案措施，提高非正常情況下的快速反應能力，超前防範和積極應對問題的發生，形

成製度化、程序化、規範化、常態化解決問題的長效機制。

十要盯自我，眼睛向內尋找問題的答案。實踐證明：問題在現場，原因在管理，根子在幹部。自我反省永遠是最好的問題解決之道。要眼睛向內找不足，多從主觀上找原因，不斷反思自身存在的問題。要把解決問題作為前進的動力而不是沉重的包袱，作為創新的支點而不是退縮的藉口。

問題臺帳管理法，關鍵要第一時間排查出自身存在的風險。一要多看。練就一雙慧眼，善於觀察和發現問題，不被表面現象所迷惑。二要多聽。多聽上級指示，釐清工作思路；多聽民聲，瞭解群眾的呼聲；多聽建議，集思廣益搞好工作；多聽來自各方面的情況反應，全面瞭解問題。三要多想。去粗取精，去偽存真，由此及彼，由表及裡，不斷增強風險鑑別力與排查力，從紛繁複雜的現象中區分是非、洞察本質，對各種風險與可能存在的問題做到見微知著。四要多排查。形成風險排查的常態化機制，對於存在的風險敢於「小題大做」和「抽絲剝繭」，及時排除，做到「防患於未然」，避免「堵漏於已然」。

【參考案例】

××對龍湖地產的研究

百度文庫上有××深圳區域本部市場行銷部對龍湖地產的研究一文，標題為：《他山之石——龍湖》。其信息來源包括龍湖地產內部會議、媒體報導、實際體驗等。

文章從「北京龍湖為什麼賣得好」切入，首先對龍湖地產的企業發展戰略進行研究。一是立足重慶，佈局全國。龍湖地產由北向南從沿海經濟圈中心城市輻射周邊城市群。二是區域聚焦，城市占比優於區域規模。區域與業態雙重平衡發展，區域聚焦的多業態佈局，單一城市占比優於區域規模增長。三是業務佈局，住宅集中於中高端市場。龍湖地產不做首置（首次置業）產品，只做再改（二次改善性置業）和豪宅客戶。四是公司理念——「善待您一生」。龍湖地產為客戶提供優質的產

品與服務，倡導優質生活。龍湖地產對建築規劃設計、施工質量精益求精，對環境營造精雕細刻。在此基礎上，龍湖地產更推出高品質的物業管理，為業主創造了健康、和睦、文明、尊貴的社區生活。五是企業產品觀——「不賣我們能造的，要賣客戶需要的；忘掉自己想要的，想想客戶願付的」。

強大的品牌號召力、眾口稱讚的產品、一流的客戶體驗、人性化的物業服務，鑄就龍湖地產在所進入城市領先的市場地位。龍湖地產為什麼能有如此成績？其核心技能主要有五個方面：一是資源成長地塊，大規模快節奏。集中城市主要發展區域、城市中心、優質資源區域的高成長性和稀缺性土地，分享區域發展和升值的紅利，這是龍湖地產的投資重點。二是聚焦高端，創新引領。龍湖地產的目標客戶集中於再改、豪宅客戶，對他們的市場期望和需求進行有效解讀，追蹤關注潛在高端客戶的需求和喜好轉變，善於引導市場趨勢及喜好，其創造的75%重複推薦率遠超同行。三是景觀出眾，最佳體驗。龍湖地產提供卓越的品質體驗感受，建立以客戶最佳體驗為核心的示範區，特別注重營造項目整體的人文氛圍、自然環境、優質建築，讓人震撼和驚豔。四是全國標準，成本優化。龍湖地產遵循標準化操作思路，不同城市的項目在保持標準的同時又保證品質處於螺旋式上升中。龍湖地產選用適合當地氣候與地質的材料，優化成本。五是細節品質，人性服務。龍湖地產秉承「善待你一生」的服務理念，貫穿到每一個細節，以細節感動客戶，以專業打動客戶，並以品牌故事的方式廣為宣傳，深入人心。

該文章從多個方面分析龍湖地產「驚豔的展示區」：一是內外界面分明，項目與周邊環境形成巨大反差。通往項目的路已有改變，還未明顯。入口，眼前一亮。樣板間，親和溫馨。售樓處，趣意盎然。二是精細化的綠化理念，小尺度上注重植物層次的搭配。三是注重色彩搭配，善於運用色彩對比，形成視覺衝擊。四是大小尺度空間的把握。注重人的感受，對視線的把握拿捏到位，近人尺度十分舒服。善於運用起伏地形、坡地，注重車行尺度。銷售大廳、樣板間周邊景觀做足功夫。五是全程

不同節點關注客戶感受。入口外秩序化種植雪鬆輔以低矮的花灌木，突出禮儀性與歸屬感。入口內部秩序化的銀杏簡潔大氣，彰顯出導向性強烈的空間。院牆外的植被景觀漸趨自然，緩和客戶的心態。入戶的處理溫馨、私密，使客戶能最大限度地放鬆自我。宅間近人尺度的灌木花卉，給客戶心理上的減壓。水景的加入，成為秩序與自然的過渡。六是通過示範區、售樓處和樣板間，展示出客戶未來的生活場景，通過體驗行銷感染客戶。

最後，該文章對龍湖地產快速的市場反應進行描述。2008年5月，北京市場進入深度調整，龍湖地產兩個在售項目銷售難度加大，新項目慘淡入市。三個項目均為龍湖地產自己的銷售團隊銷售，對市場和客戶態度的變化快速把握。半個月內T2項目迅速降價，C品類立即加裝精裝修，通過價格調整在市場深度調整前實現部分存貨快速出售。

××集團在與自身對比的基礎上，對龍湖地產的核心競爭力進行了集中梳理：

一是戰略上：一切以客戶為中心，行銷至上；區域聚焦，單一城市占比優於區域規模增長；專注目標客戶，目標市場集中於再改和豪宅市場，集中於城市主要發展區域、城市中心、優質資源區域的高成長性和稀缺性土地；標準化操作思路，保證品質，節約成本。

二是組織上：高效的決策，對市場變化快速反應，並快速做出決策，迅速調整策略；強大的團隊執行力，明確結果導向。

三是戰術上：建立以「客戶最佳體驗」為核心的示範區，提供卓越的品質體驗感受，特別注重營造項目整體的自然環境、人文氛圍、優質建築，讓客戶驚豔和溫馨。驚豔在於通過極具視覺衝擊力的景觀打動客戶。溫馨在於通過示範區、售樓處和樣板間展示出客戶未來的生活場景，通過體驗行銷感染客戶。

龍湖地產秉承「善待你一生」的服務理念，貫穿到每一個細節，以細節感動客戶，以專業打動客戶。

【案例點評】

據有關調查數據顯示，眼下有50%的企業不知道自己存在什麼問題，有30%的企業不知道如何解決自己存在的問題。因此，樹立正確的問題意識，弄清企業存在的核心問題，找到一套行之有效的解決方案，全方位地加大力度，徹底擺脫各類問題的羈絆，恢復企業健康，成為每一家企業不得不面對、不得不考慮和不得不解決的問題！什麼是企業管理中最大的問題？一位管理大師說：「發現不了問題是最大的問題。」而發現了問題又沒有解決問題或沒有解決好問題也是一大問題。在問題的發現過程中，特別是在競爭情報的搜集中，要注意：一是合法而不得非法。在正常獲取競爭情報的過程中，應該是沒有陰謀詭計，沒有偷竊行為、沒有敲詐勒索、沒有偷拍偷錄，也沒有假造身分等。因為這其中如果掌握不好的話，將直接涉及相關的不正當競爭與侵犯商業秘密等行為。二是充分利用網路。這包括定期瀏覽相關網站，參加行業聊天室與微信群討論以及QQ群討論，注意跟蹤競爭對手的網上招聘廣告，查找專利數據庫、網頁、競爭對手的公司主頁與公共微博、微信帳號、商業信息網站、網上競爭情報的動態管理站點與客戶投訴及回應等。三是管好個人微博、微信。現在微博、微信已成洩密的重要來源之一，以單位信息認證的普通員工的微博、微信，只要你發言，就可能被理解為代表公司，代表官方。語言必須文明，除非有充分的準備，一般不要談論競爭對手，不需要參與競爭對手微博的討論。雖未認證，但只要在微博名字、簡介中出現公司或活動名稱的，等同於認證。即使沒有認證，在業界已有大量的人知道你的公司，也等同於認證。個人簡介中「微博內容與所在的公司無關」是沒任何用的。四是堅持效果為王。要建立一套完善的雷達般的企業競爭情報系統，真正做到業界中、市場上、競爭對手、競爭環境，哪怕一點點「風吹草動」都能在第一時間內掌握，並能準確地做出分析，然後迅速採取行動，讓情報部門真正成為公司不可或缺的參謀部門；要建立一套完善的反情報系統，全面、有效地保護公司的商業秘密，保護好核心員工，讓商業間諜無機可乘。

二、孤立危機
　　——該出手時就出手

　　如果說發現問題是前提，那麼孤立問題就是關鍵。孤立問題的核心是將發現或發生的問題，按照防範在先、發現在早、處置在小的原則，及時切割病竈，有效減少危機帶來的損失，實現大事化小、小事化了、壞事變好的目標。

　　問題出現不可怕，可怕的是沒有發現問題；發現問題也不可怕，可怕的是沒有正確的理念、方法與能力，及時有效地阻斷危機、消除危機。

　　美國社會心理學家費斯汀格（Festinger）有一條著名的法則，被人們稱為費斯汀格法則：生活中的10%是由發生在你身上的事情組成，而另外的90%則是由你對發生的事情如何反應決定。換言之，生活中有10%的事情是我們無法掌控的，而另外的90%卻是我們能掌控的。其實能幫助自己的不是他人，而是自己。倘若瞭解並能熟練運用費斯汀格法則處事，一切問題就迎刃而解了。

　　如何利用能掌控的90%，來及時評估危機、預控危機、阻斷危機，在危機未到之前或在危機到來之後，迅速地孤立危機，真正做到大事化小、小事化了。這既需要人格的力量，也需要思想的力量；既需要道德正義，也需要實體正義與程序正義。因為道德正義可以彌補實體與程序正義上的缺陷，但實體與程序正義或許永遠彌補不了道德正義上的缺陷。正如道德可以彌補能力的不足，但能力永遠彌補不了道德的缺陷。

　　孤立危機，需要做好輿情評估、輿情研判、精準切割與前期處置等工作，既要防患於未然，也要處患於當然。

（一）輿情評估——對重大事項的 X 光體檢

黨的十八屆三中全會通過的《中共中央關於全面深化改革若干重大問題的決定》強調：健全重大決策社會穩定風險評估機制。建立暢通有序的訴求表達、心理干預、矛盾調處、權益保障機制，使群眾問題能反應、矛盾能化解、權益有保障。

中共中央辦公廳、國務院辦公廳於 2015 年 4 月發布的《關於加強社會治安防控體系建設的意見》強調：落實重大決策社會穩定風險評估製度，切實做到應評盡評，著力完善決策前風險評估、實施中風險管控和實施後效果評價、反饋糾偏、決策過錯責任追究等操作性程序規範。落實矛盾糾紛排查調處工作協調會議紀要月報製度，完善人民調解、行政調解、司法調解聯動工作體系，建立調處化解矛盾糾紛綜合機制，著力防止因決策不當、矛盾糾紛排查化解不及時等引發重大群體性事件。

從某個層面講，社會穩定風險評估的內涵與外延均大於輿情評估，但由於歷史與現實操作原因，輿情評估未進入或進入後所占權重不夠，致使社會穩定風險事件由「事件新聞」轉變為「新聞事件」的熱點層出不窮。加大對輿情評估的重視與理論研究，進而實現輿情評估（簡稱輿評）與社會穩定風險評估（簡稱穩評）的同步化，意義重大。

輿情評估是指相關方圍繞社會關切的重大問題或議題，評估社會輿論和民意承受力，對可能到來的輿情因子進行監測、預警、處理的一種製度手段和方法，目的在於防止誘發輿情因子爆發的因素發展與擴散，保證相關方在輿論中處於一個平衡的狀態。輿情評估機制的設置是從根源上防止大規模輿情事件的形成與爆發，並能推測措施運行情況與前景。

輿情評估既要注重事前的「評」，更要注重事發、事中與事後的「估」，還要注重對出現不可控事件的應對預案的「處」，讓風險評估全方位覆蓋制定、出抬、解讀、實施等多個環節，並制定與之相適應的高度細化、具有實操性的應對預案。輿情評估要從製度上防止先決策、後思考的慣性思維，真正做到先思考、後決策。

不把問題交給辯論的風波，就會把風波交給辯論的問題。要從試了才知道，到知道了再試。開展輿情風險評估以構建輿情風險源清單，要著力解決評誰、誰評、如何評、評得如何四個方面的問題。

1. 評誰？

哪些對象要進入輿情風險評估範疇呢？

輿情風險評估與社會風險評估不同但又存在交集。社會風險評估是評價社會對公共政策的理解和接受程度。經過社會風險評估，有些高風險的政策或決策可以不實施。輿情風險評估則主要包括兩大類：一類是對公共部門日常工作範圍內可能存在的輿情風險的、難以避免的問題進行評估，如治安問題、窗口服務人員的態度問題等。這一類別的輿情風險評估可以採取歷史事件梳理法，即通過梳理以往某一個公共主體出現的輿情信息，進行歸類和分析，歸納出常見的輿情風險源。另一類是經社會風險評估確定存在一定風險又不得不開展的工作。開展輿情風險評估可以構建起供輿情風險監測的指標體系，從而最大限度地實現輿情風險的精準監測。

由於社會影響直接，穩評已受到各方高度重視和深入研究，並初步形成了一套相對系統的評估方法。而輿評與之相比，無論理論研究還是工作實踐都要薄弱得多。同穩評相比，輿評應當更加注重風險識別、共識構建，減少輿論震盪與增強社會和諧的問題。

評誰——要解決評估範圍的確定問題。不同區域、不同領域由於歷史沿革、自然地理、人口態勢、經濟發展、民族宗教、輿論生態等因素不同，影響社會穩定與輿情風險的風險源、監控域、著力點也有所不同。但樹立人民立場、堅持群眾觀點卻是首要的共同原則。進行輿情風險評估，重在及時尊重民意、尊重輿論發展規律，妥善處理群眾利益問題為核心內容，察民情、體民意、惜民力、關民生，是推行輿情風險評估製度的初衷和落腳點。因此，凡是直接關係到人民群眾切身利益的重大政策出拾、重大事項確立、重大項目實施，包括涉及徵地拆遷、農民負擔、城鄉發展與移民、環境影響、國有企事業單位改革、社會保障、公益事

業以及民族宗教領域等方面，黨政機關在做出決策前，都應進行輿情風險評估。對重要節點、重大敏感話題以及重大案件的審理，都要考驗輿情可能出現的變化，都應進行輿情風險評估。

2. 誰評？

誰來評估可能存在的輿情風險呢？

這主要涉及評估主體的設定。重大政策、重大事項、重大項目、重大案件、熱點話題，很大程度上是涉及社會輿論的主要關切點及眾多相關群體的政策安排或資源配置，涉及眾多民意的基本走向。其震盪烈度與執行實施效果依賴於政府對社會輿論的總體把握與調適、對各利益相關者利益訴求的彈性回應質量。只有注重社會民意走向、建立相關利益主體廣泛參與的輿情風險評估機制，才能從根本上減少社會撕裂與輿論碰撞，解決社會穩定風險評估問題。從實際工作來看，比較理想的評估主體模式是探索建立多元主體協同評估模式，即在政府或涉事主體主導的基礎上，組成有關政府部門、利益相關群體、第三方專業機構、人大、政協成員、媒體及其從業者、網上活躍分子、律師等共同參加的評估工作機構。這裡需要強調的是，評估工作要更多地吸納話題主導者、利益相關者尤其是重大事項涉及的群眾代表參加；同時主動邀請專業機構、專家學者以及公共媒體等第三方機構進入評估過程。

3. 如何評？

這主要涉及評估流程認定與標準的制定。

理想的輿情風險評估機制是指系統應用風險評估的科學方法，全面評估待評事項可能引發的社會穩定風險，客觀預估責任主體和管理部門對社會穩定風險的內部控製和外部合作能力，科學預測相關利益群體的容忍度和社會負面影響，提前預設風險防範和矛盾化解的措施，進而確定該待評事項的當前風險等級，並形成循環。

立足國內的有益實踐與實際的工作探索，比較科學的評估流程應當涵蓋如下步驟：第一，組建或明確組織機構，確認評估對象及責任主體。第二，完善重大事項風險評估，在事前環節發現輿情風險點，並通過調

整政策規避或降低風險。若無法通過政策調整規避風險（如一小部分人的利益確實會受到影響等）則需從政策解讀、補償措施等方面尋求應對之策，並做好處置預案。第三，向目標人群進行專業解讀。在風險評估完成後，需要針對各項風險列出應對方式。如政策被誤讀，則需官方加強專業解讀，向誰解讀、通過何種方式、採用何種角度、是否借助第三方力量等則應盡量細化，以便輿情應對有章可循。第四，防範隱形推手煽風點火。對某一項具體內容可能引發一個群體的何種異動，其可能通過哪些管道採取何種方式鼓動民眾上街聚集等都要詳細掌控。第五，警惕落實階段輿情再起。相關決策與政策走過制定、發布、解讀等環節之後，官方輿情危機管理工作仍不能鬆懈。公共政策落地通常牽涉多個政府部門或多個行政區域，即便一項前期認可度超高的好政策，如果各方實際操作不當，也會引發輿論危機。落實階段尤其需要警惕原本對政策存在異議的群體再次表達不滿。

　　如何構建輿情風險評估指標直接關係到風險管理機制能否有效運行，需要參照一定的準則來設置，並需要在實踐中不斷調整。

　　評估指標要突出以下原則：一是客觀性。客觀性是指在宏觀上能夠客觀、準確地反應網路輿情風險的內涵及本質，能夠用客觀的數據來評估網路輿情風險的程度。二是科學性。科學性是指設計的評估指標概念明確、邊界清晰，能從不同的方面對網路輿情的風險進行識別並評估；整個評估指標體系的結構要層次分明，沒有交叉點。評估指標的科學性就在於用盡可能少的指標來反應盡可能全面的評估內容，選擇什麼樣的評估指標及指標數量的多少，都是需要科學的設計才能最終確定的。三是有效性。有效性是指設計的指標能夠準確反應網路輿情風險的程度，並且得出的評估結果符合客觀實際。四是可操作性。可操作性是指該體系不能只停留在理論上，人們需要利用這個評估體系對獲取的數據進行操作，得出最終的評估結果以指導網路輿情管理工作。要使評估體系的可操作性較強，就必須要求評估指標能夠符合評估過程中的數據統計和處理的需要，即評估指標的數量不能過多、層次不能過於複雜，評估方法也不能太繁雜，以免給後續評估工作帶來不必要的麻煩。

明確了評估原則之後，就要分析網路輿情風險的影響因素。從本質上講，網路輿情風險是社會風險的一種，因此可從輿情博弈角度來分析其影響因素。

輿情博弈論是指為了研究或解決輿情分析領域中參與主體如何發現並用於制勝「目標主體」的最優策略。博弈方包括當事人、利益相關者、媒體機構、意見領袖、網路暴力群體以及網路管理者等。博弈類型包括完全靜態輿情博弈、完全動態輿情博弈、不完全靜態輿情博弈、不完全動態輿情博弈。博弈的本質是公眾的社會心理在可見形式下尋求的表達分野與合流之過程。

如表 8-3 所示，客體博弈度與其他四度，構成了一個 20：80 的博弈矩陣。60 分（80-20）是一個輿情事件的分水嶺。當客體博弈度指標得分高，而其他四度指標得分低時，低於 60 分是安全的，高於 60 分是危險的。

表 8-3　　　　　　　　輿情風險評估指標 2：8 法

客體博弈度 20分	時間度（5分）：早、中、晚 方法度（10分）：軟、中、硬、一體化、動態化、精準化 溝通度（5分）：好、中、差
主體能動度 10分	領輿度（4分）：本身是或能調用「網路紅人」 白輿度（4分）：中產階層之怒 藍輿度（2分）：沉默的大多數
激體敏感度 30分	污名度（5分）：刻板印象 等級度（13分）：重特大、重大、較大、一般 關聯度（12分）：階層、時間、人數、區域
本體極化度 20分	線上發聲度（5分）：說一說 上下煽動度（6分）：搞一搞 線下行動度（9分）：動一動
承體聚合度 20分	媒體介入度（12分）：層級、外媒、類別、時長、版面、推薦、熱度 推手運作度（4分）：點、線、面、體 輿論遷移度（4分）：其他熱點轉移、同類熱點放大、不同熱點交織

4. 評得如何？

這主要涉及輿情風險管理機制本身的建構與維護以及輿情風險評估指導實踐所產生的效果。

定期開展風險評估與薄弱環節評估工作。其一，做好輿情案例累積工作，將本地、本企業及同類型企業以前發生的輿情熱點事件進行匯總，擴充案例庫容量，並對這些案例進行因子分析，警惕熱點因子及熱點事件，把握不同類型事件處理方式上的特點。其二，做好薄弱環節監控和評估工作，根據評估結果，對薄弱環節實施重點改革，包括工作目標、組織機構、工作流程以及績效考核方面。在全面把握薄弱環節信息後，進行重點監控。其三，要實現輿情風險問責制，對於出現重大輿情事件的部門要追究其責任，理順多個部門共同主管同一事件的職責分工，同時更要鼓勵與其他部門通力合作，尋求解決途徑，勇於承擔責任。責任的界定不應當單一化，而應涵蓋評估實施責任、評估審核責任、評估督辦責任等主體，其中評估實施主體承擔主要責任，審核、督辦主體承擔必要連帶責任。必須指出的是，輿情風險評估的問責，不僅要關注個人之責，更要追問深層面的「製度之責、結構之責、價值之責」。

科學把握輿情風險評估主要效果。在宏觀層面要以群眾利益與品牌形象為標尺導向，將維護公眾利益與促進社會公平正義相結合，將塑造良好形象與危機管理的矯形相結合，擺正改革力度、發展速度與穩定剛度三者之間的關係，擺正網下實體社會穩定與網上輿情動向平穩的關係。在中觀層面要關注熱點話題的導向性、動態性、可變性，重大事項的合法性、合理性、可行性、可控性的檢測方向，並且把評估過程與政府的效能建設相結合。在微觀層面則要高度重視組織機構內部信息互通和資源協調。

輿情風險評估製度旨在以風險評估的手段促進黨委政府、企事業單位注重重大事項決策與實施，真正體現以人為本、以民為先的根本要求，注重關注社會輿論動向，加強議程設置，減少輿情震盪。歸根究柢是否堅持了不斷實現好、維護好、發展好最廣大人民根本利益，使發展成果

更多、更公平惠及全體人民，在經濟社會不斷發展的基礎上，朝著共同富裕方向穩步前進。在此目標指引下，建立並鞏固一套完整的規範體系，著力提升評估工作的系統性、程序性和科學性，確保工作實效。真正實現評估的過程，既是聽取民意、摸排風險的過程，又是相關利益主體共同協商，進行風險溝通的重要過程。輿情風險評估不應只是單純提出評估結果，還應該通過規範程序使利益相關主體對重大事項有更為客觀、科學的認識，從更深層次化解矛盾、降低風險、促進發展。

實踐表明，單純的會議室工作模式無法獲取當代中國現實真實信息從而做出準確預判，單一的「閉門」工具範式亦無法迴避其失真弊端。輿情風險評估要把現代社會風險監測工具、科學評審技術同黨長期形成的一整套群眾工作方法緊密結合，在政府與公眾的互動實踐中創新適合中國情況的社會穩定風險評估路徑，走好網上群眾路線。

(二) 輿情預案——重大事項的作戰圖

金一南在《世界大格局 中國有態度》一書中曾言，在國際衝突學說界有一句話：哪怕一個漏洞百出的預案，也比沒有預案要強千百倍！哪怕一個初級的機制，也比沒有機制處理起問題來要得心應手得多。

熱點話題出現或突發事件發生後，如果相關管理主體能樹立輿情預案管理的觀念，在事件剛出現苗頭的時候就注意從事件層面科學處置，積極回應公眾關切並履行相關職責，則不至於演化成輿情事件。因此，公共事件輿情管理應樹立預案管理觀念，建立以輿情預判、主要措施、相關要求為主的處置機制。

1. 輿情預判「N+1」

「N+1」就是輿情的預判一定要窮盡可能，突出一個準字。不要設想了 N 種情況，現實卻超出了你的設想，給你一記響亮的耳光。

輿情預判可以根據事件或話題的性質，進行不同的分類，從不同角度切入。在實際操作中，輿情預判主要有以下兩種模式：

第一，從時間的角度切入。以「東方之星」沉船事件為例，可分為四個階段：一是黃金救援期（事發 72 小時）。此階段，輿論焦點主要集中在關注救援現場等方面。二是「頭七」祭奠期。輿論集中關注悼念活動及事件善後處置。三是事故調查期。輿論關注「調查報告多久能出爐」「遇難者家屬將如何獲得賠償」。四是結果公布期。輿論關注事故原因的分析、對責任人的處理、賠償金。

第二，從話題本身切入。例如，「東方之星」調查結果公布輿情風險預判就可以從以下角度切入：一是事故責任認定與追究。天災還是人禍？監管部門是否存在瀆職等責任，監管部門被追究責任人員行政級別高低。二是賠償責任劃定、賠償金額多少。「同船同命是否同價？」船方、旅行社和保險公司賠償責任如何劃分、最終賠償金額多少。三是調查週期。調查時長與公職人員辦事效率。四是關聯同類公共安全事故，即將沉船事故這一個案的討論引向天津港爆炸、深圳滑坡事故等整個公共安全領域的反思。

2. 工作措施「1+N」

輿情預判是對可能出現的輿情風險進行梳理，針對梳理後的輿情，以及實際工作中變化，提出有針對性的措施。

一是信息的核查。核實基於事實或話題牽引的信息是做好輿情管控的前提條件。要避免先期缺少信息，中後期信息不明確等問題，建立全天候、全鏈條、全視域的信息搜集、研判與共享平臺。

二是現場的掌控。以突發事件為例，事故現場包括第一現場事發地、第二現場醫院、第三現場殯儀館、第四現場家屬駐地、第五現場指揮部、第六現場發布會。

三是記者的服務。突發事件媒體不請自到，如何有序、有力、有效地服務記者，通過新聞發布會、走近現場等方式，解決記者「需」與涉事方「供」的供需平衡問題，找到媒體想知道的、自己想說的、民眾想瞭解的交集，有效牽引輿論走向。

四是輿情的導控。微信、微博等事發現場的重現、直播，媒體記者

深挖細捋，網站的專題集成、「網路紅人」的評論、網民的回應、境外的倒灌，形成了複雜多變的輿情圖譜。如何有效地把握輿情的向度、烈度與熱度，減少輿情傳導現實的震盪，都需要有明確的措施。

在注重這四個關鍵點後，還要注意根據不同的事件與話題，結合發展變化中的實際情況，有針對性地對症下藥，做好「N」的文章，也是必須考量的問題。

3. 相關要求

要建立一套運轉流暢的工作機制。

第一，領導機構與工作專班。按照屬地、屬人、屬事原則，根據事件的性質與等級程度，成立相關的領導機構。要適應互聯網特徵的去中心化、扁平化、自組織、自湧現、自生成等特點，推進扁平化管理。從大而全、等級分明的科層化管理轉向小而美的扁平化治理，化大為小，量化分權，讓組織更加敏捷、靈活和柔性，讓聽到炮聲的人參與決策。

在領導機構下，成立三個工作組：實體部門處置組，主要負責事件的實體處置；輿情導控組，主要負責事件的輿情管理；日常營運組，主要負責社會面或其他業務的正常開展。既要做好當前危機的處理，又要注重正常業務的有序開展、正常社會秩序與生活的維護。在輿情導控組，可以成立以下六個專班：一是綜合專班，主要負責向上匯報爭取支持，橫向與實體部門的平級協調，向下具體的指導以及後勤保障等工作。二是輿情信息專班，加強與實體部門的信息動態掌握，做到實體動態清楚、網上動向清楚、記者動向清楚，製作輿情專報，既反應動態，又提出對策建議。三是現場服務專班，派出熟悉媒體、懂得新聞傳播規律的工作人員，服務現場記者。四是新聞發布專班，負責對外信息發布口徑的提供、在線發布實施與新聞發布會運作。五是本地媒體報導專班，負責借助自己的媒體平臺，做好突發危機事件的報導。六是前方報導專班，對於在外地發生的與本身在密切關聯的突發事件，還應派出前方報導專班，及時掌握前方動態。

第二，分工協作機制。六個專班要分工協作、相互補位，實現整體

大於部分之和的效用。特別是對內的信息共享，對外的新聞發布，貫穿其中的輿情研判，要形成生態鏈般的無縫協作。

第三，專家支撐機制，即要讓專業的人干專業的事情。在話題的設置、發布稿的口徑與輿情導控等方面，特別要與輿情管理方面的專家共同研判。一方面，即便是當地從事輿情管理工作、具有較高輿論素養的人員，也可能受束縛於種種因素而可能「只見樹木不見森林」，或者無法做到中立地分析問題；另一方面，第三方輿情管理專家由於長期跟蹤和研究輿情，更能從整體上「把脈」某一輿情信息的基本走勢，並客觀中立地做出基於輿情環境和事件本身的分析。

第四，動態研判機制，即建立輿情信息有效分析與研判機制。快速回應的前提和基礎是科學的研判，建立輿情信息分析與研判機制是最基礎的工作。輿情信息分析與研判應當由事件管理部門和輿情管理部門共同完成，前者主要對輿情反應內容的真實性、依法處置的程序和可能結論、回應內容的素材準備等進行研判，後者則主要研判輿情環境、輿情焦點、口徑制定、回應可能的結果等進行把握。要重視網民的關注、情緒和態度三個方面。首先，要瞭解網民關注。訊息消化率比到達率更重要，客觀訊息到達率不等同於網民的消化率，關鍵要瞭解網民實際願意關注什麼。其次，要懂得分辨網民情緒。憤怒不一定是負能量，正確理解網民態度需要更加細緻的情緒分類模型。最後，要解析網民態度，歸因指明化解之道。積極的歸因是：對於好消息，認為是內因、穩定、普遍的；對於壞消息，認為是外因、暫時、特殊的。消極的歸因則相反。辨明網民歸因邏輯，有針對性地引導，才是化解之道。

第五，建立「雙反饋」機制。輿情的化解有賴於其承載事件的化解或者問題的解決，因此還需要負責輿情監測的部門監測到輿情信息後，及時轉發給輿情反應問題的管理部門。管理部門則需要在一定時間內有響應，包括第一時間回應已經關注、加緊核實、依法處置、處置通報等。

第六，建立應急處置機制。按照源頭治理、動態管理與應急處置相結合的機制，做好人力、物力、財力與智力準備，隨時處理可能出現的

突發事件。要提升社會面防範控製和應急處置能力，確保一旦發生突發事件，能夠第一時間發現、第一時間反應、第一時間到位、第一時間處置。

(三) 實體處置——重大事項切割術

線下決定線上，實情決定輿情。網路輿情是現實問題在互聯網上的折射與反應，應對工作的成效最終取決於先做好實體工作。與此同時，政府部門與涉事方要及時、高效、主動地回應網上的質疑與批評，及時做好新聞發布，做到不迴避、不拖延、不包庇；勇於承擔責任，明確給出答覆，加強與民眾和媒體的溝通，這樣才能有效地應對移動互聯網時代的網路輿情。

現實生活中有很多危機是突然發生的，發生之後完全可以通過「切割法」進行快速化解，這是解決危機最行之有效的方法。其指導思想就是將自身面臨的問題進行切割分化，把大的問題化為一個個小問題，逐一、逐步來解決。這樣危機化解就會變得相對容易，也能更快速、更明確地找到解決問題的思路。

那麼，如何切割呢？

一是橫切，即從面上進行切割。限定層級，明確責任主體、涉事主體與回應主體。

二是縱切，即從量上進行切割。把責任主體切下兩刀，分成三個部分，即優質資源、中性資源、劣質資源。劣質資源也就是必須進行及時切割、迅速處理的部分。

三是斜切，即對必須切割的劣質資源進行再次細分，分清主要責任與次要責任、個人責任與集體責任、歷史責任與現實責任。

通過「橫一」「豎二」「斜三」的切割（見圖8-1），核心要義就是以小切口解決大問題，做微創手術，在影響面和影響量上實現有效切割，減少危機的負面影響，縮小危機的影響範圍，防止癌變與交叉感染，將

大事化小、小事化了，甚至是將危機轉化為機遇和機會。為此，要做好五方面的工作。

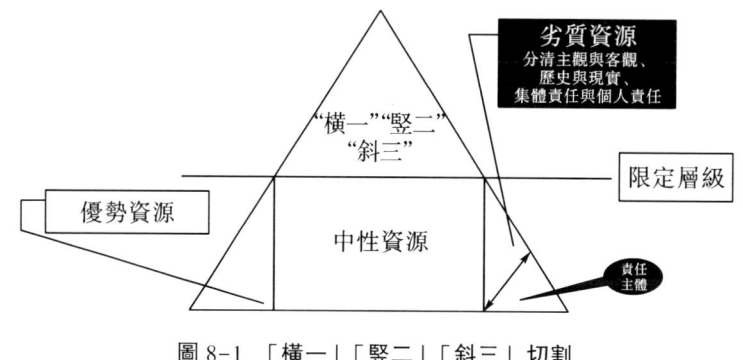

圖 8-1 「橫一」「豎二」「斜三」切割

一是危機評估。在危機爆發初期，往往是危機處理的最佳時刻，要抓住這個稍縱即逝的時機，第一時間啓動危機處理小組的工作，協調指揮，全盤把握。成立由高層管理者、相關職能部門乃至外部專業人員組成的危機處理小組。進一步確認危機事件的性質和引起危機爆發的原因，並對危機事件的發展趨勢、可能帶來的影響和後果、可以採取的應對措施，做出初步的評估和決策。

二是危機診斷。根據危機的調查和評估，進而探尋危機發生的真正根源，對於不同性質的危機採取不同的處理方式，弄清病因，對症下藥。要迅速定性，界定危機範圍、明確責任，為媒體與公眾提供較為合理的意識導向，從而避免因真相缺失而引起的輿論猜測，為事件在輿論傳播中進行定論，有效降低輿論壓力，全面避免危機影響的擴大化。

三是危機決策。如果能夠根據危機管理擬訂的各種解決危機的行動方案中選擇實施，是最快速有效的。如果沒有事前危機管理的防範措施，就應根據評估和診斷結果列舉各項選擇方案，權衡各個方案的利弊，盡快確定最佳處理方案。如果是一個人的問題、一個部門的問題或者一個分公司的問題，管理者應該做一個快速的切割，大事化小、小事化了。如果是誹謗、謠言或者惡意攻擊，應該快速拿起法律的武器，讓對方嘗到苦頭。危機公關上策是承擔責任，中策是轉移視線，下策是尋找替罪羊。

四是切割責任。在當下的輿論環境下，誰弱勢誰就能獲得大家的同情，誰強勢誰就被動，因而必須讓自己看起來弱勢或者裝得弱勢。因此，必須在查明真相的情況下，通過處理、處分本單位涉事人員等懲戒方式獲得網民諒解、輿論認同，挽回已遭受損失的社會形象，消除或最大限度地降低社會負面影響，減少危機持續的時間。因為危機持續的時間越長，對組織的傷害就越大。

　　五是搶占輿論高點。態度決定高度，面對媒體與公眾，誠懇態度取得的傳播效果將遠優於僅是事實澄清。面對輿論質疑，要先道歉，再解釋，沒結論，有態度，不要急於發布澄清卸責的理性聲明，忽略傳播受眾在危機真相撲朔迷離中對於誠懇態度的感性訴求。已經發生的事實是改變不了的，無論你怎麼說。因而不要糾結於改變不了的東西，而是要告訴大家目前你正在做的以及即將要做的事情。要通過落實當下行動，履行事後承諾，在危機公關中就處理措施進行詳細、明確而可行的說明，獲得最為直觀可感的傳播體現，獲取危機處理中的第一話語權。此舉不僅能夠有效減少因媒體或輿論質疑所致的負面影響，更能夠在危機勢態的控製上，使得組織搶占輿論制高點，引導媒體報導以及公眾輿論的良性趨向。

　　輿情是現實的網上投影，其發生、發展以及平息都依附於現實。這就如同醫生看病，需要綜合評估病人的臨床表現，在得出病因診斷結論後加以祛除，方能使得病人的病情得到好轉，身體得到康復。輿情處置的道理也是如此，不問真相亂搞「切割」，不問緣由一味「滅火」，只會在當前輿論紛繁複雜的形勢下加劇輿情的緊張態勢。若只是為了應對而應對，為了處置而處置，怕到頭來只會適得其反。

【參考案例】

重大政策能否實施？先過了輿情風險事前評估

為了完善重大決策，推進科學決策，高明區日前出抬的《佛山市高明區重大決策輿情風險事前評估實施方案》（以下簡稱《方案》），提出要對重大決策實行輿情風險事前評估。評估結果將影響到重大決策能否獲準實施。

1. 哪些決策需要輿情風險事前評估？

《方案》提出，只要是全區區域範圍內關係全局，涉及人員多、範圍廣、影響大、關注度高的決策項目、重大活動、重大規劃、重大採購、重大改革措施、重大人事公開選拔調整和重大工程建設等，都要作為重大決策接受輿情風險事前評估。在這些重大決策制定出抬、組織實施或審批前，圍繞其合法性、合理性、可行性、可控性四個要素展開評估。

2. 評估手續有哪些規定？

按照「誰主管、誰負責」以及屬地管理的原則，事項責任單位要提前20天提出重大決策輿情風險事前評估申請，並在區委宣傳部指導下，承擔評估各環節的資料搜集、調查論證工作。之後，區輿情諮詢委員會就調查情況開展討論。

為此，高明區正著手籌備組織「高明區輿情諮詢委員會」，成員由資深媒體人、輿情風險評估專家以及其他相關人員組成，辦事機構設在區委宣傳部。

在綜合調查結果和各方意見後，最終由該委員會形成輿情風險評估報告，對重大決策提出可實施、可部分實施、暫緩實施或不予實施的意見。

具體而言，就是群眾歡迎、條件成熟、無風險或風險較小、經採取相關措施可以化解的，可實施。

對群眾和相關利益方有異議的，有一定風險且一時難以化解的，提出暫緩實施或部分實施的建議，待條件成熟後再予以全面實施。

对矛盾隐患集中、风险大的，可提出短期内不予实施或调整相关项目后再实施的建议。

对特别敏感、有异议或区舆情谘询委员会认为需要上报区委、区政府确定实施意见的，提请区委、区政府研究确定最终实施意见。

3. 调查论证过程如何？

《方案》提出，在调查论证过程中，针对重大决策涉及的利益群体，事项责任单位要采取书面徵求意见、座谈会、听证会、问卷调查、走访、通过公众媒体或其他网路等一种或多种形式广泛瞭解群众对实施重大决策的意见建议，分析舆论环境，判断重大决策的实施是否会引起群众的关注和获得群众认可。

【案例点评】

《黄帝内经》有言：「是故圣人不治已病治未病，不治已乱治未乱，此之谓也。夫病已成而後药之，乱已成而後治之，譬犹渴而穿井，鬥而铸锥，不亦晚乎？」孤立危机，就是既要抓前馈控制，防止与目标不符产生的偏差；又要抓过程控制，持续监督危机管理的过程与活动，发现错误立即纠正；还要抓事後控制，总结评估，指导改进未来的工作。要坚持五大原则：一是目的性原则。紧紧围绕线下控制事态，防止升级，线上控制势态，防止炒作，实现线下稳、线上安的目的，应用各种手段和措施保证目标实现。二是客观性原则。依据定量或定性的标准进行控制，避免主观因素干扰。三是重点性原则。抓住重点人头、重要节点、重点因素、重点部位与关键环节进行控制。四是灵活性原则。当计划需要调整时，控制工作要随之调整。五是及时性原则。及时发现偏差，及时纠正偏差，保证控制的有效性。

三、處置危機
——風風火火闖九州

白居易有言：「善除害者察其本，善理疾者絕其源。」

蘇軾在《留侯論》中有言：「古之所謂豪傑之士，必有過人之節，人情有所不能忍者。匹夫見辱，拔劍而起，挺身而鬥，此不足為勇也。天下有大勇者，卒然臨之而不驚，無故加之而不怒，此其所挾持者甚大，而其志甚遠也。」面對危機，既要有「卒然臨之而不驚，無故加之而不怒」的淡定從容，也要有「方法對了頭，上坡都省油」的戰術技巧。

發現危機後，孤立危機未果，就進入了處置危機的核心環節。處置危機，第一要堅持一個中心，即以維護、展現危機當事方良好社會形象為中心，堅持形象第一、品牌第一。第二要堅持兩個基本點，一是還原真相，解決問題；二是履行責任，建立信任。第三要堅持二十四字要求，即有法依法，沒法靠接，接來接去，總有辦法，實在沒法，上硬辦法。第四要建立一體化導控、流程化管理的機制，堅持依法處置、輿論引導、社會面管控。

（一）「一體化」導控

「一體化」導控是指多個原來相互獨立的主權實體通過某種方式逐步在同一體系下彼此包容，相互合作。從應對全媒體時代網路輿情的實踐來看，主要是建立權威領導體制，採取上下、左右、前後全方位相結合方式，構建網路輿情「一體化」導控機制，形成工作合力，既釜底抽薪解決實體問題，又揚湯止沸減少輿情發酵。

樹立處置理念「一體化」，一是從是否可知的層面來看，要堅持「雙評估」，即對明知其要到來的危機，要進行社會穩定風險評估與輿情風險的「雙評估」，做到輿情風險點明晰、重點人頭明晰、關鍵節點明晰、處置方案明晰、應急手段明晰。防止平時不燒香，臨時抱佛腳。二是從處置切入層面來看，要堅持「雙處置」。突發事件發生後，要建立權威、管用、靈活的應急指揮體系，在總指揮部下面，要突出事件實體與輿情導控的「雙處置」。在整體力量的配備上，實體處置包括事件本身的救援、醫療、保障、維穩、環保生態等方面，要堅持實體第一的原則，用80%的力量配備來做好實體工作，而輿情導控則包括信息掌握、輿情研判、記者服務、新聞發布、立體導控等方面，要堅持服務第一的原則，用20%的力量配備來做好輿情導控工作。實體處置與輿情導控，要雙向互動，無縫對接。三是從處置的指導層面來看，要堅持「雙介入」。就是事發地要堅持前方後方同步介入，事發地的輿情導控部門要發揮主力軍作用，親臨一線做好相關工作；同時，上級部門要做好指導與服務工作，包括派人到場坐鎮指揮、調控全國全網層面的輿情、把握重大決策的方向等。本地新聞中心要做到「七個一」：一個領導小組、一系列會議、一個專家團隊、一套輿情刊物、一個口徑對外、一部熱線電話、一系列發布會與政務帳號。此外，要善於向公關專家、媒體人士與律師顧問借智。

　　1. 上下一體化：向上爭取支持，向下指導基層，形成上下互動的良好格局

　　建立「雙介入」機制，堅持上下級相關部門同步介入。涉事部門或企業要發揮主場優勢，即刻介入並及時上報相關信息，分級啓動相關輿情預案；上級部門要隨即啓動應急響應，加強統籌協調、全程指導、坐鎮指揮，做好重大輿情調控、重大決策與宣傳口徑的把關定向等。

　　一方面，積極爭取上級部門的支持和指導。發生突發事件發生後，來自上級的堅強領導和鼎力支持是做好輿情導控的前提。要全力爭取、依靠上級，請上級為做好輿情導控提供寶貴的物質和精神資源。一是堅持好「7×24」小時的值班製度。涉事部門或企業要第一時間落實上級工

作部署和具體指令，管好自己的人，辦好自己的事，看好自己的門，保質保量完成上級交辦的相關專項任務。二是強化對重大突發事件的監測、發現、研判和報告。對可能造成苗頭性、行動性、煽動性等信息，第一時間通過有效管道向上匯報。三是做好與上級主管部門的聯絡溝通，及時請示報告，在遇到特殊情況或拿捏不準分寸的時候，全力爭取得到上級的支持和指導。

另一方面，加強對基層單位的管理和服務。除重大突發輿情到場指導、專項督辦外，還應建立起一整套辦法。一是日收集。加強網路輿情監測體系建設，報告輿情線索，對負面新聞、敏感事件、突發事件、網民爆料等「一網打盡」，全方位、全天候、全息化掌握網路輿情發展演變情況。二是月研判。對當月熱點輿情處置情況進行總結，對下月可能出現的熱點進行預判並提出具體工作建議，做到有備無患。三是季盤點。每季度梳理輿情走向與特點，對下季度輿情進行預判，確保心中有數。四是年考核。對網路輿情的處置工作情況進行排名，加大考核比重。對重視不夠、引導不力、處置不當而引發重大輿情事件，造成惡劣影響的區縣、部門以及個人嚴肅追責，實行「一票否決」。

2. 左右一體化：左手抓依法處置與社會面管控，右手抓輿論引導，形成實體與輿情的同步處置

事發後，在總指揮部下面設立輿情導控等專項工作組，建立聯合研判機制。堅持利益相關者導向與尊重輿論走向的基本原則，從以往的重事不重人、重眼前不重長遠、重靜態不重動態走出來，善於分析利益相關者運用媒體、話題設置的能力，用對話代替對抗，做到輿情風險點明晰、重點人頭明晰、關鍵節點明晰、處置方案明晰、應急手段明晰。

建立實體處置與輿情導控的「雙處置」機制，把維護線下社會穩定和線上網路輿情平穩納入同步治理軌道。堅持實體第一的原則，事件救援、醫療、保障、維穩、環保、善後與恢復重建等實體處置到位，輿論引導才有可能贏得主動。堅持輿情導控同步的原則，做好信息掌握、輿情研判、記者服務、新聞發布、立體導控等。實體處置與輿情導控，要

雙向互動、無縫對接、聯合應對。

3. 前後一體化：前方工作組深入一線，後方工作組做好保障服務，形成前後互通的有機聯繫

前方工作組趕赴現場，積極配合當地相關單位與企業，做好現場媒體的管理和服務，做好信息的發布與口徑的把握。及時將輿情動態向現場指揮部報告，並向指揮部提出新聞發布工作建議以及協助做好發布工作。同時，前方工作組將現場實體情況、處置進展、媒體來訪等情況通報後方，充分發揮信息主場優勢，第一時間、第一現場引導輿論走向。

後方工作組統籌保障，一是做好輿情專報的研判報送。二是做好傳統媒體的管理與協調。三是做好市內外新聞與網路宣傳。四是協調上級部門、兄弟單位協作支持。五是將媒體動態、社會反響、網上輿情以及工作建議通報前方工作組。實現前後方無縫對接，全天候互通，同步採取有力措施，確保輿情平穩可控。

（二）「流程化」管理

「流程化」管理主要是在輿情監測、信息報告、快速響應、對內宣傳、新聞發布、記者服務、評論引導、立體管理、輔助決策、總結評估十個方面制定具有可操作性的工作規範，全力爭取在重大突發事件或熱點輿情發生後為實體處置營造良好的輿論氛圍，維護清朗的輿論生態。

1. 輿情監測

統籌並組織網路監測隊伍開展「7×24」小時輿情監測。重大熱點突發輿情發生後，要以屬事、屬地、屬人為主，開展全天候、全球化、全屏化監測。既要加強對媒體報導的掌握，也要加強對輿情動向的掌握；既要掌握線下實體情況，也要掌握線上輿情走向；既要掌握內部情況，也要瞭解外部情況；既要掌握可見信息，也要加強隱蔽情況的掌握。總之，要做到縱向到底、橫向到邊、動向到位的網格化監測，實現輿情信息監測全天候、無盲區。

2. 信息報告

強化輿情導控部門與實體處置部門的緊密聯繫，條塊結合，全面掌握最新動態並報告。一是及時上報相關信息。重大熱點輿情發生後半小時內採取電話報告，一小時內採取書面報告。初報要快、核報要準、續報要全，堅決防止遲報、漏報、誤報、謊報和瞞報。二是及時掌握高層指示。三是隨時掌握實體處置進展。四是統籌掌握現場媒體情況。五是動態核報。掌握各條線最新情況，並對網上發現的有關信息進行通報並初步核查。

3. 快速響應

事件發生後，要分級分類啓動應急響應機制，制定專項工作方案，抽調專門工作力量，有序開展相關工作。一是由前方工作組第一時間趕赴事發現場，做好現場救援、醫療救治、後勤保障等資料留存與新聞採寫、報導工作。後方工作組抓好輿情動態收集與科學研判，及時匯總上報。二是做好首次信息發布。一般情況下，首次信息發布原則上應在事發後5小時內，通過網站、官方微博、微信公眾號等發布事件基本信息，按照速報事實、慎報原因、重報態度、準報措施、再報進展、慢報承諾、邏輯自洽、不惹事端的原則，做好新聞通稿寫作與口徑把握，及時表明政府及涉事部門的態度和工作進展。三是做好信息發布層級選擇，將涉事責任、主體責任與發布責任進行關聯分析，明確回應主體。既不拔高，也不降低；進退自如，收放有度，視情選擇恰當發布主體進行首次發布。

4. 對內宣傳

要堅持對內宣傳與對外宣傳一體化，做好屬地媒體或企業媒體的宣傳，通過對內宣傳引導對外宣傳。一是告知波及群體。通過微信、微博、媒體、公告、廣播、電視、電話、簡訊、口口相傳等各種有效方式，及時告知波及群體相關信息。二是告知內部工作人員。構建內部信息交流平臺，如微信群、QQ群或內部管理平臺，及時收集、匯總並通報最新工作進展，防止體制內造謠傳謠，造成內部混亂。三是做好屬地媒體報導。搶占第一落點，抓好電視直播與廣播，利用報紙、電視與政務公眾號，

矩陣式發布事件動態，回應民眾關切。

5. 新聞發布

危機處理中，按照「公開是例行，不公開是例外」原則，要邊說邊做，邊做邊說，因為做了沒說，等於沒做。同時，要多報進展，滾動性發布實用信息，多說細節，多講故事。要根據事件本身的嚴重程度、網上輿情變化以及到場媒體需求情況，確定發布次數與頻率。一是特別重大的熱點輿情，原則上應在 24 小時內召開首場新聞發布會，並視情況連續召開。要慎重選擇發布地點、發言人，要精心做好輿情研判、問題預設與口徑準備；要全力掌握發布現場，在堅守底線的前提下，盡量滿足媒體需求；要防止倉促上陣，自亂方寸。二是建立多主題、多平臺、多手段、多時段發布製度，強化發布會現場管控與直播導控。對發布效果進行定向跟蹤，綜合評估。三是統一出口。新聞發布需得到指揮部的授權後方可組織召開，出口要統一、口徑要一致。一般情況下，由事發單位新聞發言人作為整個事件的唯一發言人，其他任何單位或個人，未經批准，均不得接受記者採訪，均不得在任何平臺發布任何相關信息。對外發布的通稿等相關信息，涉及事發時間、地點、涉事人數、具體損失、事件定性、責任追究等關鍵性要素，必須做到口徑一致，前後相連。四是事件全部處置完畢後，原則上應再次發布通稿，避免虎頭蛇尾或成「爛尾」事件。特別需要注意的是，即使是相關單位和個人接受官方安排的採訪，也應商量一致，不得發布個人看法。對於應當保密的信息，要準備口徑，及時解釋說明。

6. 記者服務

要增派力量，負責現場媒體記者的服務管理。一是建立記者登記制，將記者納入管理視野，對合法採訪記者主動提供服務。對到達現場的記者，要通過劃定採訪區域、限制進場媒體數量和記者人數等方式加強管理。二是通過設置新聞中心等方式，做好記者的消息供給與後勤、出行保障。對記者主動申請採訪的，需報現場指揮部領導同意後，協調相關人員接受採訪。三是通過集中採訪、單獨「餵料」等方式提供服務，對

違法違規採訪記者加強管控，對境外記者依法有序管理。四是探索建立新聞庫。建立記者微信群與 QQ 群，及時公布動態，主動提供新聞信息，供各媒體選擇抓取。

7. 評論引導

對於網上不實信息，要積極利用網路實名認證帳號、機構官方微博、微信等平臺及時闢謠與澄清，防止關聯炒作。積極組織網評隊伍，借助網路名人與權威機構等三方平臺正面發聲。一是對暫時無法妥善解決的事件，開誠布公向民眾做出解釋，以尊重民意的態度和積極行動的姿態取得民眾的諒解和支持。二是要根據議題的特點，加強平衡，因勢利導，適時把網民注意力引導到其他熱點議題上。三是對網上不實信息與謠言，要善於利用政府部門官方微博、微信、第三方社會組織或網民個人帳號等及時闢謠。

8. 立體管理

一是加強現場管控。對事發第一現場以及密切相關的醫院、家屬接待區、指揮部、新聞中心、殯儀館等現場進行全方位管理，既要劃定禁區，也要集中統一有序開放重點現場，以滿足媒體的採訪需求。二是加強重點人員管控。對主要涉事單位負責人、涉事人員及其親屬、主要利益關聯人要加強引導。要採取多種方式快速有效處置各種不實消息、有害消息，盡快降溫降噪。三是對媒體虛假報導、網民造謠傳謠等情形，應及時闢謠，對發布行動性、鼓噪性、煽動性信息，要迅速處理。

9. 輔助決策

面對點多、線長、面廣的熱點輿情，輿情導控者既要當好輿論引導的主導者，又要做好實體處置的參謀官，根據實情、輿情變化，就實體處置提出有針對性的建議和措施。一是加強對線上輿情與線下實情的動態研判，為實體部門加速熱點問題的處理與回應提供參考。二是站在全局高度，結合線下實情與網上輿情態勢，從點到面、從形到勢、從問題到建議，提出既結合實際又具有操作性的對策建議，包括對線下處置重要節點的選擇、重要區域的警戒、重點人頭的管控的具體建議。三是對

媒體應對、信息發布與輿論管控提出具體舉措等。

10. 總結評估

實行「一事一案例」臺帳制，建立熱點輿情案例庫，統籌網路突發事件性質、應急響應級別、落實情況等內容，以此作為指導今後應對類似事件的樣本。不斷完善原有工作預案，通過定期培訓、實戰演練等方式提升隊伍素質。

(三)「專業化」運作

危機發生後，既面臨著事件走向難以控製、缺少信息與信息不明確、現場難以管控等客觀問題，又面臨著涉事者、圍觀者網路直播，還面臨著蜂擁而來的媒體記者，更面臨著利益相關者與離場介入者方方面面的現實壓力。專業的危機管理，既要有成熟的套路，又要善於結合實際，創新推進。

1. 首席危機官

國內的一些地方和企業，出現危機後首席危機官缺位與表現不佳的例子不勝枚舉。一些地方出現熱點敏感輿情，宣傳部門靠不攏邊、說不上話，自廢武功者有之；沒有專業機構、專門刊物，臨時拼湊、被輿論牽著鼻子走的有之；不敢說、不願說、不會說都有之；要不不說，要不說謊，要不亂說的有之。一些企業在危機時刻，往往是鐵將軍把門，或者是讓兩個保安用手封堵記者鏡頭，或者萬般無奈之中讓一兩個無關緊要的人物出場，卻都是一律的「無可奉告」之類的不合作言辭。其危機管理和公關能力實在是不能化解危機，往往還使得危機加劇。

危機發生後，一定要確立首席危機官。

首席危機官（Chief Crisis Official，CCO）是一種危機發生時專門成立的以克服危機為目標的項目式組織製度。它更多的是一種象徵性的稱號。儘管不是一個嚴格意義上的職位名稱，但是首席危機官的提出，還是反應了政府、企業和各類組織對危機治理的重視。

首席危機官領導三個治理小組，這三個小組分別是：緊急應對小組，解救最緊迫受害者，及時、直接處置危機；輿情處理小組，最大可能地消除危機的負面影響；營運持續執行督導小組，保證正常的組織行為持續。

　　首席危機官一經確認，要馬上開展兩方面的工作：一是調動內外部資源，制定危機治理的各種決策，及時處置實體危機；二是代表組織形象，開展危機公關，維護品牌形象。

　　首席危機官，其治理方法要像博士一樣專業和豐富，面對壓力要有老虎般的決斷，治理團隊要像兄弟一樣信任和合作，公共關係要如美女一般有親和力和吸引力。「博士+老虎+兄弟+美女」＝首席危機官。

　　在首席危機官領導下成立危機處理小組。危機處理小組成員應吸納公司中能承擔壓力的、富有創造力的高級管理人員，熟悉公司運作、學識博大精深的人員，資深或實權在握的人員以及熟悉公司運作的外部人員。從小組的功能定位出發，人員組成結構應有一位律師、一位公關人員、一位財務主管、一位通信主管、一位公關事務專家和首席執行官或其代表。

　　危機處理中需要馬上派遣一名高級專員到危機現場擔任一把手，可傳達兩條重要信息：一是我關注和我負責；二是領導及決策層能最先獲得危機進展資訊。

　　2. 危機管理啟動

　　首席危機官需要在最短的時間內，做出決斷，採取行動。面臨危機，必須從以下三個方面進行思考，確定最優的行動方案：

　　(1) 我們處理這次危機的目標是什麼？是僥幸過關還是在危機中獲得新生？是止損還是借機實現企業的社會價值？是以短期利益為主還是以長遠發展為主？

　　(2) 我們能獲得哪些支持？媒體會支持我們嗎？公眾會支持我們嗎？政府會支持我們嗎？股東會支持我們嗎？銀行會支持我們嗎？供應商和經銷商會支持我們嗎？

（3）我們有哪些資源可以利用？我們有哪些能力？

要把握好三個第一時間。第一時間趕往現場：以人為本，生命至上，隔離險情，防止蔓延；啓動預案，整合資源。第一時間決策指揮：首席危機官要具有良好的心理素質、敏銳的洞察能力、果敢的決策膽識、高超的溝通協調、縝密的部署執行。第一時間輿情導控：輿情監測，研究判斷，信息發布，對外公告，要快講事實、慎講原因，不能發布虛假信息。

面臨危機，必須迅速到位開展工作。以企業發展中的突發危機為例，一是要通報公司高層乃至全體員工公司遇到的問題。二是設立 24 小時公眾接待辦公室，開通諮詢電話，開通新聞熱線電話。三是協助有關部門開展工作，做好受害公眾的挽救和補救工作。四是向供應商、分銷商、銀行等重要業務夥伴通報情況，爭取他們的理解和支持。五是集中一切力量調查危機的真正原因，有力阻止事件的升級。六是做好輿情監測、信息傳播與媒體溝通工作。

如何做好危機中的信息傳播和溝通工作呢？要以首場新聞發布會或首次對外新聞通稿為龍頭，倒逼輿情危機的管理。要首先啓動的是情感溝通的系統，在情緒上將大家穩住。情緒上都沒有穩住，說那些事實是不管用的。

一要如實迅速地向各類重要公眾傳遞危機事件的性質與影響範圍，及時切割定性，並表明企業負責到底的態度。二是加強輿情的監測與研判。三是明確對外新聞發言人，統一傳播主體與口徑，找到媒體合作夥伴，發布企業聲明或新聞通稿。四是邀請有關權威部門和新聞媒體參與事件調查與處理過程，提供詳盡資料，確保公眾信任。五是及時提供危機事件處理的最新動態，讓公眾瞭解處理進展和最新動態。六是準備召開首場與系列新聞發布會，通報重要信息，回答敏感問題。七是自己的平臺網站要同步引導，形成內外一體的輿情導控矩陣。

3. 新聞通稿

在互聯網沒有大規模普及之前，我們對突發事件的報導有一種思維

慣性和路徑依賴。常規的新聞通稿的寫法有其固定模式，即先是寫一小段導語，簡明道出新聞事實，但是不把事情說完。然後是正文部分，寫事情的過程，完全用白描手法和正面敘述（描述），不能賦予太多感情色彩。最後一段結語一般留個尾巴，如「事件原因仍在調查中」。

數據顯示，災難事故通稿中，「領導重視」的字數占比極高。一場事故的通報，如同組織部的點名簽到本。難怪，「領導高度重視」「不明真相」「情緒穩定」之類的字眼，被網民評為「最反感的官話、套話」。

但在今天，對高大上形象堅定維護的文風，不僅中央反對，更讓群眾產生逆反情緒，甚至激化矛盾。原本想在民眾中塑造領導的正面形象，結果將其架在火上烤，領導形象不但沒有高大起來，黨和政府的威信還受到損害。這就是「捧殺」！在全媒體時代，如何寫好突發事件的新聞通稿？

一要明確基本格式。所有的新聞通稿，萬變不離其宗的就只有四句話：一是發生了什麼？二是正在幹什麼？三是目前的態勢是什麼？四是涉事方的態度是什麼？要說出媒體想說的，讓媒體跟著你說；說出網民想說的，讓網民順著你說；說出關聯方想說的，讓關聯方無話可說。

二要感知公眾情緒預判風險。災難一發生，有些網友很可能不分青紅皂白，認為政府或企業失德或失責，猛一頓當頭棒喝。因此，新聞發布的態度、措辭和信息安排要充分考慮公眾感受，準確預判政府言行的潛在風險，通過對話和溝通，先舒緩公眾情緒，贏得理解和信任。

三要以倒金字塔結構回應外界關切。按照新聞的倒金字塔結構，通稿中越次要的信息，越放到最後；領導重視應讓位於災情，災難規模、損失、影響、應急措施等才是發布的重點；多用簡明扼要的事實「硬措施」，少用虛軟空洞的「八股文」，避免將災難報導變成「表功的折子」。

四要部門聯動多元歸因。如果處理不好民眾關切和領導重視之間的關係，不妨多發幾個通報。對民眾關切的內容按正常規律和形式通報，對領導和各部門高度重視的內容可用專門的通報介紹。

例如，上海外灘發生踩踏事故後，公安局的通報聚焦現場，盡量還

原現場情況；衛生計生委的通報緊扣救治的措施和人員傷亡。兩者均是民眾最關心的內容，並且未被「領導高度重視」所稀釋，清晰明了。

又如，「4·7」美國華盛頓停電事件，發生爆炸的電力公司第一時間稱，停電是由一條輸電線發生故障所致，工程人員正在搶修，約有2.2萬用戶受到影響；美國國土安全部稱，已展開調查，尚未發現人為破壞跡象；美國白宮發言人說，國務院大樓受到影響，但主要工作將照常進行。上述信息均從自身出發，說出了公眾最想知道的所有事情，又多方表態交叉印證，白宮停電，美國群眾卻「情緒穩定」。

五要多種傳播平臺聯動出擊。新形勢下，一紙通稿已無法有效引導輿論，必須注重新老媒體的聯袂出擊，文本、影像、圖片以及快訊、通報實時滾動疊加。特別是「小而美」「快而靈」的「三微一端」，既方便與公眾溝通，又方便媒體同行傳播。而「高大上」「慢而雅」官方媒體，卻可以發揮一錘定音的作用。

六要自動應急響應開啟處理程序。領導在通稿中不必「在場」，但在應急體系中必須各司其職，時刻在場，讓自動運轉的應急體系成為戰時的標配。要善於將領導的重視轉化為看得見的實際舉措與摸得著的效果，讓激憤的網友趨於理性。

新聞通稿，一定要堅持速報事實、慎報原因、重報態度、準報措施、再報進展、慢報承諾、邏輯自洽、不惹事端的原則。態度決定一切，一切決定態度。有道是：「一鞠躬解千般怨，身段軟則百病治。」

重慶萬達文化旅遊城曾於2016年9月25日舉辦了重慶首屆山茶花音樂節暨全城賞花盛典，後因安保不力，現場無法有序管控而取消。重慶萬達文化旅遊城通過自己的官方微信寫了一道歉信如下：

重慶萬達文化旅遊城致各界朋友的道歉信（發布稿）

各位歌迷朋友、網友及媒體朋友：

你們好！

非常感謝各位一直以來對重慶萬達文化旅遊城以及胡彥斌、彭佳慧、黃英的支持！

今天（9月25日）上午10點，原本計劃在重慶萬達文化旅遊城舉行的「重慶首屆山茶花音樂節暨全城賞花盛典」因現場人數太多。這是重慶萬達文化旅遊城始料未及的，考慮到現場觀眾的安全原因，只有臨時決定取消活動的現場表演部分。

對此，我們表示真誠的歉意！

這是重慶萬達文化旅遊城展示中心最最正式的亮相，原來是想和大家一起慶祝這美好的一天，為此我們為本次活動籌備了兩個多月。我們本次邀請到的三位明星胡彥斌、彭佳慧、黃英也表示非常期待和大家的見面。昨天（9月24日），胡彥斌、彭佳慧、黃英三位明星也不顧旅途勞累，從異地趕到活動現場，不辭辛勞地參與了昨天晚上的彩排，希望給重慶的歌迷帶來一場高質量的表演。

由於現場熱情觀眾的人數超出了預期，可能存在擁擠、連環踩踏的隱患。在接到有關部門通知後，經過緊急商討，考慮到現場觀眾的安全，忍痛做出以上決定。

胡彥斌、彭佳慧、黃英也希望通過重慶萬達文化旅遊城，向各位傳達他們的歉意。

再次感謝重慶市民與各位歌迷、網友及媒體朋友的支持！

深深的說一聲：「對不起！」希望能持續關注我們接下來的活動，國慶嘉年華依然歡迎大家的到來！我們不見不散！

分析重慶萬達文化旅遊城的道歉信。「由於現場熱情觀眾的人數超出了預期，可能存在擁擠、連環踩踏的隱患。在接到有關部門通知後，經過緊急商討，考慮到現場觀眾的安全，忍痛做出以上決定」是活動取消的原因。而萬達文化旅遊城的態度是什麼呢？「這是重慶萬達文化旅遊城展示中心最最正式的亮相，原來是想和大家一起慶祝這美好的一天，為此我們為本次活動籌備了兩個多月。」

如果能將此道歉信寫成這樣，或許更好。

重慶萬達文化旅遊城致各界朋友的道歉信

原定於9月25日上午9時30分舉行的重慶萬達文化旅遊城展示中心

開放、「重慶首屆山茶花音樂節暨全城賞花盛典」，因您的參與而盛況空前。7時許，熱情的觀眾就提前到達現場，現場車流也排成了長龍。8時30分，西永交通癱瘓。9時許，現場保護欄被推翻，人群蜂擁而入，不少人都受到了驚嚇。9時30分，裡三層外三層的人圍觀，連行車過道上都站滿了人，就差爬到展示塔上了！可以說，這絕對是重慶歷史上展示中心開放人數最多的一天。

計劃沒跟上變化，預案沒跟上彩排。這充分暴露出我們重慶萬達文化旅遊城確實低估了大家的熱情！低估了可能出現的安全隱患。為了親們的安全，我們不得不做出一個艱難的決定：活動取消！對此我們深表歉意，給您造成的不便敬請諒解！

為了不辜負熱情的山城人民，為了不辜負胡彥斌、彭佳慧、黃英三位明星的辛苦付出，集團決定：一是給予當天到場的觀眾購買商住額外折扣；二是決定在國慶節期間，邀請上述三位明星繼續演出；三是重慶萬達文化旅遊城將在國慶期間舉辦國慶嘉年華活動，為大家的「歡樂」做力所能及的補償。

重慶萬達文化旅遊城，因您而精彩！不見不散，我們期盼著您的到來！

4. 新聞發布會

「8·12」天津濱海新區爆炸事故前六次新聞發布會的正向回應集中在了傷亡通報、救援進展、危化品品類及處置的披露。而每次新聞發布會幾乎都導致4次以上次生輿情，正向回應遭遇次生輿情覆蓋，網路傳播中不斷生成新的質疑和「吐槽」，政府公信力受損。新聞發布會出了怎樣的問題？

人民網輿情監測室總結了其四大問題：一是直播莫名中斷，全媒體時代「掩耳盜鈴」。2015年8月13日首次新聞發布會的記者提問環節，央視、天津衛視均切回主持人畫面，央視稱直播暫停，天津衛視則播放了幾首歌曲，然後開始播放連續劇，這一情況讓公眾大跌眼鏡。而此後的幾次新聞發布會，記者提問環節直播均被中斷，但是互聯網上各種手

機視頻、文字實錄、記者手記卻在官方披露之外拼湊起提問環節的全貌。二是會議統籌混亂，回應提問多成搪塞推諉。歷次新聞發布會參會人員均有變化，新聞發布會信源不統一，官方回應層級不統一。首場新聞發布會未見分管主政官員出席，也沒有安監部門領導出席，因此備受詬病。三是「不清楚」「不知道」「不掌握」成回應關鍵詞。8月16日第六次新聞發布會上，有記者提問誰負責統籌指揮救援，官員回應「將盡快瞭解情況」引爆輿論批評。公眾無法接受災難發生已經4天，而統籌救援責任人居然無法獲得官方確認。四是人文關懷欠缺，權責「清晰」顯現處置冷漠。第六次新聞發布會上，相關人員開場一句「見到大家很高興」，雖然是常態招呼，卻引起公眾感情上的不滿。第五場新聞發布會上，天津市公安消防局回應天津港消防支隊失聯隊員信息「不屬於管轄範圍」，的確道出了權責範圍的「清晰」，然而面對追問起身離席，則被公眾視為事不關己的冷漠。

《國務院辦公廳關於在政務公開工作中進一步做好政務輿情回應的通知》（國辦發〔2016〕61號）規定，提高政務輿情回應實效。對涉及特別重大、重大突發事件的政務輿情，要快速反應、及時發聲，最遲應在24小時內舉行新聞發布會，對其他政務輿情應在48小時內予以回應，並根據工作進展情況，持續發布權威消息。對監測發現的政務輿情，各地區各部門要加強研判，區別不同情況，進行分類處理，並通過發布權威消息、召開新聞發布會或吹風會、接受媒體採訪等方式進行回應。回應內容應圍繞輿論關注的焦點、熱點和關鍵問題，實事求是、言之有據、有的放矢，避免自說自話，力求表達準確、親切、自然。通過召開新聞發布會或吹風會進行回應的，相關部門負責人或新聞發言人應當出席。對出面回應的政府工作人員，要給予一定的自主空間，寬容失誤。各地區各部門要適應傳播對象化、分眾化趨勢，進一步提高政務微博、微信和客戶端的開通率，充分利用新興媒體平等交流、互動傳播的特點和政府網站的互動功能，提升回應信息的到達率。建立與宣傳、網信等部門的快速反應和協調聯動機制，加強與有關媒體和網站的溝通，擴大回應

信息的傳播範圍。

這個要求對回應時間、主體、內容與平臺都提出了新的要求。如何操作首場新聞發布會呢？

一是要確定誰去說。危機發生時，發言人的選擇取決於危機的特質和危害程度，一般根據情況可由企業或部門領導、公關人員、技術專業人員和律師等擔任。重大情況屬地部門或企業的主要負責人應親自登場。發言人應具備擁有迅速掌握資訊和有效表達的能力，可靠度和可信賴感，仔細傾聽的能力，能表達同情、溫暖和耐心，願意接受批評指教，必要時隨時待命，具有強大的抗壓性和有高度毅力應付長時間的工作。發言人在媒體面前應展現親和力，針對問題做有效回答，明確提供危機信息、處理困難或棘手的問題。在確定主發言人後，還要確定一些涉事方面的相關部門的主要領導一同上臺，接受媒體提問。從贏得公眾信任和獲得話語主動權考慮，相關負責人與其遲出場，不如早出場，早出場總是比遲出場更主動。

二是確定什麼時候說。重大突發事件要以事發後 24 小時，倒逼發布會。其他的要在事發後 48 小時內回應。

三是確定如何說。出席新聞發布會之前，必須認真準備，做到不打無準備之仗。要左手問題單，右手口徑庫。要堅持通過主動詢問媒體打聽一批、網上搜索一批與自己猜測一批的「三個一批」原則，準備好問題單。然後將問題單提交相關部門準備口徑，對一些原則性、重大性的口徑，要集體會商。對於可能出現的敏感問題要事先有預案。首先是做好深入瞭解公眾心理與媒體需求的準備。其次是做好新聞發布所需數據資料的準備。用事實說話、用數據說話是新聞發布的主要方式。最後是做好新聞發布所使用的語言的準備。特別是對於事件的定性等核心信息，要明確明確再明確，強調強調再強調，重複重複再重複。出席新聞發布會的官員不宜照本宣科，但完全可以謹慎擇定核心用語、關鍵詞；自己給自己規定慎用語、忌用語。

四是確定在哪兒說。線下首場新聞發布會會場的選擇要在確保安全

的前提下進行，防止關聯方衝擊攪局。要有兩個以上的通道，保證發布者進出自由。同時，可以推進線下發布與線上發布的結合，以滾動的、不間斷的線上發布彌補線下發布時效性的不足。

五是確定說多久。單個新聞發布會的時間掌握，一般主持人的發言時間在 3 分鐘以內，主發布人的時間在 8 分鐘以內，每一個問題的回答不要超過 3 分鐘，答問一般不要超過 10 個。也就是說，整場新聞發布會的時間不要超過 40 分鐘。整體新聞發布的頻次要依據事件性質來確定。但對於重特大突發事件的新聞發布會場次，要通盤考慮，加強議程設置，形成首場介紹全面情況，後續介紹動態情況與專業情況相結合，最後一場總結相連的總分總式發布格局。

5. 網路評論

網路評論分為專家評論、編輯評論和網民評論，無疑最具互聯網特徵的首推網民的交互性評論。網路評論體現了網民的基本需求：一是「交流性」，互聯網提供了一個網民交流的公共場所，大量意見和觀點通過網路媒介匯集、交換和傳播。二是「參與性」，網民通過網路傳媒發表自己的觀點，實現作為一個社會成員的權利和義務。網路評論處於新聞評論和互聯網的交匯點，在傳統媒體評論內容和形態上異化出自己的特點。

一是要解決在哪兒評的問題。除正式的言論評論外，要注意網來網去、哪兒來哪兒去的原則開展好網路評論工作。一般的輿論區域主要有新聞回應、微博、微信評論，在線網路投票等方面。

二是要解決如何寫評論的問題。要做到標題要巧、觀點要強、效果要好的原則，開展網路評論。

三是要解決評論效果的問題。評論可以影響或左右輿論走向，給偏激的輿論場一點理性的思考。要善於搶占首樓、首頁，用理性聲音引導非理性聲音。

「100－1＝0」是指 100 件事中有關鍵的 1 件事做錯了，結果就等於 0。為此，我們要認真反思如何採取正確的危機處理策略和措施，在危機爆

發當下將危機的損害減少到最低限度，化解危機，甚至轉危為機，從而實現新的發展。

危機就像疾病，治療疾病要預防為主，防治結合，企業也是有生命的，因此也需要定期的體檢。

很多危機不是事實的問題，而是態度的問題。企業沒問題，但表達的時候太強勢了或者高高在上，對方在情感上接受不了。

【參考案例】

「我要路」：一個回覆引發的「狂歡」?

2015 年 5 月 16 日，有網友形容為「我要路」：上萬鄰水人走出家門，走上街頭，發出自己最強的聲音——鄰水大竹 200 萬人要鐵路。其核心訴求是捍衛達渝鐵路東線規劃方案。此次遊行活動由民間自發組織，表達了鄰水人民迫切需要一條鐵路來終結鄰水的「三無時代」（無水路，無鐵路，無飛機）。遊行隊伍從早上 9 時陸續在萬興廣場集合出發。整個遊行在 12 時前還是以和平方式進行，但此後轉化為警民衝突。

據當地通報稱：經過深入細緻的勸導，當晚 21 時許，絕大多數聚集群眾陸續離開，但仍有 100 餘人滯留在滬蓉高速公路鄰水西出口。這部分人員中有部分人員手持器械與現場民警對峙。當晚 21 時 30 分左右，部分聚集群體開始衝擊民警警戒方陣，並衝入滬蓉高速公路匝道，燒毀一輛救護車輛和兩輛社會車輛，造成 30 餘名幹部民警和 38 名圍觀群眾受傷。

當晚 23 時 30 分，廣安市公安局現場指揮部對聚集人員發布公告後，依法對涉嫌擾亂秩序、堵塞交通、損壞財物的 40 餘名人員進行了現場強制帶離，整個處置活動無一人死亡。

5 月 17 日 16 時 30 分，受個別人員挑唆、蠱惑，滬蓉高速公路鄰水西出口又出現大量人員聚集，並有 30 餘人持械叫囂挑釁。當地黨政幹部在現場對聚集人群勸離無效的情況下，果斷調集警力趕赴現場進行勸離和強制帶離。行動中，警方對情緒激動的 20 餘名挑頭鬧事人員實施強制

帶離，並勸離大部分圍觀群眾。

引發鄰水縣群眾「我要路」的導火索源自四川省廣安市發改委針對達渝城際鐵路東西兩套線路規劃方案的最新表態。

2015年4月30日，廣安一位市民在市政府官網「市長信箱」欄目下留言諮詢達渝鐵路的線路規劃問題。

5月7日，廣安市發改委進行了回覆：「經研究，某市只接受西線方案為達渝鐵路項目線路具體走向方案，並已向四川省發改委上報。」

5月8日，一位達州大竹縣的居民在達州市政府官網「市長信箱」欄目同樣留言諮詢達渝城際鐵路的線路問題，達州市交通和運輸局5月11日卻給出了與廣安市發改委截然不同的回答。

5月12日17時16分，大竹縣宣傳部官方微博轉發了一條信息，即達州市交通運輸局5月11日回覆網友諮詢時明確表示，達渝城際鐵路的路線為達州—大竹—鄰水—重慶，即東線方案。

5月12日20時開始，大量鄰水縣居民聚焦在黃桷樹公園附近簽名請願，希望達渝鐵路能選擇東線方案。隨即廣安市發展委的回覆引起了大竹縣、鄰水縣的不滿。

5月13日13時32分，新浪微博網友「飛奔的甲魚」發出一條圖文並茂的微博，記錄了鄰水群眾於5月12日20時在黃果樹公園集合宣傳「我要路」的情況，該微博被網友大量轉載。

5月13日晚21時，新浪官方微博「鄰水義工聯合會」發表了標題為《鄰水！加油！》的圖文信息，在各大網站、微信、微博引起激烈爭辯。

5月16日當日下午，網民現場直播遊行畫面，特別是警民衝突的視頻，引爆了網路輿論。

在依法處置線下實體問題的同時，涉事各方主動發布相關信息。

鄰水縣在5月16日15時31分通過新華網四川頻道發布第一則新聞通稿。其標題為《表達達渝城際鐵路過境鄰水意願 鄰水少數群眾自發聚集》。其內容如下：

為表達達渝城際鐵路過境鄰水的意願，5月16日上午，鄰水少數群

眾自發在縣城聚集並引發圍觀。廣安市委、市政府高度重視，市委書記侯曉春、市長羅增斌第一時間作出指示，市委書記侯曉春及市委市政府分管領導親臨現場，組織、指揮疏導、勸離群眾，當地相關部門按照事先工作預案，積極進行疏導、勸導、制止。在疏導未果的情況下，對個別群眾進行了有序疏導。

據瞭解，達渝城際鐵路目前尚處在科學論證階段，論證成熟後，國家「十三五」時期將納入規劃。

5月17日夜，在四川省發改委網站上，《四川省鐵路建設辦公室通告》稱，達渝城際鐵路目前尚處於前期研究階段，是一個中長期規劃項目，還未納入省級和國家規劃。達渝城際鐵路建設需要列入國家和川渝地區規劃，待獲得國家正式批覆後，項目才進入討論何時啟動、怎麼啟動、建設標準、線路走向等問題。屆時四川省人民政府與有關方面將組織設計單位開展研究和廣泛聽取各方面包括沿線地方群眾在內的意見。

5月17日夜，鄰水縣通過縣政府網站發布第二篇新聞通稿《鄰水群體聚集、擾亂秩序事件情況通報》。通稿稱，發生於5月16日的鄰水群體聚集鬧事、擾亂秩序事件目前已得到有效控制，事件造成部分幹部民警和圍觀群眾受傷，無一人死亡。目前，當地社會秩序穩定。

5月18日，鄰水縣通過縣政府網站發布《致全縣人民的一封信》：5月16日上午，我縣部分群眾為表達達渝城際鐵路過家鄉的美好願望，自發在城區聚集遊行，但善良意願卻被少數別有用心的人所利用。5月16日下午，有人觸犯了法律底線，實施打砸燒行為，使活動由最初較有秩序的群眾聚集發展演變為群體聚集鬧事、擾亂秩序事件。對此，百萬鄰水人民深感痛心！5月16日下午個別人的打砸燒行為與5月17日的暴力對抗行為，雖有部分幹部民警和圍觀群眾受傷，但均得到積極救治，無一人死亡。安定團結是福，社會不穩是禍。

各網站以「標題黨」形式關注該事件。澎湃發表《官方稱「鄰水爭路」為聚集鬧事、擾亂秩序事件，有人襲警燒車》；搜狐發表《四川鄰水事件致68人傷 官方發公開信「以正視聽」》；網易發表《鄰水政府談聚

集事件：民眾意願被別有用心者利用》；鳳凰發表《官方通報：30餘幹部、警察在鄰水群體事件中受傷》；騰訊發表《四川鄰水縣政府稱群體性事件致68人受傷》。

2015年5月21日9時33分，新華網四川頻道綜合轉載《侯曉春、羅增斌看望鄰水群體聚集事件中受傷警察》。5月20日下午，廣安市委書記侯曉春，市委副書記、市長羅增斌率隊前往市人民醫院，親切看望和慰問部分在鄰水群體聚集事件中受傷的警察，對他們的英雄壯舉給予了高度讚揚。

2015年5月22日，鄰水縣壇同中學教師兼鄰水義務工作聯合會會長蘭明川被鄰水縣公安局以涉嫌非法集會遊行示威罪刑事拘留。2015年6月5日，經鄰水縣人民檢察院批准，蘭明川因涉嫌聚眾擾亂公共場所秩序、交通秩序罪被逮捕，押於武勝縣看守所。2015年7月10日，鄰水縣公安局偵查劉佳全等人聚眾擾亂公共場所秩序、交通秩序案，因犯罪嫌疑人蘭明川取保候審不致發生社會危險性，根據《中華人民共和國刑事訴訟法》第六十九條之規定，決定對蘭明川取保候審。

事件爆發最重要的導火線是廣安市長信箱有關達渝鐵路快線回覆中，使用了「只接受」西線「並上報」的方案。

在中國轉型發展過程中，難免有一些矛盾被積壓，發生一些涉及不同利益群體的衝突事件。封堵、打壓肯定無法從根本上解決問題。適當打開口子，讓這些不良的社會情緒有管道紓解，或許對整個社會的健康發展有利。

【案例點評】

「我要路」在5月16日爆發之前，就經歷了很長一段時間的發酵，這段時間，鄰水縣是有足夠的時間來更加合理地解決這一事件，避免後面的衝突發生的。這是一起預案不充分、判斷不準確、處置不科學的輿情事件。如果做到了第一時間發現危機，第一時間孤立危機，第一時間

處置危機，就不會出現如此規模的衝突性事件。在實體處置中，如果做好了充分的準備，就能有效地防止事件升級，防止局面失控。在輿情處置中，如果做到了輿情研判準確、對策建議可行、輿情上報通道暢通，事先引起了決策層的高度重視，就不會導致事件惡化。如果做到了事發後能明確發聲主體、統一口徑對外發布，就不會出現不明真相的炒作。總之，突發事件的管控，線下要抓早、抓小、抓了，立足於早處理、快處理；線上輿情的引導要明確主體、統一口徑、準確定性；事後形象的修復要有序可行，防止引發次生輿情災害。

四、規避危機
——天上星星朝北鬥

東漢思想家荀悅在其《申鑒・雜言篇》中講道：「進忠有三術：一曰防，二曰救，三曰戒。先其未然謂之防，發而止之謂之救，行而責之謂之戒。防為上，救次之，戒為下。」意思是指任何一種安全都需要三部曲：一是防患於未然；二是發生危險要有迅速解決的能力，將損失減少到最低；三是一旦出了災禍，需要立刻亡羊補牢，戒掉僥幸之心。永遠要把預防工作放在頭等位置，急救手段再高明，也是其次。等出了問題和災禍再去禁止和痛下決心改掉，就是不得已而為之了。

正如習近平總書記強調的，隨著互聯網特別是移動互聯網的發展，社會治理模式正在從單向管理轉向雙向互動，從線下轉向線上線下融合，從單純的政府監管向更加注重社會協同治理轉變。

突發事件+活躍輿論=超級新挑戰。傳播力決定影響力，時效性決定有效性，透明度決定美譽度，話語權決定主導權。如何管理危機才是最高明的危機管理呢？

危機管理的應對境界有三：一是被動應對。應對方式，無甚準備；應對人員，臨時抽調；應對組織，臨時組建；應對之器，無總結提升。二是主動應對。應對方式，項目預案；應對人員，項目負責人；應對組織，項目組織；應對之器，項目手冊。三是規避危機。應對方式，常態化流程；應對人員，危機官、發言人；應對組織，處理小組、公關部；應對之器，應對手冊、模擬演練。

可見，規避危機是危機管理的最高境界。

中國民航總局曾經給所有機務人員發放一本名為《人為因素》的書。書中寫道：「歷史已經證明，在所發生的事故和事故症候案例中，人為因素約占 80% 以上。」

說到底，事在人為。

任何時候、任何情況下，如果不能將各類事故徵兆和苗頭發現在早、防範在先、處置在小，人們都將付出慘重的代價。

這方面的案例屢見不鮮，有經濟的沉重損失，有政治生涯的葬送，更有生命的終結，絕不是在危言聳聽。

規避危機就是要從根據控制點位於整個活動過程中的位置不同分為事先、過程和事後三種控製類型。事先控製，注重前饋控製；過程控製，注重同步控製；事後控製，注重反饋控製。

（一）事先——前饋控製

前饋控製是指通過觀察情況、收集整理信息、掌握規律、預測趨勢，正確預計未來可能出現的問題，提前採取措施，將可能發生的偏差消除在萌芽狀態中，為避免在未來不同發展階段可能出現的問題而事先採取的措施。前饋控製採用的普遍方式是利用所能得到的最新信息，進行認真、反覆的預測，把計劃所要達到的目標同預測相比較，並採取措施修改計劃，以使預測與計劃目標相吻合。

管理過程理論認為，只有當管理者能夠對即將出現的偏差有所覺察

並及時預先提出某些措施時，才能進行有效的控製，因此前饋控製具有重要的意義。

前饋控製有五大要求：

一是要有大量的、準確的、有代表性的信息以便準確預測。

二是要有科學的、經過實踐檢驗的預測模型。

三是要充分瞭解控製過程並有將其透視為「白箱」的能力。

四是要對過程變化高度敏感。

五是要保持前饋控製模型的動態特性。

這些要求在控製實務上具有一定的難度，因此前饋控製是有風險的。

1. 建立危機管理機構

建立危機管理機構是危機管理有效進行的組織保證，不僅是處理危機時必不可少的組織環節，而且在日常危機管理中也非常重要的。危機發生之前，要做好危機發生時的準備工作，建立起危機管理機構，制定出危機處理工作程序，明確主管領導和成員職責。成立危機管理機構是發達國家的成功經驗，是順利處理危機、協調各方面關係的組織保障。危機管理機構的具體組織形式可以是獨立的專職機構，也可以是一個跨部門的管理小組，還可以在戰略管理部門設置專職人員來代替。建立危機管理機構可以根據組織的規模以及可能發生的危機的性質和概率靈活決定。

2. 編制危機管理手冊

危機管理是指組織為了應對危機情境進行的規劃決策、動態調整、化解處理和員工培訓等活動過程。組織進行危機管理不僅能針對可能導致危機的原因進行消除，增強組織免疫力，從而避免危機；而且能建立應對危機的機構，制定危機管理的製度、流程、策略和計劃，確保危機來臨時有效處理。危機管理手冊就是對日常危機管理的固化與流程化再現。

香港的《危機事故手冊》一般包括以下幾個方面的內容：一是緒論，即危機事故界定及危機管理目標、組織、適用範圍等；二是確認危機事

故的危害並做出風險分析；三是預防危機事故的措施；四是應對危機事故的準備；五是制定危機事故的發現、警報和報告程序；六是制定危機事故的應變程序；七是終止危機事故的處理程序；八是附錄資料。

危機管理手冊主要應包括以下九個方面的內容：一是認知篇，包括危機管理的定義及要點；二是界定篇，包括危機管理界定及處理層級劃分；三是原則篇，包括有效危機管理的基本原則；四是流程篇，包括危機管理的基本流程與關鍵；五是應對篇，包括危機管理機制；六是媒體篇，包括危機管理中的媒體關係管理；七是善後修復篇，包括危機後的品牌重塑；八是危機管理效果評估篇；九是危機管理獎懲製度篇。

制定危機管理手冊，可以將內部應該有製度化、系統化的有關危機管理和災難恢復方面的業務流程和組織機構進行定型和調適。這些流程在業務正常時不起作用，但是危機發生時會及時啓動並有效運轉，對危機的處理發揮重要作用。國際上一些大公司在危機發生時往往能夠應付自如，其關鍵之一是製度化的危機處理機制，從而在發生危機時可以快速啓動相應機制，井然有序地開展工作。因此，我們應建立成文的危機管理製度、有效的組織管理機制、成熟的危機管理培訓製度，逐步提高危機管理的快速反應能力。

3. 制訂危機管理計劃

根據危機管理手冊，結合可能發生的不同類型的危機，組織應制定一整套危機管理計劃，明確怎樣防止危機爆發以及一旦危機爆發立即做出針對性反應等。事先擬訂的危機管理計劃應該囊括企業多方面的應酬預案。在計劃中要重點體現危機的傳播途徑和解決辦法。危機管理計劃，一要瞭解自身的真實狀態。二要瞭解媒體的可能報導的語態。三要瞭解公眾的心態。既不能反應遲鈍，也不能反應超速，更不能反應過度，重要的是給媒體與網民一個相信你的理由，而不是讓媒體認為你是在挑戰其公信力和權威性。

（二）過程——同步控製

過程控制最好的模式就是程序控製法。程序控製法要求執行人員按危機管理規定的標準化程序來完成，以保證危機管理達到控制目標和要求。程序控制要求按照牽制的原則進行程序設置，所有的主要業務活動都要建立切實可行的辦理程序。一要使程序精減到最低程度；二要確保程序的計劃性；三要把程序看成一個系統；四要使程序具有權威性。

1. 注意溝通

在西方國家的教科書中，通常把危機管理（Crisis Management）稱為危機溝通管理（Crisis Communication Management），原因在於，加強信息的披露與公眾的溝通，爭取公眾的諒解與支持是危機管理的基本對策。

溝通對象包括公眾、事故受害者及家屬、消費者、供應商、經銷商及銀行、新聞傳播媒介、上級領導部門、企業所在社區等。溝通時要堅持三要素，即道德的制高點、情感共鳴處、邏輯嚴密性。溝通時要堅持五原則：一是一定要培訓，不打無準備之仗；二是一定要實踐，把握風險溝通的規律；三是一定要團隊作戰，處理糾紛不是某一個部門的事情；四是把握溝通要義，態度比技巧更重要；五是人人都是宣傳員，人人都要重視一言一行。

在同受害者溝通過程中，組織應迅速確定專人與受害者進行接觸，迅速確定關於危機責任方面的承諾內容與承諾方式，迅速制訂損失賠償方案，具體內容包括補償方法與補償標準，並制訂善後工作方案。

針對新聞媒體的溝通，組織應確定與新聞媒體保持聯繫、溝通的具體方式，第一時間提供公眾所關心的信息。除新聞報導外，組織還可在有關報刊發表道歉公告，向公眾說明事實真相，向有關公眾表示道歉及承擔責任，使社會充分感受到組織的誠意。致歉公告的內容包括說明道歉針對的公眾、介紹公眾希望瞭解的事項、表明企業知錯必改的態度和決心。當記者發表不符合事實的報導時，要盡快指出其中的不實之處，及時提出更正要求，但要盡量避免產生對立情緒。

針對企業內部員工的溝通，組織應向員工告知事故真相和組織採取的具體措施，使員工同心協力，共渡難關。同時，組織應搜集和瞭解員工的建議和意見，做好耐心細緻的解釋工作。若有員工傷亡損失，組織應做好搶救治療和撫恤工作，並通知員工家屬或親屬，進行慰問及善後處理，制定挽回不良影響和完善組織形象的工作方案與具體措施。

針對利益相關者的溝通：包括與上下游產業鏈涉及者以及銀行、保險等部門的溝通。組織應本著實事求是的態度，既要講清楚現狀，也要表明決心，還要說明前景，善於增加共識，凝聚人心。

組織必須與上級有關部門保持密切聯繫，及時地、實事求是地匯報情況，不隱瞞、不歪曲事實真相，隨時匯報事態發展情況。事件處理後，組織要向上級有關部門詳細報告事件經過、處理措施、解決辦法和防範措施。

溝通需要的是全程溝通，而不僅僅是過程中的溝通。在危機來臨之前，組織應注重平時，為戰時做好相應準備，切忌僅僅與個別人聯繫。在危機處理過程中，組織應控制事態，開誠布公，勇於承擔責任，表示同情與關切，積極行動。在危機後期，組織應迅速通過適當的方式和管道傳遞採取行動後的效果，通過具體行動，繼續保持對受害人及家屬的關心、同情、安慰和幫助。

2. 打假防詐

新聞記者證是中國新聞機構採編人員從事新聞採訪報導活動使用的有效工作身分證件，由國家新聞出版總署統一印製，有統一的編號，並加蓋印章。當事方要驗明記者的身分，通常傳統媒體有正式記者證，登陸中國記者網輸入記者身分證號和統一編號，進行檢查核對；或者掃描二維碼與輸入手機簡訊進行查詢。除人民網、新華網與當地主要新聞網站外，一般商業網路媒體沒有單獨發稿權。對假記者或在採訪後請求廣告支持者，當事方要報本地公安部門和上級宣傳管理部門，搜集證據，固定要發的所謂稿件、錄音錄像、圖文資料等書面證據。事態嚴重時可通過司法程序解決，一般情況下可通知相關宣傳部門處理。

3. 及時闢謠

謠言的產生源於各種因素，如公眾沒有或缺少真實的、可靠的、正式的信息資料和新聞；公眾獲得一定的信息資料，但不完全；發生的事件是令人害怕的，導致了人們的擔憂和恐懼；有錯誤的信息時，組織發出的信息可信度低；公開的消息不能滿足一般人的好奇心就產生懷疑；組織對危機事件的處理舉棋不定；許多危機事件的發生是非人力所能控製的，組織的管理者認為應聽天由命；組織機構存在嚴重的問題；組織機構中各部門間有摩擦，內部管理人員的對抗已發展到外部反應不一、決策動搖不定的程度；等等。闢謠要根據謠言存在的因素，採取不同的解決辦法。根除謠言，最好的方法就是加強與公眾的雙向傳播活動，與公眾溝通，達到互相信任。危機管理要堅持公開比捂蓋子強，早說比晚說強，主動說比闢謠強，謠言已經發生時，當事人接受有信譽的媒體的採訪，比簡單發布信息取得的效果要好。

（三）事後——反饋控製

管理人員分析以前的工作的執行結果，將其與控製標準相比較，發現偏差所在並找出原因，擬定糾正措施以防止偏差發展或繼續存在，就是反饋控製。反饋控製的實質就是用過去的情況來指導現在和將來。

1. 總結危機

總結危機一般可分為以下三個步驟：

首先是調查。對危機發生的原因及相關預防和處理的全部措施進行系統的調查。

其次是評價。對危機管理工作進行全面的評價，包括對預警系統的組織和工作內容、危機應變計劃、危機決策和處理等各方面的評價，要詳盡地列出危機管理工作中存在的各種問題。

最後是整改。對危機涉及的各種問題綜合歸類，分別提出整改措施，並責成有關部門逐項落實。

2. 優化重塑

要加大正面信息的推送力度，讓正面信息占據搜索引擎的前三頁，從而影響搜索新聞。目前，中國搜索引擎使用最多的是百度與搜狗。優化重塑需要形成正面輿論場，影響相關搜索，稀釋負面信息，增加正面信息的提及率與曝光度。一般百度搜索的排序特點為：一是按照發布時間排序；二是只收錄與其有合作的網站的信息；三是各合作網站新聞相似度超過70%則合併。因此，投放文章必須考慮標題關鍵詞匹配，必須考慮30%以上的差異化；投放與百度搜索合作的媒體，新聞內容與意見領袖內容相配合，符合消費者搜索習慣；影響百度網頁排序，同時使名人博客、博客群和意見領袖微博集成等將權威的聲量放大，從而影響大眾。如危機發生後知名度高，但美譽度和信任度不夠，要通過公益慈善等活動，提升形象；要通過人格化溝通，在品牌重建中放下身段，學會傾聽，學會說話。

3. 開展演練

《孫子兵法》有云：「故用兵之法，無恃其不來，恃吾有以待之；無恃其不攻，恃吾有所不可攻也。」在任何時候都不要抱有僥幸心理，一定要做好敵人進攻的準備，做好演練。危機準備的工作重點至少應該包括成立危機處理小組、挑選及訓練發言人、研究危機應急計劃和危機模擬與訓練。在研究危機應急計劃時，對應急方案、溝通程序和責任劃分等務必清楚，應避免模稜兩可和語義含糊。危機處理小組必須通過模擬訓練，才能瞭解人們可以將危機處理計劃實施到什麼程度以及如何改善危機處理計劃，大部分的危機模擬訓練都集中在團隊層次的訓練中。雖然團隊層次的訓練很有用，但是往往忽視了個人層次的訓練。沒有對個人在危機處理中需要具備的知識與技能進行訓練也是不能發揮團隊應有的作用的。

【參考案例】

麥當勞如何應對「點名」危機

央視「3/15」晚會已成為一年一度「揭醜大會」，影響力巨大，對於曝光的企業而言則是企業的噩夢。2011年「3/15」晚會點名讓雙匯集團和蒙牛集團損失慘重，2012年「3/15」晚會點名讓麥當勞和家樂福等世界知名品牌被曝光，其影響程度和如何應對是我們值得關注的問題。

2012年3月15日，央視「3/15」晚會對麥當勞北京三里屯店銷售超過保存期限食物的情況進行了曝光。

白岩松曾講過：央視這個平臺，強大到放一條狗在上面，一天下來，這條狗會成為名狗。

麥當勞面對央視「3/15」晚會的點名，在3月15日21:50於麥當勞新浪官方微博發布以下博文：

央視「3/15」晚會所報導的北京三里屯餐廳違規操作的情況，麥當勞（中國）公司對此非常重視。我們將就這一個別事件立即進行調查，堅決嚴肅處理，以實際行動向消費者表示歉意。我們將由此事件深化管理，確保營運標準切實執行，為消費者提供安全、衛生的美食。歡迎和感謝政府相關部門、媒體及消費者對我們的監督。

這條微博隨後被轉評3萬餘條。作為一個國際企業，在面對央視強大的輿論圍攻下，麥當勞的微博公關被稱為2012年微博時代企業危機管理的典範。

「央視『3/15』晚會所報導的北京三里屯餐廳違規操作的情況」表明事實，點名情況；「麥當勞（中國）公司對此非常重視」表明態度，態度決定一切；「我們將就這一個別事件立即進行調查」中的「個別事件」為限定詞，有效切割，「立即進行調查」為動詞，表態就是行動；「堅決嚴肅處理，以實際行動向消費者表示歉意」表明行動並致歉；「我們將由此事件深化管理，確保營運標準切實執行，為消費者提供安全、衛生的美食」，講下一步的舉措，其中有兩個主題詞「衛生」和「安全」；「歡

迎和感謝政府相關部門、媒體及消費者對我們的監督」，明確溝通對象。

簡潔是智慧的靈魂，冗長是膚淺的藻飾。這條微博中的關鍵詞有涉及違規操作、非常重視、個別事件、調查、嚴肅處理、建議、深化管理、營運標準、安全衛生、歡迎監督等。在麥當勞這條公關微博中，其回答包括三個層次：自我定位，我們犯了什麼錯；這種錯誤和企業倡導的主體文化的關係是什麼；我們怎麼糾錯？

其中最難界定是恰如其分。既要說明是個案而非主體文化出了錯，又不能過分推辭責任，還要讓受眾能夠理解和諒解，更要確保企業股價的相對穩定。

企業何時道歉、如何道歉、在哪兒道歉、道多久歉、只是道歉嗎？這已成為社交媒體時代危機公關必須考量的關鍵因素。就僅從什麼時候道歉而言，以前傳統媒體時代的危機處理時間為黃金72小時，在論壇時代則是黃金4小時，到現在是黃金1小時，1個小時內企業必須做出應對，否則就會陷入深層次危機。

同那些遲緩發布含糊不清的聲明的企業相比，麥當勞迅速做出反應，「3/15」晚會播出之後僅僅1個小時，麥當勞新浪官方微博即發出聲明，承認這是一次違規事件，表示將立即調查，嚴肅處理，並在未來進行改善。這一神速的回應讓麥當勞迅速占據了輿論制高點。微博平臺大面積的轉發使得這一微博聲明本身也成了整個事件的一部分。第二天，各媒體報導這一事件時幾乎都會附帶提及這一表明積極態度的微博聲明，麥當勞的企業形象也因此在這一事件中得到了保全。

麥當勞在危機面前做到了「三個第一」：第一時間表態，在一小時內反應，首家發微博道歉公告；一條微博解決四個層面問題，包括界定問題、表明態度、改善行動和明確溝通對象。第一個由網友自發發起支持品牌的微博活動。第一個給出解決方案化解危機，首先表態接受工商檢查，開展停業整頓，重新贏得信任，體現麥當勞管理體系和公關功底。

企業都會遭遇危機，從某種意義而言，這也是檢驗一個企業成熟與否的試金石。麥當勞依靠迅速而正面的回應，在輿論宣傳的過程中占據

先機，在表達歉意的同時更是讓麥當勞先進的管理體系展現在民眾面前，使此次危機最終成為一次積極的宣傳事件。

同樣被曝光的家樂福卻遭網友抵制，在微博搜索中，負面輿情占主導。同樣是食品危機問題，蒙牛集團和雙匯集團卻損失慘重。雙匯集團「瘦肉精」事件讓雙匯集團每天損失1億元，股票大幅跳水。蒙牛集團「致癌門」事件致使其銷量大跌60%，80%左右的網友表示對蒙牛集團不再信任。

當跨國企業麥當勞遇到具有強大輿論衝擊力的央視時，其危機處理與國內企業有很大的不同。

從時間觀念上看，國內企業的反應「慢半拍」，而世界級跨國企業的時間節點「快半步」。從態度上看，世界級跨國企業身段比較柔軟，但中國的企業面對危機處置很生硬。從方法和路徑上看，世界級跨國企業首先是表示抱歉，再採取跟進補救措施，但中國企業則是一再拖延，要麼刪帖，刪不了便找上級部門，而不從根本上解決實質問題，致使問題越拖越大。從效果上看，世界級跨國企業會在危機處理當中將危機轉化為轉機，轉機也許就是良機，而中國企業在危機中常會遭受重創。

【案例點評】

正如兩個好朋友去打獵，在帳篷裡面睡覺時，忽然聽到熊來了。甲拼命快速穿球鞋，乙就問甲：「穿球鞋你跑得過熊嗎？熊跑起來很快哦，比人跑得快哦。」甲說：「我不需要跑過熊，我只要跑得過你就行。」因此，企業要在危機面前第一時間採取巧妙反應。社會化媒體時代品牌定義權由以前的企業主導、媒體主導、活動主導轉變到用戶定義。要管理好危機，既要發現危機，又要孤立危機、處置危機，而最高境界則是規避危機。危機管理，要堅持熱問題、冷處理，敢碰硬、不硬碰，做事情、分緩急，幹累活、會歇息！

後記

時序更替到 2016 年 10 月 16 日，我在辦公室打了一天的字，終於將《說破——全媒體時代危機管理》一書初稿完成。

從開始寫這本書，算起來一晃已四年有餘，其間寫寫停停，停停寫寫，斷斷續續，續續斷斷，幾度停筆，差欲擱置。一來這四年中國的輿情生態發生了太多的變化，澎湃、上游等新銳平臺的崛起，「三微一端」的興起，圈群化傳播、行動化表達、視頻化呈現，改變了輿論圖譜，輿情的演變規律空前複雜，把握輿情走向的難度陡增，科技與用戶改變了輿情生成。二來這四年來自己經歷、參與處置的突發事件輿情導控的案例也在不斷地增加，不雅視頻、東方之星等，讓我時時有覺今是而昨非的感覺。我越來越感覺以前案頭所寫的與現實輿情應對處置之間有巨大的認知差距，實踐走在了理論的前面。三來這四年來我講危機管理課的機會增多。作為西南政法大學客座教授、重慶工商大學 MBA 兼職教授、重慶市互聯網協會第三屆副理事長、重慶市國家重點檔案保護與開發專家諮詢組成員、中宣部高校與新聞單位從業人員互聘交流「千人計劃」授課教師、中宣部全國輿情信息先進個人、中央外宣辦年度優秀稿件獎獲得者，我先後赴多地為中央網信辦、國新辦、教育部、環保部、最高人民法院、北京大學、龍湖地產、中石化、華能集團、重慶房地產協會、重慶消防總隊、重慶武警總隊、中國人民解放軍重慶通信學院等授課。我在重慶大學與西南大學開設了「公共危機管理」課程（32 學時），在重慶工商大學開設了「企業危機管理與媒體應對」課程（16 學時）。《南方周末》曾對我的講座進行專題報導，稱「一場講座如此熱鬧，以往還不多見」。上課的增多，讓我深感學海無涯，天外有天，人外有人。而上

後記

課時追求的「學術論述通俗化、嚴肅話題生活化、複雜問題簡單化、海龜理論土鱉化」，也成為自己寫作的一種慣性追求，越講越感覺自己空空如也。四來這四年我發表的理論文章增多，在《人民日報》《學習時報》《紅旗文摘》《網路傳播》等刊物上發表論文數十篇，越來越覺得欲說還休。五來這四年我經歷了人生的太多際遇。有的人離開了這個世界，有的人來到了這個世界，有的人提拔了，有的人去職了，如此等等，不得不使我更加不斷地追問自己，人生的意義、職場升遷的意義何在？變化越快，經歷越多，講得越多，寫得越多，際遇越多，就越不敢下筆。

理性的思考每前進一步，就愈發感覺到寫書真是一個不斷自我揚棄與揚棄自我的過程。

2016年2月，我從12年的輿情老崗位調整到了理論教育新崗位，離開數十載熱鬧紛繁的熱點崗位，到一個需要沉心靜氣、讀書思考的位置上，時間的延續，空間的拓展，角色的轉變，給了我深入思考、冷觀靜悟的機會。

一千個讀者心中有一千個哈姆雷特，一千個危機管理案例有一千種操作手法。但說一千道一萬，在全媒體時代進行危機管理，既要有世界觀，還要有方法論；既要堅持過程論，又要堅持效果論；既要洞若觀火，切中肯綮，又要拿捏火候，恰到好處。危機管理實務遠非書本上寫得那麼理性，唯有熟知套路，勇於創新，不斷地思考與總結，才能達到危機管理的效果，這也才是《說破》致力前行的勇氣所在。

有道是理論是將軍，實踐是士兵。《說破》由重慶市高校網路輿情與思想動態研究咨政中心資助出版，是一本來自田園派的危機管理實戰心得，或許沒有學院派的理論建構，但實踐中的點滴累積卻是自己親身體會，這種基於一線的實戰經驗或許會彌補理論上的先天不足，給危機管理界帶來一抹新的色彩。

「六經註我，我註六經。」寫書的過程，是心靈重生與知識反芻的過程。我筆寫我心，我心動我筆。我要感謝父母，他們給了我生命，並將勇於吃苦、勇於吃虧的生命編碼遺傳給了我。每一個日日夜夜，每一點一滴的進步，都是父母鼓勵與鞭策的結果。我記得父親對我說的話：「人生在世不要等，富的富來貧的貧，富貴貧窮皆有命，不可背地去害人，

莫道老天無報應,舉頭三尺有神明。」我記得母親對我的告誡:「不要公雞拉屎——頭節硬。」

　　我要感謝在我生命中出現的貴人,包括我的碩士研究生導師王本朝教授,我的領導、同事以及各路賢達,是他們讓我走出了狹隘的視野,變得篤定而溫暖,勇敢而堅毅;讓我知道改變心態才有好的狀態,擴大視野,做大格局,才會有好的收穫;讓我知道慢下來是一種境界,自嘲更是一種智慧;讓我知道不要錯把平臺當舞臺,離開平臺,也許什麼也不是;讓我知道道德可以彌補能力的不足,但能力卻不能彌補道德不足;讓我知道工作時要「上面劃個圈圈,下面找個釘釘」;讓我知道水低成海、人低成王,做人要低調,但工作要高標準;讓我知道要把一切遭遇化為果實!

　　我要特別感謝我的校友、重慶工商大學的楊維東教授,是他給了我講課、寫書與出書的大力支持。特別感謝我的校友、重慶中山文化產業園的董事長張值先生,是他給了我出書版式設計與行銷策劃的指點。我要感謝重慶工商大學的學生、現在渝北區網信辦工作的易延龍,是他幫我錄音整理了講課的初稿,給了我將本書寫下去的第一手準備資料。

　　我要感謝我的家人,是他們的辛勞付出,給了我書寫時間。我要感謝我的兒子子翔,原諒我沒有多餘時間陪伴你,原諒我在看到考試成績不理想時對你的體罰。我說過,從此以後我不再體罰你,因為成績好我不用打你,成績差我打你也沒有用。何況,成績也不是人生的全部,學會與世界打交道、與人打交道、與自己打交道,才是人生更重要的本領。不論走到哪兒,你都要記住「看情況,盯兆頭」!要深知無論世界給你怎樣的委屈,給你如何的經歷,你都要對未來報以微笑,因為玉汝於成,你就是奇跡!

　　我曾要子翔背下《中華聖賢經》上的四句話:「處處留心皆學問,時時學習長本領,精神到處文章老,學問深時意氣平。」這四句話是對子翔講的,也是對自己說的。因為這四句話說明了學習、學問的關係與境界,只有意氣平和的學問才是真學問,有精氣神的文章才是真老練。

　　最後,以「是大家常說家常,白天走干講;凡才子夜讀子夜,晚上讀寫想」來結束我的後記!

周廷勇

國家圖書館出版品預行編目(CIP)資料

說破：全媒體時代危機管理/ 周廷勇 主編.-- 第一版.
-- 臺北市：崧燁文化，2018.08

　面；　公分

ISBN 978-957-681-596-6(平裝)

1.傳播管理 2.危機管理

541.83　　　　107014494

書　名：說破：全媒體時代危機管理
作　者：周廷勇 主編
發行人：黃振庭
出版者：崧博出版事業有限公司
發行者：崧燁文化事業有限公司
E-mail：sonbookservice@gmail.com
粉絲頁　　　　　　網　址：
地　址：台北市中正區重慶南路一段六十一號八樓 815 室
8F.-815, No.61, Sec. 1, Chongqing S. Rd., Zhongzheng Dist., Taipei City 100, Taiwan (R.O.C.)
電　話：(02)2370-3310　傳　真：(02) 2370-3210
總經銷：紅螞蟻圖書有限公司
地　址：台北市內湖區舊宗路二段 121 巷 19 號
電　話：02-2795-3656　傳真：02-2795-4100　網址：
印　刷：京峯彩色印刷有限公司（京峰數位）

　本書版權為西南財經大學出版社所有授權崧博出版事業有限公司獨家發行
　電子書繁體字版。若有其他相關權利及授權需求請與本公司聯繫。

定價：500元

發行日期：2018 年 8 月第一版

◎ 本書以POD印製發行